# Die Lehre von den natürlichen Verbindlichkeiten.

Eine historisch-dogmatische Untersuchung

von

Dr. Fritz Klingmüller,

Privatdozent u. Gerichtsassessor.

Berlin 1905.

J. Guttentag, Verlagsbuchhandlung,

G. m. b. H.

„ . . . certe cuiusque rei potissima pars principium est . . . inconveniens erit omissis initiis atque origine non repetita atque illotis ut ita dixerim manibus protinus materiam interpretationis tractare.“ —

**Gaius** Dig. (1, 2) 1.—

# Inhaltsverzeichnis.

## § 1. Einleitung.

Die Lehre von den sog. „natürlichen Verbindlichkeiten" reicht mit ihren Wurzeln bis ins römische Recht; schon diese z. Z. noch gebräuchlichste Bezeichnung ist aus der Redeweise der klassischen römischen Juristen entlehnt, welche bestimmte obligationsmässige Beziehungen zwischen Personen „obligationes naturales" nannten. Warum sie gerade dieses Epitheton wählten, muss hier noch dahingestellt bleiben; aber auch im römischen Rechte trat die Notwendigkeit ein, solche obligationsmässige Beziehungen, die wie die sonstigen Obligationen auf einem rechtlich normierten Verpflichtungsakte beruhten, aber im Gegensatze zu diesen des Rechtsschutzes der actio entbehrten, von der gewöhnlichen Ausgestaltung der obligatorischen Verhältnisse zu unterscheiden. Jedenfalls operieren die römischen Juristen mit dem Begriffe der Naturalobligation in ganz vertrauter Weise; er hat bereits genügende Konsistenz gewonnen, um zur Gegenüberstellung gegen andere Rechtsbegriffe, z. B. die civilis obligatio, verwandt und auf andere übertragen zu werden, oder um als wesentlicher Bestandteil in deren Definition zu erscheinen.

So ist anerkanntermassen die Naturalobligation ein wirkliches Element in dem „logischen Organismus", den die römischen Juristen aus den jeweils gegebenen Rechtsätzen schufen.[1]) Diese Tatsache wird durch das zur Verfügung

[1]) Vgl. Frenzel, Über die Entstehung des römischen Rechtsbegriffes „naturalis obligatio", (1897), S. 1f. — Kuntze, Exkurse[2] S. 373 nennt die Naturalobligation „eines der sinnreichsten Gebilde, welche das römische Rechtsbewusstsein zutage förderte". —

stehende Quellenmaterial zu belegen sein. — Mit der Feststellung dieser Tatsache ist aber nur ein Teil der Aufgabe, nämlich der rechtshistorische, erledigt; schwieriger ist der andere Teil, nämlich dogmatisch darüber Aufklärung zu bringen, aus welchem Grunde das römische Recht sowohl wie die anderen zu behandelnden Rechtsysteme bestimmten obligatorischen Verhältnissen die Klagbarkeit versagten, und wieder nur diese, während doch sonstige rechtliche Wirkungen, wie die Erfüllbarkeit, bestehen blieben. Die Beantwortung dieser Frage aber muss Ergebnisse bringen nicht bloss für das geltende Privatrecht, sondern auch für die allgemeine Rechtslehre, indem so zugleich über das Wesen dieser Rechtsgebilde wie über deren Stellung im System Gewissheit zu schaffen ist.

In dieser Lehre wie auch sonst kann es nicht wundernehmen, dass die Anschauungen der römischen Juristen zunächst von denen nicht verstanden wurden, welche nach einem toten Zeitraum von mehreren Jahrhunderten wieder die römischen Quellen lasen und erläuterten, von den Glossatoren; waren es doch andere Menschen mit anderen wissenschaftlichen Bedürfnissen und Bestrebungen. Auch die anschliessende gemeinrechtliche Doktrin gelangte zunächst zu keiner sicheren Grundlegung, indem der hier zu errichtende Grenzbau, der an die Grenzen des Rechts und verwandter Gebiete der Sitte und Sittlichkeit zu stehen kommt, unzulässigerweise zu weit in diese letzteren Gebiete verlegt wurde. Scholastische Definitionen und unfruchtbare Distinktionen befriedigten weder in ihrer Allgemeinheit noch in ihrer Herunterführung bis zum Detail die praktischen Bedürfnisse des Rechts; naturrechtliche Tendenzen drängten noch weiter nach der falschen Richtung, in das ausserjuristische Gebiet. Deswegen die gemeinrechtliche Entwicklung, insbesondere die ältere, gar nicht oder vielleicht nur in transitu zu berühren, wäre eine ebenso unzulässige Überhebung wie ein auffälliger Mangel in der evolutionistischen Betrachtungsweise des Rechts. Im übrigen werden wir zu Höhepunkten in der gemeinrechtlichen Entwicklung gelangen, die man als solche nur hätte erkennen, und durch Weiterbauen in gleicher Linie hätte halten sollen; die Durchführung bis zum geltenden Rechte wäre dann leichter und ohne Umwege erfolgt.

So ist es eine Notwendigkeit, die dogmatische Entwicklung eines Rechtsinstitutes durch mehrere Jahrhunderte unseres deutschen Rechtslebens zu betrachten, eine Notwendigkeit, welche nicht deshalb aufhört eine solche zu sein, weil sie häufig genug bei angeblich auch die geschichtliche Entwicklung berücksichtigenden Abhandlungen über das geltende Recht ausser acht gelassen wird.

Der Beginn zu einer richtigen Basierung der Lehre von den natürlichen Verbindlichkeiten liegt noch nicht weit zurück; etwa vom zweiten Drittel des vorigen Jahrhunderts an wird die Erkenntnis der Lehre gefördert einmal durch die neue historische Betrachtungsweise des römischen Rechts, ferner durch eine richtige Bewertung und Verwertung rechtspolitischer Motive, welche bei dieser Lehre besonderer Berücksichtigung bedürfen.

Das BGB. enthält keine allgemeinen Bestimmungen über etwaige Naturalobligationen und vermeidet auch zweckentsprechend irgendwelche Begriffsbestimmung. Doch treffen wir auch im modernen Recht obligatorische Verhältnisse an, welche des allgemeinen Rechtschutzes, der Klagbarkeit entbehren, und so schon aus diesem Grunde den Namen „Naturalobligationen“ oder „natürliche Verbindlichkeiten“ verdienten. Es kann dann die Erörterung von der Wesensbeschaffenheit zu dieser Frage der Wesensgleichheit fortschreiten und so auch die Ergebnisse für die allgemeine Rechtslehre gewinnen.

## I. Teil.

# Römisches Recht.

### § 2. Älteste Spuren.

I. Verhältnismässig spät — erst gegen Anfang des 2. Jahrhunderts nach Chr. — ist in der römischen Rechtsentwicklung die älteste Spur für die rechtliche Anerkennung einer Naturalobligation festzustellen: es ist ein Fragment von **Javolenus,** dem Lehrer Julians, aus seinen libri ex posterioribus Labeonis in D. (35, 1) 40, 3. Es ist wichtig genug, es ganz herzusetzen:

„Dominus servo aureos quinque eius legaverat: ‚heres meus Sticho servo meo quem testamento liberum esse iussi aureos quinque quos in tabulis debeo dat.' Nihil servo legatum esse Namusa Servium respondisse scribit, quia dominus servo nihil debere potuisset; ego puto secundum mentem testatoris naturale magis quam civile debitum spectandum esse, et eo iure utimur."

Noch gegen Ende der republikanischen Periode wird begriffsgerecht von Servius das ius aus der regula entnommen: keine rechtliche Möglichkeit, dass der Herr seinem Sklaven etwas schuldet; daher folgerecht Nichtigkeit des Vermächtnisses, dessen Gegenstand eine solche (rechtliche Nicht-) „Schuld" ist. Javolenus hat an der juristischen Konsequenz dieser Entscheidung weiter nichts auszusetzen, aber die Berücksichtigung der mens testatoris drängt ihn zu einer anderen: nach Auffassung dieses Laien[1]) lag ein debitum, wenn auch nur ein naturales, vor, eine hinreichende Stütze für die Gültigkeit des legatum debiti naturalis.

Man könnte sich bei der Feststellung dieser ältesten Spur des Rechtsgebildes und der zeitlichen Registrierung Genüge sein lassen, und so ist z. T. geschehen. Kuntze[2]) zieht aus dem mitgeteilten Fragmente den Schluss, dass zu des Servius Sulpicius Zeit Naturalobligationen noch gänzlich ausser der juristischen Denkmöglichkeit lagen, und spricht die Vermutung aus, dass erst durch Julians Autorität der Begriff der naturales obligationes als klagloser oder unvollkommener durchgesetzt worden sein möge.[3]) Pernice[4]) zweifelt ebenfalls kaum an der sicheren Tatsache, dass die Naturalobligation des Sklaven verhältnismässig späten, jedenfalls erst nachlabeonischen Ursprung sei.

Vorgänge der Rechtsbildung — besonders nach Verlauf von Jahrtausenden — zeitlich zu fixieren, bleibt eine schwierige Aufgabe, die nur mit erheblicher Reserve und annäherndem Erfolge durchgeführt werden kann. Doch wollen wir wenig-

---

[1]) Schwanert, Naturalobligtionen S. 181f., 245. — Frenzel S. 14f. — Gradenwitz, Natur u. Sklave bei d. nat. obl., in Festg. f. Schirmer 1900, S. 163: „Offenbar ist es leichter, vom Rechte abweichend auch Rechtsbegriffe auszulegen, wenn privater Wille erfüllt werden soll: denn warum sollte sich der Private notwendig einer strengen Rechtsprache bedient haben!" — Ob Julianus in D. (28,2) 13 pr., wo sich auch Natur (als natürliche Auffassung des Laien) u. juristische Kunst zu fliehen scheinen, unter der Einwirkung von Reminiszenzen an seinen Lehrer steht? . . . licet enim suptili iuris regulae conveniebat, ruptum fieri testamentum, attamen cum ex utroque nato testator voluerit axorem aliquid habere, ideo ad huiusmodi sententiam humanitate suggerente decursum est . . .

[2]) Exkurse S. 373. — Cursus S. 444.

[3]) Da Javolenus die zit. Bemerkung in seinem Auszuge des von Labeo hinterlassenen Civilrechtssystems tat, ist Kuntze — etwas phantasievoll — geneigt, „Labeo, dem Urheber der Spezifikationstheorie, dem Erfinder der locatio operis, dem Förderer des Handelspekuliums und dem Prophet so vieler wirtschaftlicher Neuerungen" auch das Verdienst zuzuschreiben, den ersten Anstoss zur Entwicklung der Naturalobligationen gegeben zu haben.

[4]) Labeo I 149ff. und III 257.

stens versuchen, den grossen Linien der Rechtsentwicklung zu folgen. — Soweit ersichtlich, besteht Übereinstimmung über eine selbstverständliche Erscheinung: von einer Verpflichtungsfähigkeit des Sklaven durch Rechtsgeschäfte[1]) in älterer Zeit kann keine Rede sein; es gilt der mit den übrigen Sätzen über die Rechtsunfähigkeit der Sklaven („quasi nec personam habentes") übereinstimmende Grundsatz: in personam servilem nulla cadit obligatio, servi ex contractibus non obligantur;[2]) erst allmählich führt sich auch bei Kontrakten die Verpflichtungsfähigkeit der Sklaven in Form von obligationes naturales ein. Auch hier wird der Zweck der Schöpfer des Rechts gewesen sein, und das wirtschaftliche Bedürfnis jenes neue Sklavenrecht emporgetrieben haben: im Interesse des Herren, des Sklaven und dritter Personen, die mit ihm tatsächlich in geschäftliche Berührungen traten, musste es gleichmässig liegen, irgendwelche Verpflichtungsfähigkeit des Sklaven aus Rechtsgeschäften zuzulassen. — Auffällig erscheint es nur, dass diese nach rechtlichen Formen drängenden tatsächlichen Verhältnisse, insbesondere die massenhafte Verwendung der Sklaven im römischen Wirtschaftsverkehr, erst merkwürdig spät, gegen Anfang des 2. Jahrhunderts n. Chr. so dringlich geworden sein sollen, dass die Rechtsordnung sie nicht mehr unberücksichtigt lassen konnte. Sollen wirklich die sog. Naturalobligationen der Sklaven einer „erst in der Kaiserzeit gleichsam neu entdeckten Rechtswelt angehören"?[3])

Das erscheint nicht glaubhaft. Aus der römischen Bauerngemeinde war sicher schon in dem auf die XII Tafeln folgenden Jahrhundert ein kräftig aufstrebendes Handelsemporium ge-

---

[1]) Diejenige durch Delikte trat bekanntlich schon früher ein. Zutreffend der von Karlowa R. Rgesch. II 111 angeführte Grund: „Gegen Delikte (von seiten) der Sklaven können Dritte sich nicht schützen, auf Rechtsgeschäfte mit ihnen brauchen sie sich nicht einzulassen". — Lehrreich für die zur Haftung der Sklaven drängende Entwicklung z. B. D. (47, 4).

[2]) Gai. III 104, 176, 179. — Inst. (3, 19) 6. — D. (44, 7) 14 u. 43; (50, 17) 22 pr.; (50, 17) 107; (4, 2) 3, 1.

[3]) Kuntze, Cursus S. 444. —

worden, das in dem gegen Mitte des 4. Jahrhunderts v. Chr. mit Karthago abgeschlossenen ersten Handelsvertrage als der Vorort der mittelitalischen Westküste erscheint. Hat man in älterer Zeit nur mit einer verhältnismässig geringen Anzahl von Sklaven zu rechnen,[1]) so werden diese „Maschinen des Altertums“ nach der Niederwerfung der latinischen, samnitischen und süditalischen Stämme und der hierdurch bedingten Erweiterung des römischen Handelsverkehrs über ganz Italien allmählich immer dringlicher gebraucht worden sein; die Begründung der Mittelmeerstellung Roms nach aussen und der Übergang zur Latifundienwirtschaft im Innern vermehrte dieses Bedürfnis.[2]) — So ist durch diese äusseren politischen Verhältnisse und durch die hinzukommende Industrialisierung der römischen Volkswirtschaft die Zahl der Sklaven gewiss schon im letzten Jahrhundert der Republik sehr erheblich gewesen.[3])

---

[1]) Plinius N. h. 33, 26. — Juvenal 14, 168. — Becker, Gallus[2] II 91ff. — Marquardt-Mau,[2] Privatl. d. Röm. (1886), S. 136. —

[2]) Nach der infolge der Seeschlacht von Eknomos a. 256 v. Chr. möglichen ersten Landung des Konsuls Regulus in Afrika werden bei den Verwüstungen karthagischen Gebiets nicht weniger als 20000 Sklaven nach Rom abgeführt. Vgl. Mommsen, R. G. I 528. — Strabo [Geograph. XIV 4, 2] berichtet für die Zeit nach der Einnahme von Karthago u. Korinth (a. 146):

*Πλούσιοι γενόμενοι Ῥωμαῖοι μετὰ τὴν Καρχηδόνος καὶ Κορίνθου κατασκευὴν οἰκετείαις ἐχρῶντο πολλαῖς.*

[3]) Vgl. z. B. über die beginnende Industrialisierung der Landwirtschaft Varro, de r. r. I 2, 21—23 u. Plutarch. Cat. mai. 21. Hierher gehörig auch die Bestimmungen des lex Fufia Caninia (a. 8 p. Chr.) über die zulässige Grenze von testamentarischen Freilassungen von Sklaven, sich richtend nach der Gesamtzahl der einem Eigentümer gehörigen Sklaven (—500); vgl. Gai. I 42ff. — Tacit. ann. XIV 43 gibt die Zahl der Sklavenfamilie des praefectus urbi Pedanius Secundus (a. 61) auf 400 Köpfe an; Plinius, Hist. nat. 33, 135 berichtet von einem z. Z. des Augustus lebenden Römer, der in den Bürgerkriegen viel Vermögen verloren hatte, aber doch über 4100 Sklaven hinterliess. — Seneca, de tranqu. an. 8: „numerus illi (Demetrio, Pompei liberto) cotidie servorum velut imperatori exercitus referebatur“. — Für die spätere Zeit noch grössere Massen, Sklavenfamilien von 10000 bis 20000 Köpfen. Athenäus VI 104p. 272d; Becker Gallus a. a. O. — Nicht ernst zu nehmen (nicht bloss „exagérations évidentes“, vgl. Erman, Servus vicarius, in Recueil

Durch diese Verhältnisse wurde weiter die Stellung und Verwendung der Sklaven im römischen Wirtschaftsleben bedingt. Die Ausdehnung der Latifundienwirtschaft, ferner die intensive Entwicklung von Handel und Industrie einerseits, die Notwendigkeit von Aufsichtspersonal über die erwähnten Sklavenheere andererseits hob eine grosse Zahl von Sklaven aus der Masse ihrer unfreien Gefährten heraus und machte sie tatsächlich zu selbständigen Mittelpunkten des römischen Wirtschaftsverkehrs.[1]) — Es war notwendig, diesen tatsächlichen Verhältnissen rechtliche Formen zu gewähren, die schon ausreichend waren, wenn die Rechtsordnung nur — unter möglichster Aufrechterhaltung sonstiger Grundsätze des Sklavenrechts — den Sklaven eine unvollkommene Verpflichtungsfähigkeit gewährte, zwar keine gerichtliche Belangbarkeit, aber wenigstens eine ausser-

---

publié par la faculté de droit de Lausanne 1896, S. 401 A, 2) die Angaben Petrons (53), es seien an einem Tage auf dem praedium Cumanum des Trimalchio insgesamt 70 Sklavenkinder (pueri XXX, puellae XL) geboren worden! —

[1]) Vgl. bes. über die Stellung des villicus oder actor [servus actor], der die Bewirtschaftung der ländlichen Grundstücke seines Herrn leitete [D. (33, 7) 12, 3 und 18, 4], u. unter dem die familia rustica stand, ferner über die Stellung des atriensis in der familia urbana als Vorsteher der städtischen Dienerschaft, die infolge des luxuriösen Raffinements in den letzten beiden Jahrhunderten der Republik sich bis ins Ungemessene vermehrte: Marquardt-Mau a. a. O. S. 141 ff. — Das Los solcher Sklaven hat natürlich gar keine Ähnlichkeit mit demjenigen eines amerikanischen Negersklaven: vgl. Jherings geistvolle Darstellung, Geist d. r. R. II 1, 166 ff. — Man denke an das Verhältnis von Cicero zu Tiro [ad. Attic. VII 5, 2; ad. fam. 16], von Atticus zu Alexis [ad. Attic. XII 10], von Maecenas zu dem Grammatiker C. Melissus, der den status servitutis der Freiheit vorzog [Sueton. de grammat. 21]. — Von dieser ersten Schicht des Sklavenstandes wird mit achtungsvollen Worten geredet; Cicero [Parad. V 2, 36] spricht von „lautiores" u. „conservorum principes"; Colum. R. R. XII 3 (villico et villicae) atque actoribus aliis in honore servulis. — In D. (2, 13) 4, 3 u. (14, 3) 20 ein Sklave als Leiter einer mensa argentaria, bei Gaius IV 71 Führer eines Seeschiffs, in D. (33, 7) 20, 1 als Pächter v. Grundstücken, ebenso in Corp. inscr. Graec. n. 4713 unter Trajan in den Porphyrgruben Ägyptens ein Ἐπαφρόδιτος δοῦλος Σειγηριανός, μισθωτὴς τῶν μετάλλων.

gerichtliche Erfüllbarkeit hinsichtlich der tatsächlich übernommenen Verpflichtungen, wie deren Sicherung durch Akzessionen (Pfand oder Bürgschaft) zuliess.[1])

Die Vermittlung des Geschäfts- und Handelsverkehrs durch die Sklaven stand also sicher schon in den letzten beiden Jahrhunderten der Republik in voller Blüte, und erst mehrere Jahrhunderte später soll das eingetreten sein, wozu schon damals der Grund ausreichend gelegt war, nämlich die rechtliche Anerkennung dieser Verhältnisse? Das ist aus wirtschaftlichen Erwägungen nicht glaublich. Aber auch juristische Erwägungen gehen nach derselben Richtung; sie weisen bei der Untersuchung über die Entstehung von obligationes servi mehrere Jahrhunderte rückwärts.

Die Möglichkeit obligatorischer Rechtsbeziehungen ist durch die Existenz zweier selbständiger Vermögenskreise bedingt. Bei der grundsätzlichen Rechtsunfähigkeit des servus[2]) war diese Möglichkeit im Geschäftsverkehr der Sklaven und mit Sklaven nach römischem Sklavenrecht zunächst ausgeschlossen, wenn nur auch hier der menschliche Verkehr und anschliessend die Rechtsordnung sich mit einfacher, nur dem Grundsatze folgender Ausgestaltung der Verhältnisse begnügt hätte. Rein faktische Umstände sind es wieder, welche die Kreise der Rechtskonsequenz stören: die Pekulienkonzessionen des Herrn an den Sklaven. Doch der Grundsatz bleibt auch hier entsprechend dem Gange der römischen Rechtsentwicklung gewahrt; rechtlich gehört nach wie vor das peculium dem Gewalthaber. Aber schon Florentinus[3]) scheut sich nicht von einem „velut proprium patrimonium" des servus zu sprechen; nicht mit Unrecht, da das pecu-

---

[1]) Karlowa a. a. O. S. 112 erläutert zutreffend den erreichten praktischen Vorteil: „Ohne ihn selbst zu treffen, konnten so die Naturalobligationen der Sklaven Dritten gegenüber den Interessen des Herrn dienen und die Verwendung der Sklaven zum Geschäftsbetriebe ergiebiger machen."

[2]) . . . „juristisch sozusagen nichts als ein Leitapparat für den Herrn" Jhering a. a. O. S. 166.

[3]) Dig. (15, 1) 39. Anschliessend Paulus eod. t. 47, 6 und Ulpian e. t. 19, 1.

lium doch eine auch vom Recht bewertete, zum mindesten subjektiv[1]) durch die Person des Sklaven zusammengehaltene Vermögenseinheit darstellte.

Die durch eine Pekulienkonzession bewirkte Abtrennung zweier tatsächlich selbständiger Vermögenskreise fand ihren sinnlich wahrnehmbaren Ausdruck in der wirklichen Übergabe der einzelnen Pekuliarobjekte an den Sklaven (naturalis datio); es kam hinzu die mehrfach erwähnte separatio a rationibus dominicis[2]): auch aus den Rechnungsbüchern des Herrn wurde das Sklavengut ausgeschieden, der servus hatte fortan selbständige rationes zu fühern.[3]) — Berücksichtigt man diese sich immer von neuem wiederholenden tatsächlichen Verhältnisse, so ist es erklärlich, dass ihnen der Organismus des Rechts nachgeben musste. —

Das Verhältnis des peculium gehört nach den vorliegenden Berichten schon dem ältesten Rechte an,[4]) zu Plautus' Zeiten ist es eine eingebürgerte Institution.[5]) Von da an steigt offenbar die Zahl der in selbständiger häuslicher Existenz (separata oeconomia) lebenden Sklaven, so dass sie gegen Ende der Republik schon sehr erheblich war.[6]) — So war die tatsächliche Selbständigkeit der beiden Vermögenskreise des Herrn und Sklaven gegeben; schrittweise und zögernd folgt die rechtliche Anerkennung,

---

[1]) nicht auch objektiv wie die hereditas. Vgl. Dig. (6, 1) 56. — Karlowa II 1131.

[2]) Dig. (15, 1) 4 pr. u. 5, 4; (41, 1) 37, 1.

[3]) Karlowa II 1134 weist darauf hin, dass diese rationes des servus nicht die Bedeutung des codex accepti et expensi haben konnten. Das ist richtig; denn das Recht, einen solchen zu führen und rechtswirksame Eintragungen zu macheh, war den cives Romani vorbehalten.

[4]) Die Erwähnung einer Zwölf-Tafelbestimmung in Ulp. fragm. II 4. — D. (40, 7) 25 u. 29, 1.

[5]) Asin. III 1, 36; II 4, 91; Pers. II 2, 10; Pseudol. II 4, 44; IV 1, 92; IV 6, 7; Most. I, 3, 96; IV 1, 24; Casin. II 3, 39f. (ein Sklave ohne peculium gilt als schlechter Sklave). — Für die Folgezeit der frühere Sklave Terent., Phormio 119ff; Varro I 17 u. II 20.

[6]) Vgl. Mandry, Gem. Familiengüterr. II 26f. Pernice, Labeo I 113f., 390f.

nur so weit als sie erforderlich war zur Sicherung des wirtschaftlichen Verkehrs, und unter möglichster Aufrechterhaltung der Grundsätze des Sklavenrechts. Jene erstere Tendenz drängte dazu, den infolge der Pekulienkonzessionen notwendigen gegenseitigen Abrechnungen zwischen Herren und Sklaven, insbesondere seit Proponierung der actio de peculio im Edikt, eine sichere Basis zu schaffen; hierzu und zu der Zeit der eben erwähnten Entwicklung der separata oeconomia stimmt, dass auch schon gegen Ende der Republik die römischen Juristen anlässlich der Deduktion der Schulden des Sklaven vom Betrage des peculium ganz ungezwungen von einem „debere" des Sklaven gegenüber dem dominus reden.[1]) — Hier ist einer Schuld die natürliche, einer wirtschaftlichen Auffassung durchaus entsprechende rechtliche Wirkung beigelegt, dass sie das Vermögen des Schuldners, hier das peculium, in seinem Betrage mindert: die erste Reaktion des Rechts in den Vermögensbeziehungen zweier Personen, die erste sanctio für eine obligatio, wenn auch noch imperfecta.[2]) — So können wir unbedenklich schon für die Zeit des 2. und 1. Jahrhunderts v. Chr. von der Existenz sog. Naturalschulden der Sklaven im römischen Rechte reden.

II. Halten wir uns diese Entwicklung vor Augen, so kann man der in D. (35, 1) 40, 3 mitgeteilten Entscheidung des Servius kaum den Vorwurf ersparen, dass sie — vom Standpunkte des modernen Rechts aus betrachtet — einen Verstoss gegen § 133 BGB. enthält: Servius hat an dem buchstäblichen Sinne des Ausdrucks „debere" gehaftet, ist lediglich den Regeln der technischen Rechtsprache gefolgt, ohne zu be-

---

[1]) Vgl. die Definitionen von Servius Sulpicius in D. (15, 1) 9, 2 u. 3 u. von Tubero D. h. t. 5, 4; beide Male „deducto quod (inde si quid) domino debetur." -- Die Definition Tuberos („quod servus domini permissu separatum a rationibus dominicis habet") wird dann von allen späteren Juristen adoptiert.

[2]) Karlowa a. a. O. S. 111 fragt: „Warum sollen nicht auch andere Wirkungen einer Naturalobligation in diesem Falle damals schon angenommen sein?" — Gewiss, aber Berichte fehlen.

denken, dass ein Laie jenen Ausdruck gebrauchte.[1]) Der Vorwurf ist um so mehr begründet, als Servius ja selbst nach Ulpians Angaben in zit. D. (15, 1) 9, 3 bei der Definition des peculium an dem Ausdrucke „quod domino debetur" keinen Anstoss nimmt. Ausdrücklich sagt auch der Testator „quos in tabulis debeo", hindeutend auf das genaue Rechnungswesen innerhalb des römischen Hauses, aus dem jeden Augenblick die Höhe des Sklavenpekuliums ersichtlich war;[2]) jedenfalls erschien in diesen Rechnungsbüchern des Testators der Posten von 5 aurei schon äusserlich sichtbar als Schuldposten auf der Seite der Passiva, so dass auch auf Grund dieses natürlichen faktischen Vorganges, der sich doch alle Tage häufig genug in Rom ereignete, der Testator berechtigt war, von einem „debere" zu reden. Einen Blick in diese gewohnheitsmässigen Gepflogenheiten des römischen Hauses lässt uns auch eine Anfrage und ein responsum tun, über die ein allerdings reichlich 100 Jahre älterer Jurist, Cervidius Scaevola, im 15. Buche seiner Digesten berichtet.[3]) Es handelt sich um ein peculium legatum zugunsten eines Sklaven; gefragt wird, ob der Sklave auch das, quod amplius rationi loculorum in diem mortis erogavit ex peculio suo, von den Erben fordern könne, und nun die hier interessierende Begründung: cum ex consuetudine domus esset, ut quidquid amplius ex suo in ratione loculorum erogasset, dominica ratio ei deberet atque exsolveret. Das responsum fällt im Sinne dieser Begründung aus: „secundum ea quae propter consue-

---

[1]) Bei Gaius Inst. III 179 erscheint auch Servius in den dort berührten Rechtsfragen zweimal als Vertreter der streng juristischen Logik gegenüber der mehr praktischen Fortentwicklung des Rechts. Gaius bezeichnet daher sein Respondieren als „consequenter".

[2]) vgl. oben S. 10. — Der genauen Buchführung in allen sonstigen die Sklaven betreffenden Angelegenheiten [Zahl, deren Vermehrung durch Geburten, Verteilung, Abstammung usw.] dienten die mehrfach erwähnten libelli familiae, Sklavenlisten. — D. (32) 99 pr. [Paul]; Petron 47, 53; Cic. pro Flacco 32, 80 [zu Censuszwecken]; Erman 401 f.

[3]) Dig. (33, 8) 23, 1.

tudinem proponentur, id quoque peculio legato contineri, quod et dominica ratio deberet et solita erat reddere". — Also gewohnheitsmässig in der Regelung des inneren Verkehrs des römischen Hauses stellten sich solche Schuldposten zugunsten der Sklaven fest, und gewohnheitsmässig wurden sie — in dieser Beziehung jedem anderen Schuldposten, etwa zugunsten eines civis romanus, gleichgestellt — aus der Kasse des dominus bezahlt.

In Berücksichtigung dieser Verhältnisse, die natürlich auch schon zu Servius' Zeiten bestanden haben, kann die Entscheidung dieses Juristen nicht für die Annahme verwertet werden, dass zu seiner Zeit von einer rechtlichen Bewertung von sog. Naturalobligationen noch nicht die Rede sein konnte.[1]) Und auch der Schlusssatz in dem javolenischen Fragment „et eo iure utimur" deutet auf eine Entwicklung in früherer Zeit: schon zu den Lebzeiten dieses Juristen hat die römische Jurisprudenz allgemein und offenbar bereits unbestrittenermassen den Begriff des naturale debitum für den Sklavenverkehr als Rechtsbegriff gehandhabt und in ihre Entscheidungen eingestellt, deren von Javolenus mit jener Wendung doch bezeugte Konstanz nicht möglich gewesen wäre, wenn der Rechtsbegriff damals erst in den Anfängen seiner Entwicklung gestanden hätte. — Jedenfalls also knüpft die im Gegensatze zu Servius stehende Entscheidung Javolens an die schon von den republikanischen Juristen vorbereitete Entwicklung an, durch ein benigne inter-

---

[1]) Cuq Instit. II 346[2] in Opposition gegen Mandry u. Karlowa sucht Servius zu entschuldigen: „Le rapprochement des ces deux textes prouve que Servius n'attribuait pas à l'obligation formée entre l'esclave et son maître une portée générale". — Es war das auch gar nicht erforderlich, solchen Obligationen eine „allgemeine Tragweite" zuzuerteilen, sondern es handelte sich nur um eine sinngemässe „Interpretation" des Ausdrucks „debere"; diese „Vermittlung" zwischen den Bedürfnissen des Verkehrs und den Ansprüchen der rechtlichen Logik im Sinne der Auffassung Javolens durchzuführen, lag schon zu Servius' Zeiten nahe. Es war nicht nötig, die Folgen der Rechtsregel wie ein „Fatum zu tragen". — Gradenwitz, S. 163 u. Dernburg, Pand. III 234.

pretari der Rechtsätze den im Verkehr sich vollziehenden Tatsachen nachgebend. — —

Dass die Wendung naturale debitum, natura debere u. ä. damals schon in der Juristensprache gang und gäbe war, ergibt sich weiter aus einem Fragmente des **Neratius**,[1]) eines Zeitgenossen des etwas älteren Javolenus:

> Quod pupillus sine tutoris auctoritate stipulanti promiserit solverit, repetitio est, quia nec natura debet.

Die Zwecke der condictio indebiti erforderten von den römischen Juristen eine häufig anzustellende Untersuchung darüber, ob ein debitum oder indebitum vorlag, um Ausschluss oder Zuläsigkeit dieser Klage zu begründen. Hierbei konnte — und nach dem Gange der Entwicklung musste es geschehen — das naturale debitum zu dem debitum überhaupt gestellt werden, da seine wesentliche Wirkung sich in der Erfüllbarkeit äusserte, und somit die Rückforderung des Gezahlten ausgeschlossen werden musste. Auch hier untersucht Neratius die Frage, ob auf Grund einer von einem pupillus sine tutoris auctoritate eingegangenen stipulatio ein erfüllbares naturale dabitum begründet wird; nach apodiktischer Verneinung dieser Frage kommt der Jurist ohne weiteres zur Zulassung der condictio, da ja tatsächlich ein indebitum vorliegt. Diese Auffassung von der obligatio pupilli steht nicht vereinzelt da, deckt sich vielmehr mit der von Licinnius Rufinus noch etwa 1½ Jahrhunderte später vertretenen.[2]) Beide Aussprüche haben recht erhebliche Schwierigkeiten hervorgerufen, da man sie mit Aussprüchen anderer römischer Juristen zusammengehalten hat, die ebenso unzweideutig eine naturalis obligatio aus den ohne auctoritas des tutor abgeschlossenen Geschäften des pupillus anzunehmen scheinen.[3])

---

[1]) D. (12, 6) 41. [lib. 6 Membran.]

[2]) D. (44, 7) 58: Pupillus mutuam pecuniam accipiendo ne quidem iure naturali obligatur. — Vgl. hierüber eingehender unten S. 52ff. —

[3]) Vgl. bes. Julian D. (12, 1) 19, 1; Pomp. D. (12, 2) 42 pr. — Gaius Inst. III 176. 118 f; D. (26, 8) 9. 2. — Maecian. D. (36, 1) 64 pr. Papin. D. (46, 3) 95, 2; (36, 2) 25, 1 a. E. Paul. D. (44, 7) 46; (12, 6)

Zum Teil hat man sich mit der Feststellung dieses Gegensatzes unter den römischen Juristen begnügt mit dem Hinweise darauf, dass im Widerspruch mit Neratius und Licinnius Rufinus die Mehrzahl sich für die Existenz einer Naturalobligation ausgesprochen hätten, welche Ansicht dann auch Geltung für das justinianische Recht erlangt habe.[1]) Anderenteils hat man versucht, auch diesen „Gegensatz" aus den Pandekten herauszuschaffen, indem man den Standpunkt vertrat: Neratius und mit ihm Rufinus sprechen nur von der Verbindlichkeit des allein handelnden pupillus selbst und leugnen in dieser Beziehung das Entstehen einer Naturalobligation, während die Aussprüche der anderen Juristen sich auf die Rechtswirkungen gegen den cum tutore handelnden oder volljährig gewordenen pupillus oder gegen Dritte beziehen.[2])

Eine richtige Aneinanderreihung der einzelnen Aussprüche und deren ungezwungene Interpretation wird den vermeintlichen Gegensatz unter den römischen Juristen verschwinden lassen, worüber der Übersichtlichkeit wegen jedoch erst bei Ulpian eingehend gehandelt werden soll.[3])

Zunächst ist hier für unsere Zwecke in dem Ausspruche des Neratius der damals schon erkannte ausschliessliche Gegensatz von condictio indebiti und naturale debitum beachtlich. Aber es wird doch von der ersteren ausgegangen, und nur, um ihre Zulässigkeit durch Verneinung des letzteren zu begründen, so dass wir positiv über den Begriff der Naturalobligation nichts erfahren, seine Verwendung hier bei Neratius noch sekundär und negativ ist. Erst Julian kommt — wie gleich zu zeigen — mit einer primären und positiven Bewertung.

---

13, 1; (35, 2) 21 pr., (18, 5) 7, 1. — Ulp. D. (26, 8) 5pr., (3, 5) 3, 4; (46, 3) 14, 8; (46, 1) 25; (39, 5) 19,4. —

[1]) So Savigny Obl. R. I 74.

[2]) So in langer, z. T. gezwungener Ausführung Schwanert S. 369 bis 392. —

[3]) Vgl. unten S. 51 ff. —

## § 3. Entwicklung.

I. Javolens Schüler und jüngerer Zeitgenosse **Julianus** ist mehrfach als der Erfinder oder doch zum mindesten als der Fortbildner der naturalis obligatio gepriesen worden.[1]) Unbestreitbar, dass gerade er immer wieder die Bedeutung dieses Rechtsgebildes hervorhebt und deshalb auch in der Folgezeit als Autorität in den Entscheidungen dieses Gebietes zitiert wird; im übrigen kann man aber in Julian nur die zweite Stufe der Entwicklung erkennen und anerkennen. Es lässt sich das feststellen an dem Gange der sprachlichen Entwicklung, auf die Gradenwitz[2]) hingewiesen hat und die in 3 Stufen zu denken ist: zuerst natura debere (s. obligari), dann naturale debitum[3]) und naturalis obligatio, schliesslich naturalis debitor. Debere in diesem „natürlichen" Sinne wird von den erwähnten republikanischen Juristen gebraucht, besonders hinsichtlich der deductio beim Sklavenpeculium; „naturale debitum" erst von Javolen und „naturalis obligatio" (in gleich zu besprechender wichtiger Stelle) von Julian. Demnach liegt bei diesen beiden Juristen der ersten Kaiserzeit nur ein Aufsteigen zum allgemeineren Begriffe vor, bei Julian noch umfassender ausgedrückt als bei Javolen, aber doch nur auf derselben Höhe sich haltend.

Die wichtigste Stelle von Julian stammt aus dem 53. Buche seiner Digesten und ist in D. (46, 1) 16, 3 und 4 überliefert:

Fidejussor accipi potest, quoties est aliqua obligatio civilis vel naturalis cui applicetur. § 4. Naturales obligationes non eo solo aestimantur si actio aliqua eorum nomine

---

[1]) Kuntze a. a. O. — Cuq a. a. O. Krückmann in Arch. f. civ. Pr. 85 S. 236. Pernice, Labeo III 253f. —

[2]) S. 147. — Zustimmend H. Krüger in Zschr. d. Sav.-St. XXIII 483.

[3]) Gradenwitz gibt als zweite Stufe der Entwicklung nur „naturalis obligatio" an; Krüger a. a. O. fügt schon hinzu: „doch wohl auch naturale debitum". Das letztere ist aber das frühere in der Entwicklung, direkt anknüpfend an natura debere u. ebenso gebraucht von Javolenus.

competit, verum etiam cum soluta pecunia repeti non potest: nam licet minus proprie debere dicantur naturales debitores, per abusionem intellegi possunt debitores, et qui ab his pecuniam recipiunt, debitum sibi recepisse."[1])

Text und Auslegung dieser Stelle haben von jeher viel Schwierigkeiten verursacht.[2]) Neuerdings sind beide durch die mehrfach zitierte Abhandlung von Gradenwitz auf neue Grundlage gestellt worden; das Endergebnis, zu dem G. gelangt, und dessen überzeugende Richtigkeit jede erhebliche Opposition verhindert hat, ist folgendes: der überlieferte Text eorum nomine ist richtig,[3]) weil er ausdrücklich in 2 Stellen (ebenso Ulp. D. [44, 7] 10) gleichlautend bezeugt ist; dagegen stand in dem ursprünglichen Text Julians in dem licet-Satze statt „naturales debitores" bloss „servi". Dann wickelt sich der Gedankengang ohne weitere Friktionen glatt ab: Natuarlobligationen werden nicht bloss danach gewertet, ob etwa eine Klage servorum nomine (gegen den Herrn) zusteht, sondern auch danach, dass das Gezahlte (alleinige Handlung des Sklaven) nicht zurückgefordert werden kann; denn wenn auch die Sklaven nur uneigentlich als solche bezeichnet werden, die schulden, so kann man sie doch im ungewöhnlichen Sinne[4]) als Schuldner ansehen, und von

---

[1]) Mit unwesentlicher Textabweichung [Redaktion durch die Kompilatoren? Gradenwitz S. 139] bis potest übernommen von Ulpian im 47. Buche ad Sabinum vgl. D. (44, 7) 10.

[2]) Vgl. die Hauptansichten bei Savigny Obl. R. I 40f. — Vangerow[7] III 5. — Schwanert S. 85ff. — Brinz Pand. II 51 N. 10. — Windscheid Pand. II. 166 N. 11. — Frenzel S. 7 N. 5.

[3]) nicht „earum nomine", wie leichthin von einigen angenommen wird: dann auf das vorhergehende „obligationes" bezüglich, aber kaum sinngemäss zu übersetzen.

[4]) „per abusionem" rhetorisch = κατάχρησις. Hindeutung auf den früheren Zustand, wo mit debere nur Inhalt u Folge einer vollkommenen [civilis] obligatio bezeichnet wurde; Herübernahme [abuti = zu etwas anderem gebrauchen!] dieser Bezeichnung auf Sklavenverbindlichkeiten; also Abgleiten von der sprachlichen u. rechtlichen Logik; Servius [s. oben] macht diese freiere Entwicklung nicht mit (Einfluss der Regularmethode?).

denen, die von ihnen ihr Geld wiedererhalten haben, sagen, sie haben Geschuldetes zurückerhalten.[1])

Diese von Gradenwitz dem Julianischen Fragment wiedergegebene ursprüngliche Gestalt ist in glücklicher Weise für die Aufdeckung der dogmatischen Entwicklung nutzbar zu machen. Als einzige Lebensregung der noch embryonalen Naturalobligation des Sklaven war bisher von den republika-

---

[1]) Die Feststellung dieser Interpolation und dieses Ergebnisses wird von G. in sehr vorsichtiger und nur schrittweise vorgehender Beweisführung erreicht. Der Aufbau der Beweisgründe vollzieht sich — für unsere Zwecke das Erhebliche herausgehoben — folgendermassen:

A. Erster Teil des Fragments bis potest:

I. Aus einer Übersicht sämtlicher die Wendung „actio . . . nomine competit" enthaltenden Digestenstellen ergibt sich als häufigste Anwendung: servi nomine, d. h. es steht gegen den Herrn als solchen wegen einer Handlung seines Sklaven eine Klage zu. — Möglichkeit, dass im Julianischen Text eorum nomine auf ein vorhergehendes servi verweist.

II. Gaius in Inst. III 119a folgt im allgemeinen dem Gedankengange Julians, kommt aber in Anknüpfung an die naturalis obligatio, cui quoque fideiussor adici potest, im besonderen gerade auf die Naturalobligation des Sklaven zu sprechen. Wird dieser spezielle Hinweis zwischen §§ 3 u. 4 des Julianischen Fragments eingefügt, so wird ein sonst nicht ohne weiteres fassbarer Zusammenhang zwischen beiden Paragraphen vermittelt. — Möglichkeit, dass in der Gaiusstelle der ausführlichere ursprüngliche Text Julians vorliegt.

B. Zweiter Teil des Fragments bis Schluss:

III. In dem licet-Satze berührt unangenehm die Häufung der Worte debere u. debitor; denn man erwartet debere in Beziehung gesetzt zu Leuten, die nicht einmal debitores heissen. Weiter kann „naturalis debitor" nicht bei Julian gestanden haben, weil dieser Ausdruck schon die 3. Stufe der sprachlichen Entwicklung darstellt, noch Paulus dafür „natura debitor" (z. B. auch gelegentlich der Relation einer Julianischen Ausführung als Einschiebsel in D. [12, 6] 60 pr.) sagt; auch analog naturalis possessor in den Digesten nicht zu finden ist. — Gewissheit, dass „naturales debitores" nicht bei Julian gestanden haben kann.

IV. Die Ulpianstelle in D. (15, 1) 41 i. Verb. mit D. (50, 17) 32 klingt stark an die Julianische an und spricht ausdrücklich von „servi". — Möglichkeit, dass die Stelle von Ulpian nach der Julianischen geformt ist.

Diese Möglichkeiten und Gewifsheit zusammengenommen drängen zu der sicheren Annahme, dass in dem Julianischen Fragment nur von Naturalobligationen der Sklaven die Rede gewesen sein kann. —

nischen Juristen nur ihre den Betrag des Pekulium vermindernde Wirkung hervorgehoben worden gemäss der dem Herrn zustehenden Deduktionsbefugnis. Solche zu einer Subtraktion führende Naturalforderungen des dominus gegen den servus konnten durch mancherlei Handlungen des letzteren entstehen, z. B. aus einem gegen den Herrn begangenen furtum;[1]) am häufigsten aber werden sie — eine Folge des sich immer mehr entwickelnden Geschäftsverkehrs mit Sklaven — ihren Entstehungsgrund darin gehabt haben, dass der Herr auf Grund der von dritter Seite gegen ihn erhobenen actio noxalis, actio quod iussu oder auch actio de peculio namens des Sklaven (servi nomine) etwas zu zahlen verpflichtet wurde oder schliesslich tatsächlich zahlte.[2]) Diese von der bisherigen Doktrin den Naturalobligationen des Sklaven allein zuerkannte Bewertung, die also nur die Beziehungen zwischen dominus und servus betraf und so den Blick nur auf das Innere des römischen Hauses richtete, nimmt Julian durch die Worte „non eo solo aestimantur si actio aliqua eorum nomine competit" auf und erklärt sie durch Hinzufügung des erweiternden Gegensatzes für rückständig und nicht ausreichend: „verum etiam cum soluta pecunia repeti non potest." — Julians Bewertung ist umfassender, weil auch hier sein juristischer Blick weiter reicht, als derjenige seiner Vorgänger; er gewährt der Naturalobligation auch ausserhalb des römischen Hauses Lebensbetätigung, indem der alleinigen Handlung des Sklaven, dem solvere, rechtliche Wirkung zuerkannt wird: es liegt nunmehr vor ein debitum solutum, woraus der Ausschluss der repetitio soluti folgt. Damit allerdings hat die Naturalobligation ihre — auch heute noch — wirksamste Betätigung erhalten.

Der bisher besprochenen Julianischen Stelle reiht

---

[1]) Aber nur als Schadensersatzforderung, nicht auf Leistung der poena: vgl. Dig. (15, 1) 9, 6; (19, 1) 30 pr.; (33, 8) 9, 1. — Karlowa R. Rg. II 1144f. —

[2]) Ulpian [Dig. (15,1) 9, 8 u. 11 pr.] u. Africanus [Dig. (33, 8) 16] sprechen sich ganz klar hierüber aus. —

sich weiter das ebenfalls aus dem 53. Buche seines Digestenwerkes stammende, als l. 7 Dig. eod. tit. mitgeteilte Fragment als allgemeiner Schlusssatz völlig sinngemäss an:

„Quod enim solutum repeti non potest conveniens est, huius naturalis obligationis fidejussores accipi posse."[1])

Das eben angeführte wesentliche Merkmal der obligationes naturales, nämlich Ausschluss der repetitio soluti, wird nochmals hervorgehoben, um zur Aufstellung des Satzes zu gelangen: dieser Tatbestand ist ausreichende Grundlage für die fidejussio. Die allmähliche Entwicklung auch dieses Satzes, der ja nicht ohne Bedenken war, insofern man sonst die fidejussio als für die actio bestellt bezeichnete, deutet der Ausdruck „conveniens" an, die schliesslich erreichte Übereinstimmung der Juristen und die Anpassung an die Verhältnisse des Verkehrs.[2]) Immerhin ist diese Schlussbemerkung Julians nicht zu allgemein aufzufassen, der Ton liegt auf „huius", zurückgehend auf die vorher näher qualifizierte Naturalobligation des Sklaven.

Zutreffend reiht Lenel diesem Fragment den Bericht Ulpians in Dig. (46, 1) 8, 3 darüber an, dass schon nach Julians Meinung nach der Litiscontestation et civilis et naturalis obligatio subest, weshalb auch für sie ein fidejussor bestellt werden könne; der allgemeine Schlusssatz „quod enim solutum" hat die Überleitung zu ähnlichen Erscheinungen gegeben.

An anderer, nicht allzu weit entfernter Stelle, im 55. Buche seiner Digesten[3]) kommt Julian noch darauf zu sprechen, dass die fidejussio für eine Sklavenverbindlichkeit ausnahmsweise dann abgelehnt wird, wenn diese einen für den Sklaven rechtlich unmöglichen Inhalt hat, z. B. das Versprechen selbst zu litigieren, quia servus conveniri vel convenire non potest. —

---

[1]) So auch Lenel, Paling. I 457 frg. 711.

[2]) Erxleben, condictiones s. c. — 1. Abt. S. 148. Schwanert S. 87f. —

[3]) Dig. (2, 11) 13. — Lenel, Paling. I 460 frg. 723, unter der [richtigen?] Überschrift „Vadimonium sisti." —

Julians Autorität in dieser Lehre, welche die nachfolgenden Juristen stark beeinflusst, ist offensichtlich. Venulejus[1]) verweist auf Julian zur Stütze des Satzes, dass eine Bürgschaft für ein mutuum contra S. C. Macedonianum nach des Haussohnes Tode nicht mehr möglich sei, quia nulla obligatio aut civilis aut naturalis supersit. Ulpian[2]) beruft sich auf ihn zum Beweise dafür, dass durch die Ediktsvorschrift „quod quisque iuris" nur die actio getroffen werde, im übrigen aber eine wieder an dem Ausschlusse der repetitio kenntliche Naturalobligation übrig bleibe; ferner dafür, dass der libertus quamvis putans se obligatum die dem Patron geleisteten operae nicht kondizieren könne; ferner für die Möglichkeit einer Bürgschaftsbestellung für eine obligatio post litem contestatam als für eine naturalis obligatio; schliesslich für die Frage der Zulässigkeit der deductio peculii in bezug auf das, quod servus a debitore dominico exegerit. Pomponius[3]) zitiert ihn zum Zwecke der näheren Erläuterung über die Wirksamkeit der obligatio pupilli. Paulus[4]) benennt ihn als Zeugen für den Fortbestand einer naturalis obligatio nach absolutio des verus debitor, sowie für die bestrittene Ansicht, dass id quod natura hereditati debetur dem Betrage der Erbschaft eventuell anzurechnen sei. — So ist ersichtlich, dass Julian diese Fragen zum ersten Male von einem umfassenderen wissenschaftlichen Standpunkte aus behandelt hat, ohne dass wir ihn gerade als Erfinder des Begriffs der Naturalobligationen gelten lassen könnten.

---

1) D. (14, 6) 18. —

2) Folgende Stellen: D. (2, 2) 3, 7; (12, 6) 26, 12; (46, 1) 8, 3; (15, 1) 11, 2.

3) (12, 2) 42 pr. Den allgemeinen Grundsatz stellt Julian lib. 10 Dig. [D. (12, 1) 19, 1] auf. Hier wird mit feiner Unterscheidung die Wirksamkeit dieser von den römischen Juristen vielfach erörterten obligatio anlässlich einer Klage gegen den fidejussor berührt, der sich für eine Darlehnsschuld eines pupillus verbürgt hatte: ist nach dem iusiurandum des pupillus das Darlehen sine tutoris auctoritate gegeben, so bleibt der fidejussor ohne Möglichkeit irgend einer exceptio verhaftet, wie sonst für eine naturalis obligatio. — Vgl. unten S. 55ff. —

4) (12, 6) 60 pr.; (35, 2) 17, 1. —

II. Den nachfolgenden Juristen ist der Begriff der obligatio naturalis bereits völlig geläufig; er ist keineswegs als allgemeiner Grundbegriff — wie später zu zeigen sein wird — fest umgrenzt, und so fehlt auch eine irgendwie verwertbare Definition. Immer wieder wird angeknüpft an die obligatio servi und von da aus auf andere unvollkommene Verbindlichkeiten eingegangen, besonders auf die obligatio pupilli; an vielen Stellen aber werden diese mannigfachen und im Verhältnis zu einander verschiedenartigen Erscheinungen zurückgeführt auf folgende bei allen anzutreffende gemeinsame Merkmale: das solutum ist ein debitum; folglich repetitio soluti unmöglich und Sicherung des debitum durch fidejussio möglich.

Bei dem Mangel einer sicheren Begriffsbestimmung bleibt auch die Bezeichnung „naturalis obligatio" unsicher und schwankend und gewinnt nicht die Festigkeit eines technischen Ausdrucks. Hinderlich war auch die an sich schon allgemeine Bedeutung des Epitheton „naturalis", die noch gesteigert wurde durch eine die Bedeutung von „natura" bis ins Ungemessene ausdehnende allgemeine Natur- und Menschheitsphilosophie, gepflegt von den Philosophen der ersten Kaiserzeit und den Kreisen der alexandrinischen Gelehrten.[1])

1. **Pomponius** macht im 4. Buche ad Quintum Mucium[2]) gelegentlich der Erörterung der vermögensrechtlichen Beziehungen zwischen dominus und servus auf einen dogmatisch recht wichtigen Umstand aufmerksam, den er in den allgemeinen Satz fasst: ut debitor vel servus domino vel dominus servo intelligatur, ex causa civili computandum est. Die objektiven Rechtsgründe solcher Obligationen zwischen Herrn und Sklaven sind dieselben wie im sonstigen Geschäftsverkehr zwischen Freien: ex contractu vel quasi ex contractu; als Beispiele werden gegeben nego-

---

[1]) z. B. Seneca ep. 47 und 95: omne hoc, quod vides, — unum est: membra sumus corporis magni. Natura nos cognatos edidit.

[2]) Dig. (15, 1) 49. — Lenel, Paling. II 62, frgm. 234 [de peculio legato].

tiorum gestio und Litteralkontrakt, und an der Hand des letzteren gezeigt, dass, wenn dieser objektive Tatbestand der causa civilis irgendwie mangelhaft ist, auch gar keine naturalis obligatio entstehen kann. — Damit ist festgestellt, dass bei der obligatio servi die Affektion des obligatorischen Verhältnisses, die in dem Mangel der gerichtlichen Geltendmachung liegt, sich nur auf dessen subjektive Seite beziehen kann; eins der Subjekte der Obligation ist ein Sklave, der als solcher nach den allgemeinen Grundsätzen des Sklavenrechts weder klagen noch verklagt werden kann.[1]) — An anderer Stelle noch kommt Pomponius allgemein auf den Ausschluss der actio auf Grund persönlicher Verhältnisse der Beteiligten, hier des Gläubigers zu sprechen, im 22. Buche seines Sabinuskommentars:[2]) „si poenae causa eius cui debetur debitor liberatus est, naturalis obligatio manet et ideo solutum repeti non potest.“ Als mögliche Fälle, an die Pomponius bei diesem etwas allgemein gefassten Satze gedacht hat, sind anzugeben: mutuum contra S. C. Macedonianum oder Anwendung des bereits dem Juristen bekannten Edikts „quod quisque iuris in alterum statuerit, ut ipse eodem iure utatur“.[3]) Ein bestimmtes vom Gesetze nicht gebilligtes persönliches Verhalten des Gläubigers führt zur Versagung der actio, ohne jedoch totam obligationem zu vernichten; aus der zurückbleibenden Naturalobligation wird deren prinzipale Rechtsfolge gezogen: Ausschluss der repetio soluti. — Wie bei der Pekulienberechnung — und zwar dort zuerst — die naturalis obligatio als mitzuzählender selbständiger Vermögensposten in Betracht kam, so auch bei anderen Vermögensmassen: z. B. bei der Erbschaft, um deren Höhe in Hinsicht auf das S. C. Trebellianum festzustellen. Pomponius betont es ausdrücklich in Dig. (36, 1) 49, hier unter Anwendung des Ausdrucks „natura debere“. Wie es sonst

---

[1]) Dig. (2, 11) 13. Vgl. oben S. 6.

[2]) Dig. (12, 6) 19 pr. — Lenel, Paling. II 130, frgm. 691 [de condictione].

[3]) Dig. (2, 2). — Schwanert S. 471, 349, 189.

mit der Verwendung von „naturalis, natura" auch bei Pomponius bestellt ist, beweisen z. B. folgende Stellen: untechnisch wird in Dig. (46, 3) 107 von der verborum obligatio gesagt, dass sie naturaliter resolvitur veluti solutione (Gegensatz: civiliter, veluti acceptilatione); unjuristisch eine Begründung gegeben in dem bekannten „Nam hoc natura aequum est neminem cum alterius detrimento fieri locupletiorem" in Dig. (12, 6) 14.

2. **Afrikanus**, mehrfach Referent der Ansichten Julians, berührt in der bekannten lex „Frater a fratre"[1]) eine der ersten Betätigungen der Naturalobligation im praktischen Rechtsleben, nämlich das Deduktionsrecht des Gewalthabers bei der Pekulienberechnung, um sich so wegen der mit ihm kontrahierten klaglosen Schulden seines Gewaltunterworfenen zu befriedigen, eine Art Erfüllung oder Hinweis auf Erfüllung im Interesse des Gewalthabers. Umgekehrt soll das von diesem Geschuldete dem Betrage des peculium zugerechnet werden, was wieder im Interesse des extraneus wegen des materiellen Erfolges der actio de pecudio lag.[2])

Die Naturalobligation erscheint bei den komplizierten Erörterungen von Africanus noch innerhalb des römischen Hauses; als Fall wird aber nicht das Verhältnis zwischen dominus und servus, sondern dasjenige zwischen pater und filiusfamilias zugrunde gelegt. Das lag nahe, da auch sonst in den Quellen bei Besprechung von Gewaltverhältnissen und deren Rechtsfolgen servus und filiusfamilias oft zusammengestellt werden.[3]) Der wesentliche Unterschied in der Stellung beider aber liegt darin, dass der servus rechtsunfähig, dagegen der filiusfamilias vollkommen rechtsfähig und des commercium teilhaftig ist, aus welchem Grundsatze folgt, dass der Haussohn im Verkehr nach aussen mit extranei auch verpflich-

---

[1]) Aus dem 9. Buche der Quaestiones, Dig. (12, 6) 38.

[2]) Dig. (12, 6) 38. — Savigny, System II 35 ff. — Schwanert S. 221, 319 f. — Frenzel S. 4. — Bekker, Akt. II S. 352 ff.

[3]) So Ulpian. D. (15, 1) 1, 5: Potestatis verbum communiter accipiendum est, tam in filio, quam in servo.

tungsfähig sein muss.[1]) — Anders bei den obligatorischen Beziehungen zwischen paterfamilias und Haussohn selbst; diese sind an sich möglich und entstehen auf Grund der allgemeinen eine obligatio erzeugenden Tatbestände. Doch die Entstehung einer actio zur Geltendmachung solcher obligationes stösst sich an der patria potestas: lis nulla nobis esse potest cum eo, quem in potestate habemus . . .[2]) Gleichwohl äussern diese zwar der Klage entbehrenden obligatorischen Beziehungen doch Rechtswirkungen: sobald dritte Personen für den verpflichteten filiusfamilias eintreten, wenn dieser ein peculium hatte, und schliesslich wenn die patria potestas aufgehoben war.[3]) — Africanus betrachtet in §§ 1 und 2 der lex cit. diese obligatorischen Möglichkeiten nach zwei Richtungen hin, sowohl wenn der Haussohn, als wenn der paterfamilias der verpflichtete Teil ist, in beiden Fällen zu dem Ergebnisse kommend: manere naturalem obligationem. — Im principium derselben lex erörtert Africanus obligatorische Beziehungen zwischen zwei derselben patria potestas unterworfenen Personen, sie ebenfalls und ausdrücklich als „naturalis obligatio" bezeichnend.

Mehr theoretische Wirksamkeit, „als wirkender Bestandteil im logischen Organismus der Rechtssätze"[4]) wird der Naturalobligation zuerkannt, wenn sie die Grundlage abgeben soll für Zulässigkeit und Aufrechterhaltung einer fidejussio; unter Darstellung komplizierter Verhältnisse erörtert dies Africanus im 7. Buche des genannten Werks, immer von neuem wiederholend, dass eine obligatio tantum naturalis hierfür genügend, aber auch erforderlich sei.[5])

---

[1]) Daher Gaius D. (44, 7) 39 ohne Bedenken: Filiusfamilias ex omnibus causis tamquam paterfamilias obligatur, et ob id agi cum eo tamquam cum patrefamilias potest. — Ebenso D. (45, 1) 141, 2. Ulpian. D. (5, 1) 57 und (15, 1) 44 und (46, 4) 8, 4; Paul. D. (15, 1) 45.

[2]) Gaius D. (5, 1) 4. Dazu Paul. D. (47, 2) 16.

[3]) Schwanert S. 312.

[4]) Frenzel a. a. O.

[5]) Dig. (46, 1) 21, 2 und 3. — Lenel I 22 frg. 82 [de solut. et liberat].

3. Wichtig für die zuletzt erwähnte Wirksamkeit der Naturalobligation ist die schon oben (S. 18 A. 1) berührte Stelle aus **Gaius'** Institutionen III 119 a,[1]) weil wir mit ihrer Hilfe Einblick in die dogmatische Entwicklung gewinnen. Erste Stufe: die fideiussio (im Gegensatz zur sponsio) kann jeder Obligation, nicht bloss einer verbalen beitreten. Zweite Stufe: der Verkehr mit Sklaven hat die Frage aufgeworfen, ob fidejussio auch für Sklavenverpflichtungen möglich ist; die Frage wird bejaht, und zwar nach den beiden möglichen Richtungen einer Sklavenverbindlichkeit gegenüber einem extraneus wie gegenüber dem dominus. Schlussergebnis der verallgemeinernden Doktrin: kein Unterschied in dieser Hinsicht überhaupt zwischen civilis und naturalis obligatio. — Der mit „adeo"[2]) angehängte Satz kann nur als spezielle Begründung der eben hervorgehobenen allgemeinen Gleichstellung beider obligationes aufgefasst werden: bis zu dem Punkte (dann adeo in ursprünglicher Bedeutung) war nämlich die Entwicklung gelangt. Kein Zweifel, dass diese vom Besonderen zum Allgemeinen fortschreitende Interpreta-

---

[1]) „Fideiussor vero omnibus obligationibus id est sive re sive verbis sive litteris sive consensu contractae fuerint obligationes adici potest. Ac ne illud quidem interest, utrum civilis an naturalis obligatio sit, cui adiciatur; adeo quidem, ut pro servo quoque obligetur, sive extraneus sit, qui a servo fideiussorem accipiat, sive dominus in id quod sibi debeatur." — Im Texte der Justinianischen Institutionen ist vor dem dort im Indikativ stehenden Schlussworte „debetur" „naturaliter" eingeschoben. Offenbar war es den damaligen Juristen geläufiger so zu reden; bei den Definitionen des peculium in den Fragmenten der republikanischen Juristen ist ebenfalls nur das einfache debere zu finden ohne Zusatz von natura oder naturalis. Offensichtlich ist, dass die Verwendung dieses Zusatzwortes mit der späteren Entwicklung steigt; das blosse debere scheint man für eine erzwingbare Schuld reservieren zu wollen. —

[2]) Über „adeo", eine Lieblingspartikel des Gaius, in seiner volleren Bedeutung [-bis zu dem Grade, *ἐπὶ τοσοῦτον ὅτι*] und der abgeblassten [-so, tam, ita] vgl. Gradenwitz S. 146 A. 3. — G. ist für die letztere gegen E. Th. Schulze, der für die erstere eintritt. Ich meine, dieser Gegensatz führt nicht zum Ziele. Adeo zur Begründung des Gesagten steht dann immer — wie hier — am Anfange des Satzes; Georges I sub verbo „adeo" II e. — Häufig: adeo res rediit . . . — Ganz ähnlich bei Ulpian. D. (13, 6) 1, 2: . . . usque adeo ut . . .

tion richtig ist, wenn man das ebenfalls schon erwähnte Julianische Fragment danebenhält: „quod enim solutum repeti non potest conveniens est, huius naturalis obligationis fideiussores accipi posse", d. h. es ist schliesslich Übereinstimmung in der Doktrin (conveniens = die 2. Stufe der Entwicklung andeutend) erreicht worden, dass der vorher eben näher qualifizierten naturalis obligatio des Sklaven (huius zurückdeutend) ein fideiussor beitreten kann.

Sonderbar auf den ersten Anblick erscheint es noch, wenn Gaius in der besprochenen Stelle als typischen Fall der Naturalobligation die Sklavenobligation erwähnt, während er kurz vorher in III 104 die stipulatio zwischen Gewalthaber und Gewaltunterworfenen „inutilis" genannt hat und in auffälliger Verallgemeinerung fortgefahren ist: (sed) servus quidem et qui in mancipio est et filia familias et quae in manu est non solum ipsi, cuius iuri subiecti subiectaeve sunt, obligari non possunt, sed ne alii quidem ulli." — Hierin liegt kein Gegensatz zu dem in III 119a Gesagten, sondern nur Betrachtung und Bewertung desselben Verhältnisses von einem anderen Standpunkt aus: im letzten Grunde werden die Sklaven doch nicht durch Rechtsgeschäfte verpflichtet, fehlt doch der Zwang zur Erfüllung, die augenfälligste Wirkung der obligatio als iuris vinculum. Diesen Gedankengang finden wir häufig bei den römischen Juristen, auch bei den späteren, z. B. Paulus (Dig. [44, 7] 43): servus ex contractibus non obligatur; Ulpian (Dig. [50, 19] 22): in personam servilem nulla cadit obligatio; entsprechend Inst. III 19, 6. — Warum nun die römischen Juristen eine obligatio, der die actio mangelte, gleichwohl noch als solche bezeichneten, und zwar mit der besonderen Charakterisierung „naturalis" oder der Abschwächung „tantum naturalis", kann erst später im Zusammenhange gezeigt werden.

Die Sicherung einer naturalis obligatio durch fideiussio erwähnt Gaius[1]) bei der naturalis obligatio pupilli: das Straf-

[1]) D. (4, 8) 35.

versprechen eines Pupillen ist nicht einklagbar, wohl aber gegen den beigegebenen fideiussor, a quo poena peti possit. Diese Lehre wird wieder unter Berufung auf Julian vorgetragen: idque et Julianus sentit.

Zweifellos ist, dass die Lehre von der allgemeinen Zulässigkeit der fideiussio bei obligationes naturales dazu benutzt wurde, um die Aufrechterhaltung der Bürgschaftsverpflichtung, wenn sie aus praktischen Bedürfnissen erforderlich erschien, dann theoretisch zu rechtfertigen. Ein Anwendungsfall liegt vor bei Gaius im 1. Buche seines Kommentars zum edictum provinciale:[1]) si vero pro condemnato fideiusserit et condemnatus decesserit aut civitatem Romanam amiserit: recte nihilominus cum fideiussore agetur. — Nirgends ist erwähnt in den Quellen, dass derjenige, welcher capitis deminutio maxima erlitten hatte, wenigstens naturaliter obligiert bleibt; das ist auffällig und würde auch wenig stimmen zu den starken Ausdrücken, mit denen sonst die Rechtsfolgen der c. d. maxima angegeben werden.[2]) Demnach ist anzunehmen, dass alle obligatorischen Rechtsverhältnisse des deminutus vollständig vernichtet wurden. Andererseits erschien es praktisch wie billig, die fideiussio für die Verbindlichkeiten des deminutus wirksam zu erhalten; so mag dieser fideiussio zuliebe von Gaius und späteren Juristen als theoretische Grundlage eine Naturalobligation wenigstens gedacht worden sein. Aber jedenfalls der entgegengesetzte Gang der Entwicklung als bei der Sklavenobligation: bei dieser Feststellung eines debitum, dann erst praktisch mögliche Sicherung dieser halben obligatio durch fideiussio; hier aber zuerst Annahme einer fideiussio, dann erst deren doktrinelle Sicherung durch Hinzudenken einer naturalis obligatio. — Die erstere Entwicklung ist bedingt und gefördert durch die tatsächlichen Verhältnisse des Sklavenverkehrs, die letztere durch die juristische Spekulation.

---

[1]) Dig. (2, 8) 5 pr. —

[2]) Z. B. Ulpian Dig. (50, 17) 209; (37, 4) 1, 8; (17, 2) 63, 10. — Inst. 1 16), 6 u. a.

Zu vermerken ist auch bei Gaius, dass die Verwendung der Ausdrücke „debere“ und „naturalis“ mehrfach das rechtliche Gebiet überschreitet. So nimmt er keinen Anstoss, von einem „beneficii debitorem sibi acquirere“[1]) zu reden, um die gemäss Sitte oder Sittlichkeit bestehende Verpflichtung des Beschenkten zu dankbarem Verhalten zu bezeichnen. Naturalis in Verbindung mit ratio ist eine von Gaius besonders beliebte Wendung, um positiven Rechtssätzen eine den damaligen philosophischen Anschauungen entgegenkommende Begründung zu geben, und so schliesslich diese „naturalis ratio“ als rechtschaffendes Element im allgemeinsten Sinne darzustellen.[2])

4. Die sonstigen Juristen zur Zeit der Antonine kommen auf Naturalobligationen mehr nur beiläufig zu sprechen. Im allgemeinen finden wir keine erhebliche Weiterentwicklung, die naturalis obligatio wird auch bei ihnen vornehmlich für die Zwecke der condictio indebiti und der fidejussio verwandt; doch wird das Verhältnis nach mancher Seite hin neu betrachtet.

**Venuleius**[3]) z. B. bringt über die Zwecke der condictio indebiti hinaus in komplizierter Sachdarstellung einen Beweis dafür, dass das Vorhandensein eines naturale debitum genügt, um auf dieser Grundlage eine exceptio doli gegen eine actio ex stipulatu zu erheben. Der Sachverhalt durchläuft folgende Stationen: der procurator treibt Geld vom debitor ein, Abschluss einer satisdatio wegen ratihabitio durch den dominus; dieser ratihabiert nicht, sondern klagt selbst gegen den debitor, aber litis amissio durch Prozessverjährung; der procurator kann das freiwillig an den dominus Gezahlte kondizieren; jetzt klagt der debitor auf Grund der stipulatio

---

[1]) Dig. (47, 2) 54, 1. —

[2]) Die bekannte Einleitungsstelle der Institutionen: ... Quod vero naturalis ratio inter omnes homines constituit ... Dig. (1, 1) 9. —

[3]) Dig. (46, 8) 8, 1. — Zusammenstellung der Literatur bei Höniger: Bleibt der mit Unrecht absolvierte Schuldner naturaliter verpflichtet? [Erl. Diss. 1897], S. 25f. —

(satisdatio) auf völlige Befreiung gegen den procurator, dessen Verteidigung vom dominus übernommen wird, und zwar so: Erhebung der exceptio doli, da nach der Prozessverjährung noch ein naturale debitum des jetzt klagenden debitor zurückgeblieben war, und jetzt noch nachträglich durch Übernahme der defensio seitens des dominus die frühere solutio dieses debitum (durch Zahlung an den procurator) anerkannt wird; folglich ist der Nachweis geführt, dass der klagende debitor schon völlig liberiert ist, Abweisung der hierauf gehenden actio ex stipulatu. — Jedenfalls ist auch hier status controversiae die Frage, ob ein debitum oder ein indebitum vorliegt; das naturale debitum wird aber dem ersteren zugeteilt.

Festzuhalten für die Gruppierung der einzelnen Fälle der Naturalobligation ist, dass Venuleius in vorliegendem Fragment die nach der Prozessverjährung[1]) übrig bleibende Obligation als naturale bezeichnet.

Was weiter die naturalis obligatio als Grundlage der fideiussio anbelangt, so werden von **Venuleius** ) sowohl wie von **Scaevola**[3]) die alten Sätze wiederholt, von ersterem unter namentlicher Beziehung auf Julians Autorität.

Erweiterungen sind in dieser Periode auch insofern festzustellen, als Naturalobligationen nicht bloss mehr einwirken auf Feststellung der Höhe des peculium (das war der Ausgangspunkt), sondern auch auf diejenige anderer Vermögenseinheiten, insbesondere der hereditas, bei der solche Berechnung in Rücksicht auf lex Falcidia und S. C. Trebellianum

---

[1]) vgl. Gai Inst. IV 104, 105. —

[2]) Dig. (14, 6) 18: Nach dem Tode des filiusfamilias, dem contra S. C. Macedonianum ein Darlehen gegeben, kann der Gläubiger keinen fidejussor mehr annehmen, quia nulla obligatio aut civilis ant naturalis supersit. —

[3]) Dig. (46, 1) 60: „natura debitum“ genügt für den Hinzutritt einer fideiussio. Gradenwitz S. 169 konstatiert, dass diese Stelle von Scaevola in auffälligem Gegensatze zu anderen, die von der fideiussio handeln u. hierzu den Ausdruck „obligatio“ verwenden, allein „debitum“ hat. Er legt weniger Wert auf diese Stelle, weil die Kompilatoren uns die Quaestio des Responsum vorenthalten haben. —

am ehesten erforderlich war: so bei **Scaevola**[1]) und bei **Maecianus.**[2])

Auffällig ist noch ein von Ulpian wiedergegebener Ausspruch von **Marcellus:**[3])

> Marcellus scribit, si quis pro pupillo sine tutoris auctoritate obligato prodigove vel furioso fideiusserit, magis esse, ut ei non subveniatur, quoniam his mandati actio non competit.

So wie dieses Referat hier steht, macht es erhebliche Schwierigkeiten für die Erklärung; ohne Veränderung des Textes, der offenbar korrumpiert ist, dürfte kaum auszukommen sein. Huschke[4]) schlägt nach der Lesart der Basiliken vor, vor „his" ein „cum" einzuschieben: die Restitution wird dem Bürgen versagt, weil er keinen Rückgriff gegen den pupillus hat. Pernice[5]) vermutet eine Interpolation; der ursprüngliche Text habe wohl gelautet:

> si quis pro pupillo promittente spoponderit vel fidepromiserit magis esse ut sponsori vel fideipromissori non subveniatur quoniam his mandati actio non competit.

„His" sei dann unstimmig zu dem eingesetzten „fideiusserit" stehen geblieben. — Auf beide Arten ist der Sinn genügend klar gestellt: Bürgschaft für eine obligatio pupilli ist möglich; aber zwischen Pupillen und Bürgen entstehen insofern keine obligatorischen Beziehungen, als ersterer auf Grund eines eventuellen Auftrages mit der actio mandati contraria vom Bürgen nicht haftbar gemacht werden kann. Dies ist nur eine Folge der Verpflichtungsunfähigkeit des Pupillus.[6])

---

1) Dig. (35, 2) 56. —

2) Dig. (36, 1) 66: . . . naturalis obligatio translata intellegitur.

3) D. (46, 1) 25 [l. 2 ad edict].

4) Darlehen S. 83.

5) Sitzungsberichte der Kgl. Akad. d. Wiss. zu Berlin 1886, S. 1191 A. 2.

6) Krückmann im Arch. f. ziv. Pr. Bd. 85, S. 249f.

## § 4. Die Zeit der Severe.

I. **Papinian** erörtert im 18. Buche seiner Quaestiones[1]) einen ähnlichen Fall, wie ihn Javolenus[2]) im Gegensatze zu Servius bereits entschieden hatte: das Legat eines debitum. Papinian geht mit besserer Systematik und feinerer Unterscheidung als jene beiden früheren Juristen vor, deren gegensätzliche Entscheidungen er, da alles nur auf die Interpretation der das Legat enthaltenden testamentarischen Bestimmung ankommt, unter Berücksichtigung aller Möglichkeiten vereinigt. I. Möglichkeit: das Legat kann nichtig sein, wenn der Testator bei dem Worte „debere" an den gewöhnlichen und grundsätzlichen Wortsinn als ein erzwingbares sofort realisierbares Schuldigsein (praesens debitum) gedacht hat; dann nihil Seius debet. — Verwertung der Servianischen Entscheidung. — II. Möglichkeit: das Legat ist gültig, wenn der Testator auch an die Naturalobligation und deren künftige freiwillige Erfüllung gedacht hat, ebenso gültig wie sonstige bedingte Legate. — Verwertung der Entscheidung Javolens.

Sichtbar ist die Freiheit in der Interpretation Papinians, der keine Zweifel mehr hat, dass die naturalis obligatio Gegenstand eines Legats sein kann. Dass der Jurist hier der Naturalobligation eine vorwiegend wirtschaftliche Bewertung zuteil werden lässt, ist richtig, aber vom Standpunkte der doch zu ermittelnden Laienauffassung des Testators verständlich.[3])

---

[1]) Dig. (36, 2) 25, 1: „Heres meus Titio dato quod mihi Seius debet." Si Seius pupillus sine tutoris auctoritate nummos accepit nec locupletior factus est et creditor ad praesens debitum verba rettulit, quia nihil Seius debet, nullius momenti legatum erit: quod si verbo debiti naturalem obligationem et futuram solutionem cogitavit, interim nihil Titius petet, quasi tacite condicio inserta sit, non secus ac si ita dixisset: „Titio dato, quod pupillus solverit," vel si legasset „quod ex Arethusa natum erit" vel „fructus, qui in illo fundo nascentur".

[2]) Dig. (35, 1) 40, 3. — Vgl. oben S. 4f.

[3]) Frenzel S. 22f. meint, nach den Ausführungen Papinians sei die naturalis obligatio der Arethusa gleichzusetzen, die den partus gebären, dem

Wichtig ist noch, dass die Verbindlichkeit des pupillus auf Grund des sine tutoris auctoritate eingegangenen Darlehenskontraktes ausdrücklich als eine „naturalis obligatio“ bezeichnet wird, bei der eine „futura solutio“ möglich ist. Zahlt der pupillus später einmal[1]) die Darlehnsvaluta zurück und gehen sie in das Vermögen des Erben über, so ist das Legat wirksam und nun klagbar.

Die Beziehungen zwischen Naturalobligation und fideiussio werden von Papinian in zwei Stellen seiner Quaestiones erörtert: im 9.[2]) und im 28.[3]) Buche. In der ersten Stelle wird als konkreter Fall die Sklavenobligation verwandt, die auch nach Erhebung der actio de peculio als ausreichende Grundlage für eine fideiussio erscheint. Sie ist noch insofern wichtig, als sie gewisse Aufklärung bringt über die Frage, wie sich die römischen Juristen die Einwirkung der litis contestatio auf die in iudicium deducta obligatio vorgestellt haben. Papinian stellt als Leitsatz vornweg hin: etiam postquam dominus de peculio conventus est, fideiussor pro servo accipi potest. In der folgenden Rechtfertigung wird darauf hingewiesen, dass auch in diesem prozessualen Stadium der Sklave selbst noch wirksam zahlen kann ohne Möglichkeit einer repetitio soluti; folglich könne doch auch ein fideiussor für

---

fundus, der die Früchte hervorbringen wird, also natürlichen Grundlagen, auf denen partus, fructus, Gegenstände von Vermächtnissen entstehen. „Besser als der in den Köpfen der Juristen entwickelte Kunstbegriff passt zu solchen natürlichen Grundlagen das Pflichtgefühl, das im Leben selbst tätig ist und auf die tatsächliche Zahlung hinwirkt. Deshalb ist es wohl möglich, dass Papinianus hier mit der naturalis obligatio dieses Pflichtgefühl, nicht den Kunstbegriff im Auge hat.“ — Nein, Papinians Erörterungen sind hier — wie auch sonst — streng juristisch-technisch. Ihm liegt es nur daran, dem Legate nach der Willensmeinung des Testators einen vernünftigen Sinn und wirtschaftlichen Zweck unterzulegen; dieser aber liegt — und darin auch zugleich das tertium comparationis zu den gegebenen Beispielen — in der künftig zu erwartenden Erfüllung jener naturalis obligatio.

[1]) Nicht bloss — wie Schwanert S. 373 A. 40 will —, wenn Zahlung seitens des pubes factus debitor erfolgt. Vgl. unten S. 51 ff. —

[2]) Dig. (15, 1) 50, 2. —

[3]) Dig. (46, 3) 95, 4. —

diese naturalis obligatio, quam servus suscipere videtur, gültig bestellt werden: denn diese naturalis obligatio in litem translata non est. — Papinians Auffassung geht also wohl dahin, dass durch die Litiskontestation der naturale Bestand des ganzen obligatorischen Verhältnisses nicht berührt wird, da diese Seite überhaupt ausserhalb des Prozesses bleibe.[1])

In der zweiten Stelle ist Objekt der Erörterung die Pupillenobligation: die für diese bestellte fideiussio wird aus denselben Gründen aufgehoben wie die obligatio pupilli: Der Ausspruch Papinians mit „Naturalis obligatio" einsetzend[2]) und zum Vorhergehenden gehalten, klingt etwas allgemein, da doch nur die obligatio pupilli zur Erörterung steht, und ist auch stilistisch insofern etwas auffällig, als sich Papinian an anderen Stellen, wo Gelegenheit genug gewesen wäre, diesen kurzen Ausdruck zu gebrauchen, längerer oder kürzerer Umschreibungen bedient.[3]) — Wichtiger aber ist die Bewertung der Naturalobligation als „vinculum aequitatis" (quo solo sustinebatur): nicht allgemeinen, juristisch doch

---

[1]) Schwanert S. 427 verwendet dieses Fragment gleichfalls als Beweis für die von den römischen Juristen vertretene Annahme einer naturalis obligatio post litem contestatam, freilich unter Hinweis auf die Scheidung, die Papinian selbt zwischen der obligatio de peculio gegen den dominus und die obligatio servi macht. Diese Scheidung ist nur scheinbar: der Rechtsgrund des gesamten obligatorischen Verhältnisses ist doch einheitlich; es wird mit der actio de peculio nur servi nomine geklagt u. formelmässig kam auch in der intentio die obligatio des servus zum Ausdruck. — Fein, Arch. f. civ. Pr. XXVI No. 7 u. 13. — Karlowa, R. Rgesch. II 1142. — Vgl. hier über einen in derselben Richtung liegenden Ausspruch Ulpians unten S. 63f. —

[2]) Weiter: . . . ut pecuniae numeratione, ita iusto pacto vel iureiurando ipso iure tollitur . . .

[3]) Worauf Gradenwitz S. 165 A. 2 hinweist [vgl. auch Frenzel S. 8]: causa quae peti quidem non poterat ex solutione autem petitionem non praestat; pecunia quae petitionem quidem non habet solutione autem facta repeti pecunia non potest; ea species obligationis, quae habuit auxilium exceptionis [ad eam speciem solvendis pecuniis servum praeposuisse, quae solvi non debuerunt]. — Eine Interpolation des „naturalis obligatio" ist also möglich, würde aber natürlich den Sinn der Stelle nicht verändern, nur wieder beweisen, wie sehr die Kompilatoren diesem Ausdrucke zugetan waren. —

wertlosen Billigkeitserwägungen soll hier Raum gegeben werden, sondern treffend und prägnant wird so der Gegensatz zur obligatio civilis (iuris vinculum) hervorgehoben, darin beruhend, dass beim Mangel der Erzwingbarkeit, die Erfüllung der Naturalobligation im letzten Grunde nicht der Willkür des Schuldners, sondern seinem billigen Ermessen anheimgestellt ist; so kann auch hier noch von einem vinculum gesprochen werden. Ähnlich verwendet Papinian an anderer Stelle[1]) den Ausdruck „naturale vinculum". Bei beiden Wendungen aber berücksichtigt der Jurist „das Pflichtgefühl, das im Leben tätig ist und auf die tatsächliche Zahlung hinwirkt".[2])

II. Besonders hervorgehoben und mit einer für die damalige Zeit charakteristischen Begründung versehen ist der Ausschluss der repetitio soluti beim naturale debitum von **Tryphoninus.** Im 7. Buche seiner Disputationes:[3])

> „Si quod dominus servo debuit, manumisso solvit, quamvis existimans ei aliqua teneri actione, tamen repetere non potuit, quia naturale adgnovit debitum: ut enim libertas naturali iure continetur et dominatio ex gentium iure introducta est, ita debiti vel non debiti ratio in condictione naturaliter intellegenda est." —

Schwierigkeiten macht dem Juristen offensichtlich die dogmatische Unterbringung des naturale debitum unter das debitum im allgemeinen; notwendig ist diese Unterbringung, um den Ausschluss der condictio (sc. indebiti) ausreichend zu motivieren. Javolen und Papinian[4]) hatten es beide bei diesem Beginnen beträchtlich leichter; lagen ihnen doch zur Interpretation von „debere" und „debitum" nur Willenserklärungen (testamentarische Verfügungen) von Laien vor, bei denen zur Feststellung des rechtlich Erheblichen auf un-

---

[1]) Dig. (12, 6) 59.

[2]) Diese Worte Frenzels S. 23 passen gewiss mehr hierher als zu dem obigen Papinianischen Fragment Dig. (36, 2) 25, 1.

[3]) Dig. (12, 6) 64.

[4]) In den oben besprochenen Stellen Dig. (35, 1) 40, 3 u. (36, 2) 25, 1. Gradenwitz S. 164; Schwanert S. 121. — Frenzel S. 10 u. 14. —

rechtliche Anschauungen und Verhältnisse immerhin einzugehen war. Hier handelt es sich um die Interpretation von Rechtssätzen, um ihre richtige Einstellung in das Rechtssystem, im besonderen um diejenige des Rechtssatzes: Was auf ein naturale debitum gezahlt ist, kann nicht zurückgefordert werden. Die Begründung Tryphonins verwertet zwei Gedanken: 1. für den Ausschluss der condictio ist Zahlung auf ein naturale debitum ausreichender Grund; 2. in der — wenn auch irrtümlichen — Zahlung liegt die Anerkennung dieses debitum durch den Schuldner. — Die Beziehungen der condictio zum naturale debitum werden noch näher erörtert, und als Ergebnis wird vorgetragen, dass debitum und indebitum bei der condictio „naturaliter" verstanden werden muss, d. h. nach jener natürlichen Anschauungsweise, nach welcher alle Menschen, auch die Sklaven, frei, demnach handlungs- und verpflichtungsfähig sind, ein Zustand, der dem Juristen nur positiv infolge von Rechtsätzen aus dem ius gentium geändert erscheint. Die Begründung wird also nicht mit sonstigen Grundsätzen des positiven Rechts versucht, sondern offensichtlich ausserhalb desselben: mit Hilfe von allgemeinen Humanitätsgedanken, welche die damalige Zeit der Rassen- und Religionsmischung beherrschten. — So ist diese Begründung dogmatisch gerade nicht wertvoll. Dasselbe gilt von dem zweiten verwerteten Gedanken, der das in der Zahlung liegende Element der Anerkennung der Schuld hervorhebt; diese Anerkennung kann eigentlich bei der Frage, ob ein debitum s. indebitum vorliegt, nichts davon und dazu tun, weil ihre Entscheidung nicht der Willensbestimmung des Schuldners unterliegt, vielmehr als Vorfrage über die Möglichkeit der Entstehung einer obligatorischen Bindung von dem positiven Rechte selbst zu regeln ist. Aber juristisch gefühlt hat hier Tryphonin das Merkmal der Freiwilligkeit, welches die Erfüllung der Naturalobligationen auszeichnet.

Im übrigen wurde eine derartige ratio naturaliter intellegenda durch den allgemeinen Gebrauch des Wortes „debere" ermöglicht, der selbst bei Juristen — und so auch bei Tryphonin — mehrfach eine völlig unjuristische Färbung annimmt. Wurde in dem mitgeteilten Fragment „debere" von Tryphonin zur Bezeichnung eines Vorganges gebraucht, der nach des Juristen Anschauungsweise vielleicht im gegenwärtig geltenden positiven Rechte keine vollkommene rechtliche Normierung gefunden hatte, aber in einem sonst denkbaren Rechtsysteme hätte finden können, also immerhin zur Bezeichnung eines rechtlichen Vorganges, so finden wir sonst auch debere verwandt, z. B. zur Bezeichnung ethischer Pflichten: pietatem liberi parentibus non operas debent.[1])

III. Reichlicher fliessen die Quellen bei **Paulus,** der ziemlich häufig auf die Naturalobligationen zu sprechen kommt, und sowohl einzelne Fälle wie bestimmte Wirkungen derselben erörtert.

Was zunächst das Recht der Sklaven anbelangt, so spricht er einen der Grundsätze desselben, nämlich die Rechtlosigkeit des servus, bei der Lehre von der capitis deminutio aus:[2])

> . . . quia servile caput nullum ius habet ideoque nec minui potest.

Das deckt sich mit ähnlichen Aussprüchen der anderen römischen Juristen, so sehr man auch geneigt war, die natürliche Gleichheit aller Menschen — manchmal etwas phrasenhaft — zu betonen.

Im Fragment D. (3, 5) 17 und 18 pr.[3]) erscheint ein Sklave als negotiorum gestor. Ansichten von Proculus, Pegasus und Neratius werden angeführt, nach denen sich die actio negotiorum gestorum (sc. contraria) gegen den Sklaven richtet, „si aliquid habuit in peculio, cuius retentione id servari possit". Paulus fährt aber fort: „Adquin natura debitor fuit etiamsi in peculio nihil habuit." Die Ergänzung ist wertvoll; die Naturalobligation hat selbständige juristische

---

[1]) Tryphonin Dig. (37, 15) 10. —
[2]) D. (4, 5) 3, 1 [lib. 11 ad ed.].
[3]) [lib. 10 ad ed.; lib. 2 ad Nerat.].

Existenz und ist von dem wirtschaftlichen Substrat, hier dem Pekulium, aus welchem die wirkliche Befriedigung des Gläubigers erfolgen kann, unabhängig.

Der Mangel der gerichtlichen Belangbarkeit des Sklaven wurzelt in seinen persönlichen Statusverhältnissen; man hätte anzunehmen, dass, wenn diese sich ändern, z. B. durch manumissio, der Freigelassene und auch sonst im obligatorischen Verkehr den Freien Gleichgestellte nunmehr auch wegen seiner in servitute begründeten Verbindlichkeiten gerichtlich belangt werden könnte. Aber Paulus bemerkt ganz zweifelfrei:[1])

„Servus si mutuam pecuniam servitutis tempore acceperit, ex ea obligatione post manumissionem conveniri non potest."

Eine Begründung ist nicht gegeben. Savigny[2]) versucht sie: da der Sklave durchaus kein Vermögen haben konnte, so waren die Verträge, worin er sich als Schuldner verpflichtete, gewiss mit Rücksicht auf seinen Sklavenstand, also auf seine Beziehungen zu dem Vermögen des Herrn, geschlossen; es wäre also sehr hart gewesen, daraus späterhin gegen ihn selbst Klagen entstehen zu lassen. Diese Begründung Savignys[3]) erfährt eine genügende Rechtfertigung durch eine constitutio Caracallas a. 215 mit gleichem Tatbestand und gleicher Entscheidung: „nulla adversus te actio competit", und mit dem bezeichnenden Nachsatze: „maxime cum peculium tibi non esse legatum proponas."[4]) Dieser ergibt eine Ausnahme dahin, dass der Freigelassene doch mit der Klage belangt werden konnte, wenn ihm bei der manumissio (hier einer letztwilligen) das peculium (hier als legatum) verblieb. Wir können also den dieser Ausnahme zugrunde liegenden Gedanken als Begründung für den Paulinischen Ausspruch einstellen. Jedenfalls bleibt die natu-

[1]) Sent. II 13, 9.

[2]) System II 426.

[3]) Die von Schwanert S. 265 A. 54 als nicht notwendig erklärt wird.

[4]) C. (4, 14) 2.

ralis obligatio des servus auch nach erfolgter manumissio grundsätzlich eine solche.[1])

Was sonstige Fälle der Naturalobligation anbelangt, so gibt Paulus im 3. Buche seiner Quaestionen[2]) die Ansicht Julians wieder, dass der verus debitor auch nach erfolgter absolutio „natura tamen debitor" bleibt. Der Standpunkt beider Juristen deckt sich mit der allgemeinen Auffassung der klassischen Jurisprudenz über die Wirkung prozessualer Vorgänge auf das streitige obligatorische Rechtsverhältnis, von Venuleius vertreten bezüglich der Wirkung der Prozessverjährung, von Papinian bezüglich derjenigen der liticontestatio.[3]) — Es genügte — soweit dies nach übrigen Rücksichten möglich — diese Wirkung mit dem Verluste der actio aufhören zu lassen und im übrigen die Obligation als naturale zu erhalten. Im vorliegenden Falle ist die Erwägung eingestellt, dass die deductio in iudicium den naturalen Bestand der obligatio unberührt lässt, und die weitere Erwägung, dass in der absolutio nur der Ausspruch „non paret reum dare oportere" liegt,[4]) ergeben zusammen die notwendige Folgerung, dass die naturalis obligatio weiter fortbesteht. — An anderer Stelle schliesst Paulus[5]) bei gleichem Tatbestande ohne weiteres die Repetitionsbefugnis des vom verus debitor Gezahlten aus: „Iudex si male absolvit, et absolutus sua sponte solverit, repetere non potest." — Aber Sicherungsmöglichkeit wird dieser Naturalobligation nicht gewährt weder durch Pfand noch durch Bürgschaft;[6]) sie kann nicht gewährt werden wegen der „auctoritas rei iudicatae", die dem abso-

[1]) Dass sie erfüllbar ist, ergibt sich aus Ulpian. D. (39, 5) 19, 4: Si quis servo pecuniam crediderit, deinde is liber factus eam expromiserit, non erit donatio, sed debiti solutio.

[2]) D. (12, 6) 60 pr. — Zusammenstellung der umfangreichen Literatur [doch nur diese!] bei F. Hoeniger, S. 33f. Die folgenden Ausführungen H.s selbst sind unerheblich.

[3]) Oben S. 30 und 34.

[4]) Schwanert S. 489.

[5]) lib. 32 ad ed. D. (12, 6) 28.

[6]) Tryphon. D. (20, 6) 13 und Paul. selbst D. (46 1) 7, 1.

lutus oder dem Bürgen die exceptio rei iudicatae ohne weiteres zur Verfügung stellt. Diese sonst möglichen Wirkungen einer Naturalobligation brechen sich also hier an bestimmten Sätzen des Prozessrechts.

An anderer Stelle[1]) charakterisiert Paulus kurz die Verbindlichkeit aus einem mutuum contra SC. Macedonianum als eine naturalis obligatio. Letzterer Fall ist zweifellos schon lange vor Paulus' Zeit als zur Gruppe der obligationes naturales gehörig behandelt worden. Pomponius hat offenbar bei seinem oben[2]) mitgeteilten allgemeinen Ausspruche über den Verlust der actio zur Strafe des Gläubigers und das Übrigbleiben einer Naturalobligation an diesen Fall als einen typischen gedacht; auch Venuleius[3]) hatte bereits unter Berufung auf Julians Autorität in Beziehung auf Gelddarlehne an Haussöhne von einer naturalis obligatio gesprochen. — Interessant ist der Ursprung dieser Bewertung. Der Wortlaut des SC. selbst, gibt keinen Anhalt, da nur verordnet wird: ne cui qui filiofamilias mutuam pecuniam dedisset . . . actio petitioque daretur.[4]) Derartige Wendungen kamen auch sonst vor, so in dem einige Jahrzehnte früher ergangenen SC. Vellaeanum: ne eo nomine ab his petitio neve in eas actio detur.[5]) Niemals ist jedoch dieses Frauenversprechen contra SC. Vellaeanum nach irgendeiner Seite hin als Naturalobligation behandelt worden, vielmehr wird die völlige obligatorische Unwirksamkeit desselben strikt festgehalten: omnis omnino obligatio SC. Velleiano comprehenditur; totam obligationem senatus improbat; repetitio soluti daher zulässig.[6]) Diese Differenzierung der Folgen des contra legem agere muss also irgendwo anders als in den Ge-

[1]) lib. 30 ad ed. [D. (14, 6) 10.]

[2]) S. 23. D. (12, 6) 19 pr.

[3]) Vgl. oben S. 30 A. 2 D. (14, 6) 18.

[4]) D. (14, 6) 1 pr.

[5]) D. (16, 1) 2, 1. —

[6]) Ulpian. l. c. 2, 4. — Julian. l. c. 16, 1. — Marcian. D. (12, 6) 40 pr. —

setzesworten selbst seinen Grund haben: wir verdanken sie der römischen Jurisprudenz, die auch hier wieder nicht an dem Buchstaben der Gesetze gehaftet, sondern die ratio legis mit wirtschaftlicher Einsicht erfasst und verwandt hat. Savigny[1]) hat darauf hingewiesen, dass man geglaubt habe, bei dem positiven Verbot gegen das Darlehen an Haussöhne weniger streng eingreifen zu müssen, weil schon die blosse Versagung der Klage ausreichend scheinen konnte, da sich der Wucherer schwerlich auf ein Geschäft einlassen wird, das nur in den Wirkungen der naturalis obligatio einen höchst zufälligen und unsicheren Schutz finden könnte. — Das ist entscheidend und erklärt zugleich den Gegensatz zum SC. Vellaeanum: letzteres war seinem Zwecke nach ein ausgesprochenes Schutzgesetz für die Frauen propter sexus imbecillitatem, und dieser Zweck konnte am besten durch die Verordnung einer infirmatio totius obligationis erreicht werden; das SC. Macedonianum dagegen, weniger ein Schutzgesetz für die Haussöhne, als in odium eius cui debetur gegeben, konnte auch dann noch völlig seinen Zweck erreichen, wenn dem fenerator nur das Recht auf Rückforderung des Hingegebenen genommen wurde.[2]) War diese auf rechtspolitischem Gebiete liegende Einsicht erreicht, so lag es infolge der Ideenassoziation nahe, den Fall des mutuum contra SC. Macedonianum dogmatisch als Naturalobligation zu charakterisieren, da man doch im Rechtsystem bereits ähnliche Erscheinungen kannte, bei denen die Versagung der actio nicht notwendig das ganze obligatorische Verhältnis vernichtet hatte: die obligatio servi und pupilli.

So hat Paulus in D. (14, 6) 10 nur einen in der Theorie und Praxis seit langem anerkannten Satz wiederholt, und Ulpian[3]) tut dasselbe. Wenn er jedoch im 29. Buche seines Ediktskommentars schreibt: denique per errorem soluti contra senatusconsultum crediti magis est cessare repetitio-

---

[1]) Obligat.-R. I 78. —

[2]) Vgl. Ulpian. D. (14, 6) 9, 4. —

[3]) D. (14, 6) 7, 16 und 9, 5. —

nem, so ist aus diesem „magis est“, einer für zutreffende juristische Erwägungen häufig gebrauchten Wendung, noch ersichtlich, dass der Ausschluss der repetitio erst das Ergebnis von wissenschaftlichen, wohl niemals erheblich bestrittenen Deduktionen ist.[1])

Im 72. Buche seines Ediktskommentars streift Paulus[2]) die obligatio pupilli, ohne dass viel aus dem Fragment zu entnehmen wäre:

> Obligari potest pater familias suae potestatis pubes compos mentis: pupillus sine tutoris auctoritate non obligatur iure civili: servus autem ex contractibus non obligatur.

Aus dieser negativen Ausdrucksweise ist nicht ersichtlich, wie Paulus positiv und theoretisch zur Frage der obligatio pupilli steht.[3])

Die Erfüllbarkeit der Naturalobligation wird von Paulus gelegentlich der Erörterung einer obligatio pupilli, cui sine tutoris auctoritate decem mutua data sunt, mit besonderer Betonung hervorgehoben.[4]) Die Komplikation, dass die Rückgabe dieser 10 an den Erben des Gläubigers als Bedingung für ein Legat von diesem gesetzt ist, wird für unerheblich erklärt: una numeratione et implet condicionem et liberatur naturali obligatione. Die Leistung gilt nach wie vor als solutio des naturale debitum;[5]) hiervon sind es nur Folgerungen, dass einerseits imputatio in Falicidiam stattfindet, andererseits auch bei Wegfall des Legats und dadurch bedingter Unmöglichkeit eines condicionis implendae causa

---

[1]) Vgl. Schwanert S. 347 A. 24.

[2]) D. (44, 7) 43. —

[3]) Krückmann Arch. f. civ. Pr. Bd. 85, S. 235 meint: die Stelle spräche für sich selber, aus ihr sei zu entnehmen, dass der Pupill naturaliter verpflichtet werden kann. — Diese Interpretation ist gezwungen; nur möglich, wenn man zur Negative mit „iure civili“ die Positive mit „iure naturali“ denkt, was aber keinesfalls notwendig ist. —

[4]) D. (35, 2) 21 pr. [lib. 12 Quaest.] Schwanert. S. 373f.

[5]) Freilich tritt diese solutio und die Liberierung des pupillus von der naturalis obligatio nur unter besonderen Voraussetzungen ein. Vgl. unten S. 56ff. —

datum die Leistung ihren Charakter als solutio behält, d. h. auch dann nicht zurückgefordert werden kann.

Um die mehrfachen Wirkungen der Naturalobligation zu zeigen, wird von Paulus[1]) in guter Zusammenfassung wieder die Sklavenobligation herangezogen. Als derartige Wirkungen werden angeführt:

1. Erfüllung, und zwar durch einen dritten im Namen des Sklaven, wie durch diesen selbst nach erfolgter Freilassung oder bei libera administratio peculii;

2. Bürgschaftsstellung;

3. Pfandbestellung durch dritten oder wieder durch Sklaven selbst bei libera administratio peculii.

Die Pfandbestellung ist voll wirksam wie bei einer vollkommenen Verbindlichkeit, und es stehen dem Pfandgläubiger gleich starke Befugnisse zu. Es wird dies besonders von Paulus in D. (46, 3) 101, 1[2]) hervorgehoben, namentlich die Befugnis des Pfandgläubigers, den Erlös des verkauften Pfandes auch anzurechnen in eam quantitatem, quae natura tantum debebatur. — Genügt also nach der Lehre der klassischen Juristen eine naturalis obligatio als Grundlage für eine Pfandbestellung, so müsste man meinen, dass diese Grundlage auch in jedem Augenblicke vorhanden sein müsse, m. a. W., dass bei Wegfall der naturalis obligatio auch das pignus gemäss seiner akzessorischen Natur wegfalle. Zu diesem Schlusse kommt aber Paulus in dem bekannten Fragment D. (36, 1) 61 pr.[3]) nicht. Tatbestand ist, dass ein debitum sub pignore durch confusio (Erbgang) erloschen ist; der Erbe muss jedoch die ganze Erbschaft restituieren. Zunächst ohne Bedenken: aditione quidem hereditatis confusa obligatio est. Aber weiter: videamus autem, ne et pignus liberatum sit sublata naturali obligatione. Nach näherer Besprechung der rechtlichen Verhältnisse zwischen (besitzenden und nichtbesitzenden) Pfandgläubiger (zugleich Erben) und

[1]) D. (12, 6) 13 pr. [lib. 10 ad Sab.]

[2]) [lib. 15 responsor.] Schwanert S. 152 A. 47.

[3]) [lib. 4 Quaest.]

dem Fideikommissar kommt Paulus zur Verneinung der aufgestellten Frage: die Pfandhaftung wird nicht aufgehoben, sie besteht trotz confusio weiter (igitur non tantum retentio, sed etiam petitio pignoris nomine competit, et solutum non repetetur). — Als einzigen Grund für diese auffällige Entscheidung führt der Jurist eigentlich nur den an: verum est enim non esse solutam pecuniam, was doch wohl unerheblich sein müsste, da von vornherein der Untergang der Obligatio aus anderem Grunde ausdrücklich zugestanden worden ist. Aber an diesem Tatbestande gerade, dass pecunia non soluta est, setzt die römische Interpretationskunst als Vermittlerin mit den Bedürfnissen des Lebens ein: nach alter Formel soll das Pfandrecht nur erlöschen, wenn „solutum aut eo nomine satisfactum" ist; beides lag gegebenenfalls nicht vor, woraus sich als übrigbleibende, jedenfalls noch denkbare Möglichkeit ergab, dass jetzt noch gezahlt werden könne. An sich natürlich gezwungen; aber der Schlusssatz der ganzen Deduktion bringt genügende Aufklärung: remanet propter pignus naturalis obligatio. „Dem Pfandrecht zuliebe bleibt die naturalis obligatio bestehen."[1]) Das Pfandrecht muss gemäss seiner Akzessorietät eine juristische Grundlage haben; ohne Bedenken lässt Paulus zum Zwecke der theoretischen Vermittlung die Naturalobligation bestehen, nur um das Pfandrecht zu halten. Hier also erscheint die Naturalobligation nicht irgendwelcher tatsächlicher Verkehrsübung entsprungen, sondern mehr der juristischen Spekulation. Aber die Deduktion verletzt natürlich Grundregeln der Logik: wenn aus a b folgt, so ist der Schluss unrichtig, dass aus b a folgt. Ersichtlich ist, wie auch hier Bedürfnisse der Jurisprudenz und Logik miteinander in Widerstreit geraten.

Streitig ist unter den römischen Juristen eine weitere Rechtswirkung der Naturalobligation gewesen, nämlich die

---

[1]) So von Frenzel S. 7 richtig übersetzt. Vgl. auch Bekker, Jahrb. IV, 403f. v. d. Pfordten, Dissertatio de obligationis civilis in naturalem transitu (1843) S. 57. Savigny, System V 393; Obl. R. I 79. Brinz, Krit. Blätt. No. 3, S. 56f. — Windscheid, Pand. I § 249 A. 4; II S. 167 A. 1.

Frage, ob id quod natura hereditati debetur in den Betrag der Erbschaft eventuell einzurechnen sei. Paulus[1]) beruft sich zur Bejahung dieser Frage auf die Autorität Julians; eine Entscheidung war notwendig für die Berechnung der Falcidia. Die gleiche Notwendigkeit lag vor in Rücksicht auf die Bestimmungen des SC. Trebellianum. Paulus gibt selbst zu, dass das SC. nur von dem Übergange von actiones spricht, quae iure civili et heredi et in heredem competunt, hat aber kein Bedenken, auch den Übergang der actiones honorariae zuzulassen, und fügt schliesslich hinzu: immo et causa naturalium obligationum transit.

Noch ist darauf hinzuweisen, dass Paulus in zwei Fragmenten als mögliche Wirkung von Naturalobligationen deren Kompensabilität hervorhebt; aber beide Fälle betreffen nur Sklavenobligationen, in allgemeiner Formulierung für die Naturalobligationen insgesamt, ist die Kompensabilität von Paulus nicht aufgestellt worden. — In D. (40, 7) 20, 2 (lib. 16 ad Plaut.) ist davon die Rede, dass der statuliber seine condicionis implendae causa zu machende Leistung mit einer Schuld des Erben an ihn (den Sklaven), also doch mit einer Naturalschuld kompensieren kann:

si velit servus eam pecuniam compensare, erit liber.

In D. (16, 2) 9 (lib. 32 ad ed.) liegt der Fall vor, dass jemand mit einem Sklaven, der ein peculium hat, eine societas abgeschlossen hat und von dem dominus nachher mit der actio pro socio belangt wird:

solidum per compensationem servamus, quamvis, si ageremus, dumtaxat de peculio praestaretur.

D. h. der beklagte socius kann seine Gegenforderungen aus dem Sozietätsverhältnisse mit dem Sklaven zum vollen Betrage kompensieren, also die Naturalschuld des Sklaven in voller Höhe in Rechnung stellen.[2])

Wie freigebig im übrigen auch Paulus in der Ver-

---

[1]) D. (36, 1) 41 pr. [lib. 20 ad ed.].

[2]) Siber, Rechtszwang in Schuldverh. S. 15f. —

wendung sonst technisch gebrauchter Ausdrücke, wie naturalis obligatio, natura debere ist, ist aus zwei Stellen ersichtlich, die beide dem 3. Buche seiner Quaestionen entstammen. Zunächst D. (45, 1) 126, 2 mit dem Schlusssatze:

Plane sine praecedat numeratio, sequatur stipulatio, non est dicendum recessum a naturali obligatione.

Die numeratio, nämlich des Darlehens vom Gläubiger an den Schuldner, wird als „naturalis obligatio" bezeichnet. Diese Bezeichnung wird nur möglich und erklärlich durch den Gegensatz: als solcher erscheint die stipulatio, d. h. die verborum obligatio. Diese ist ein Vorgang, der rein juristisch gestaltet, seine Existenz nur der juristischen Technik verdankt; die Hingabe der Darlehnssumme dagegen ist ein mehr faktischer, den natürlichen Verkehrsverhältnissen der Menschen entnommener Vorgang. Jedenfalls — und das ist beachtlich — hat diese hier von Paulus beliebte Bezeichnung mit der technischen naturalis obligatio nichts gemein, steht vielmehr in einem das Wesen betreffenden Gegensatze zu ihr, da hier von einer klagbaren Verbindlichkeit gesprochen wird.[1])

Ähnlich die zweite Stelle:

D. (50, 17) 84, 1:[2]) Is natura debet, quem iure gentium dare oportet, cuius fidem secuti sumus.

Beide Stellen werden im Urtexte des Paulus nicht weit voneinander gestanden haben, kommen auch im wesentlichen auf denselben Sinn hinaus. Das „natura debere" ist ebenso wie

---

[1]) Man wird den Juristen wegen solcher terminologischer Inkorrektheiten nicht zu sehr tadeln können. Bezeichnung verschiedener wichtiger Rechtsbegriffe mit demselben Worte ist sowohl in der modernen Jurisprudenz wie in der Gesetzessprache gar nicht selten; man denke an Recht, Rechtsgrund u. ä. oder an den Begriff der „Sache" im A. L. R. §§ 1 u. 3, I, 2. — Grund hierfür ist die Unzulänglichkeit der menschlichen Sprache, die nicht imstande ist, für alle Erscheinungen besondere Bezeichnungen zur Verfügung zu stellen. Folge hiervon sind — bes. in der Rechtswissenschaft — häufige Streitigkeiten, die ebenso häufig nur Wortstreite sind. —

[2]) [lib. 3 Quaest.].

die „naturalis obligatio“ von einer klagbaren Verbindlichkeit gebraucht, wie aus dare oportet ersichtlich ist.[1]) Die Verbindlichkeit soll im ius gentium wurzeln, und zwar des näheren in einem Tatbestande, auf Grund dessen jemand alienam fidem secutus est. Die Wendung „alicuis (s. alienam) fidem sequi“ ist bei den Pandektenjuristen häufig; in weitumfassendem Sinne gebraucht sie Ulpian im 26. Buche seines Ediktskommentars[2]) zu dem Titel „De Rebus Creditis“:

> . . . omnes enim contractus, quos alienam fidem secuti instituimus, complectitur (sc. titulus) . . . nam cuicumque rei adsentiamur alienam fidem secuti mox recepturi quid, ex hoc contractu credere dicimur.

Es umfasst also das Gebiet des credere und des synonymen fidem alienam sequi alle Hingaben mit der Auflage, dass der Empfänger z. Z. das Empfangene zurückgebe. Hierunter fällt also das mutuum,[3]) aber nicht bloss dieses, sondern alle Zweckhingaben (Hingaben zu treuer Hand, dationes ob rem s. ob causam), die Paulus selbst, als er „generaliter de repetitione“ handelt, zusammenfassend, aber mit unzureichender Einteilung anführt.[4]) — Auffällig immerhin ist das Hervorheben des „natura debere“ in dieser eigentümlichen Bedeutung, die von der anderen so wesentlich abweicht; bei der Art und Weise, in der uns die Aussprüche der römischen Juristen im Titel „De regulis iuris“ eigentlich nur als Ge-

---

[1]) Schwanert S. 75f. — Mit unzutreffender auf eine Naturalobligation bezogenen Auffassung neuerdings v. Koschembahr-Lyskowski, Die condictio als Bereicherungsklage (1903) S. 77. — Über die früheren Erklärungsversuche vgl. die kurze und gute Zusammenstellung bei Frenzel S. 30. —

[2]) D. (12, 1) 1, 1.

[3]) Im engeren Sinne ist ja credere, creditum, credita pecunia gleichbedeutend mit mutuum dare, mutuum, mutua pecunia, z. B.: D. (12, 1) 20 und 41; (14, 6) 4. 6. 19; (17, 1) 12, 3; (4, 4) 24, 4. Aber der Unterschied von Paulus hervorgehoben in D. (12, 1) 2, 3.

[4]) D. (12, 6) 65 pr. [lib. 17 ad Plant.]. Deshalb ist die Interpretation von Schwanert S. 77 zu eng, der den Sinn der vorliegenden Stelle lediglich auf das Darlehen zurückführt und so übersetzt: „Von demjenigen, welcher durch numeratio ein Darlehen bekommen hat, kann man sagen, er schulde natura.“ —

dankensplitter mitgeteilt werden, ist der Grund kaum einer Vermutung zugänglich.[1])

Nur einen Schritt weiter in der allgemeinen Anwendung von „naturalis“ bedeutet es, wenn Paulus[2]) die condictio indebiti als „naturalis“ bezeichnet. Das indebitum war von ihm in dem eben zit. Fragment D. (12, 6) 65 pr. mit als Grund der repetitio erwähnt worden: es ist hingegeben worden, aber die obligationsrechtliche causa (Lösung eines obligatorischen Verhältnisses) hat sich nicht vollziehen können, weshalb der Empfänger zur Rückgabe verpflichtet ist wie bei den Zweckhingaben, deren causa sich nicht verwirklicht. Die von den römischen Juristen häufig hervorgehobenen Zusammenhänge zwischen der Bezeichnung „naturalis“ und der Herkunft aus dem ius gentium, die ja auch in D. (50, 17) 84, 1 selbst hervortraten, werden gewahrt, wenn wir einen Ausspruch Marcians D. (25, 2) 25 hier beifügen, nach welchem die condictio aus dem ius gentium entsprungen ist:

. . . nam iure gentium condici puto posse res ab his, qui non ex iusta causa possident . . .

Dieselben Zusammenhänge erscheinen schliesslich auch bei Paulus selbst, wenn er sagt:[3])

Locatio et conductio cum naturalis sit et omnium gentium, non verbis sed consensu contrabitur . . .

Zusammenfassend kann gesagt werden, dass Paulus die einzelnen Fälle, wie bestimmte Wirkungen der technischen Naturalobligation in reicher Kasuistik und mannigfacher Variierung behandelt hat; hierin zugleich liegt auch die Fortentwicklung dieses Rechtsgebildes.

IV. Nicht minder reichlich ist die Ausbeute bei **Ulpian,** obwohl auch auf diesem Gebiete der Jurist nicht gerade

---

[1]) Schwanert S. 78 A. 1 vermutet, ob Paulus im 3. Buche seiner Quaestionen eine Aufzählung aller Bedeutungen von natura debere und naturalis obligatio versucht hat.

[2]) D. (12, 6) 15 pr. [lib. 10 ad. Sabin.].

[3]) D. (19, 2) 1 pr. [lib. 34 ad ed.].

ursprüngliche Ideen zutage gefördert hat. — Im Sklavenrecht werden die bisher bekannten Grundsätze vorgetragen. Nach ius civile sind die Sklaven keine rechtsfähigen Subjekte:

Quod attinet ad ius civile, servi pro nullis habentur: usu tamen et iure naturali, quia, quod ad ius naturale attinet, omnes homines aequales sunt.[1])

An sich ist richtig, wenn diese Beziehung auf das ius naturale angegriffen wird:[2]) wenn nach dem ius naturale alle Menschen gleich sind, so könne die besondere Stellung der servi im positiven Recht nicht auf dieses ius naturale zurückgeführt werden; die Obligationen der servi seien also nicht deshalb obligationes naturales, weil die servi nach ius naturale Personen seien. — Man muss aber an die Prägnanz Ulpians nicht zu hohe Anforderungen stellen; er meint, die für die rechtliche Lage der Sklaven günstigen Abweichungen von den strengen Folgerungen des ius civile seien dem ius naturale zu verdanken, als dessen Leitsatz die Gleichheit aller Menschen vorgetragen wird. Derartige humanitäre Gedanken sind zur Zeit der Severe in philosophischen Schriften und Konventikeln, sowie in den zu grosser Blüte gelangten Mysterien häufig genug ausgesprochen worden. Spezielle Anwendungen jenes allgemeinen Satzes finden wir im Besitzrecht, wo die Möglichkeit der naturalis possessio für Sklaven anerkannt wird,[3]) ferner namentlich im Kontraktsrechte. Mehrfach wird der zivilrechtliche Grundsatz der kontraktlichen Verpflichtungsunfähigkeit von Ulpian ausgesprochen:

D. (50, 17) 22:[4]) In personam servilem nulla cadit obligatio

und besonders

D. (44, 7) 14: . . . ex contractibus autem civiliter quidem non obligantur,

---

[1]) D. (50, 17) 32 [lib. 43 ad Sab].

[2]) So von Schwanert S. 245 A. 3.

[3]) D. (45, 1) 38, 7: . . . sed quamvis civili iure servus non possideat, tamen ad possessionem naturalem hoc referendum est. —

[4]) [lib. 28 ad. Sab.]. Vgl. auch Paulus D. (44, 7) 43 [lib. 72 ad ed.]: servus ex contractibus non obligatur. —

aber die vom Grundsatz abweichende Entwicklung deutet der weitere Satz an:

sed naturaliter et obligantur et obligant.

Bei der Interpretation der Worte „creditor“ und „debere“ finden wir dieselben Abweichungen. So wird nach umfangreicher Feststellung des Begriffes „creditores“ in D. (50, 16) 10[1]) scheinbar ohne Bedenken der Satz hingestellt:

quod si natura debetur, non sunt loco creditorum.

Es wird also den Naturalgläubigern die technische Eigenschaft als creditores abgesprochen, ermangeln sie doch der intensivsten Wirkung des Gläubigerrechts, der actio.

Ähnlich steht es mit der sprachlichen Qualifizierung des Verhältnisses auf der Schuldnerseite, mit dem Ausdrucke „debere“.

D. (15, 1) 41:[2]) Nec servus quicquam debere potest nec servo potest deberi, sed cum eo verbo abutimur, factum magis demonstramus, quam ad ius civile referimus obligationem.

Der letztere Ausspruch Ulpians erinnert durchaus an das besprochene Julianische Fragment D. (46, 1) 16, 4 und an die dort gebrauchte Wendung

„per abusionem intellegi possunt debitores“.

Der ursprüngliche Text des Julianischen Fragments muss ja Ulpian vorgelegen haben. Jedenfalls bezeichnet der Ausdruck abuti, abusio gut die abwegige Entwicklung, insofern eben von der bisherigen technischen Rechtssprache und von der juristischen Logik abgewichen wird; faktische Verhältnisse (factum magis demonstramus) sind es auch hier, die eine nur geradlinige Entwicklung des Rechts verhindern.

---

[1]) [lib. 6 ad ed.]. Dazu die Parallelstelle in D. (44, 7) 42, 1 [lib. 21 ad ed.]: Creditores eos accipere debemus, qui aliquam actionem vel civilem habent (sic tamen, ne exceptione summoveantur) vel honorariam, vel in factum.

[2]) [lib. 43 ad Sab.]. — Auf die Zusammengehörigkeit mit D. (50, 17) 32 [oben S. 49] auf Grund der Inscription weist Lenel Paling. II p. 1173 fr. 2899 hin.

Was das zweite Entwicklungsstadium der Naturalobligation, die obligatio pupilli, anbelangt, so scheint diese von Ulpian im 40. Buche seines Sabinuskommentars berührt zu werden:

D. (26, 8) 5 pr. . . . sed et cum solus sit tutor mutuam pecuniam pupillo dederit vel ab eo stipuletur, non erit obligatus tutori: naturaliter tamen obligabitur in quantum locupletior factus est: nam in pupillum non tantum tutori, verum cuivis actionem in quantum locupletior factus est dandam divus Pius rescripsit. —

Der Pupillus wird weder auf Grund der Realobligation des mutuum noch auf Grund der Verbalobligation der stipulatio obligiert; aber auf Grund des geschilderten Tatbestandes ist doch ein obligari des pupillus möglich in Höhe der Bereicherung, denn nach einem Reskript des Antoninus Pius[1]) kann ein pupillus überhaupt stets in Höhe der Bereicherung gerichtlich belangt werden. Die Zulassung der gerichtlichen Geltendmachung der auf den pupillus gefallenen Verbindlichkeit zeigt sofort, dass Ulpian hier nicht eine „unvollkommene" Verbindlichkeit analog einer obligatio servi im Sinne gehabt haben kann. Das „naturaliter" geht hier vielmehr auf die rein tatsächliche, physisch erkennbare Vermögensvermehrung auf seiten des pupillus; als Gegensatz ist zu denken eine erst durch juristische Logik erschliessbare Vermögensvermehrung, hervorgerufen nicht bloss durch sichtbaren Übergang von Vermögenswerten und auf deren Verbleib beschränkt, sondern statuiert durch bestimmte Sätze der Rechtsordnung, z. B. über mutuum oder stipulatio.[2]) — Jedenfalls kommt also eine

[1]) Vgl. auch D. (3, 5) 3, 4 und 33 i. f.

[2]) Vgl. Schwanert S. 79f. Prägnant Frenzel S. 29: „Denn eine Verbindlichkeit, die in tatsächlicher Vermögensvermehrung auf seiten des Verpflichteten ihre Begründung findet, die lediglich auf die Vermögensvermehrung geht und in ihrem Umfange sich mindert, wenn die Bereicherung nachträglich kleiner wird, hat durch diesen engen Zusammenhang mit dem wirtschaftlichen Gute mehr körperlich Greifbares und weniger Juristisches an sich als eine Ver-

Verpflichtung des pupillus nach den Sätzen des Vertragsrechts nicht zustande; wohl aber vollzieht sich auf Grund der Sätze über den Eigentumserwerb, also des Sachenrechts eine Vermögensverschiebung zu ungunsten des Geldgebers und zugunsten des pupillus, und auf Grund dieses sachenrechtlichen Tatbestandes wird eine actio gegeben.[1]) Behalten wir diese Scheidung über den Grund der Obligierung, diese Scheidung zwischen Obligationen- und Sachenrecht im Auge,[2]) dann hat der Ausspruch eines Zeitgenossen Ulpians, des Licinnius Rufinus, nicht das Auffällige und Widerspruchsvolle zu anderen Stellen über die obligatio pupilli, das man bisher in ihm finden zu müssen geglaubt hat, nämlich:

> D. (44, 7) 58: Pupillus mutuam pecuniam accipiendo ne quidem iure naturali obligatur.

Der Pupillus wird, wenn er auch Geld als Darlehen erhält, doch nicht als Darlehensschuldner obligiert, und es spricht auch keine Erwägung nach dem ius naturale dafür, ihn obligiert sein zu lassen; denn — kann man hinzufügen — die

---

bindlichkeit, die auf einem Rechtsgeschäfte beruht und durch das Rechtsgeschäft ein für allemal fest bestimmt ist." — Sonstige Auffassungen vgl. bei Frenzel a. a. O. A. 24. —

[1]) Eine vollkommene Obligierung des pupillus auf Grund derartiger Vorgänge wird mehrfach und unstreitig anerkannt. So von Ulpian noch selbst D. (3, 5) 3, 4 [lib. 10 ad ed.]: Pupillus sane si negotia gesserit, post rescriptum D. Pii conveniri potest in id quod factus est locupletior . . .; von Paulus: D. (44, 7) 46: Furiosus et pupillus, ubi ex re actio venit, obligantur etiam sine curatore vel tutoris auctoritate . . ., und D. (12, 6) 13, 1: Item quod pupillus sine tutoris auctoritate mutuum accepit et locupletior factus est, si pubes factus solvat, non repetit.

[2]) Sehr erforderlich, weil es die römischen Juristen sehr scharf tun. So auch in dem umgekehrten Falle, wenn der pupillus creditor ist, bei Gai. Inst. II 84: Itaque si debitor pecuniam pupillo solvat, facit quidem pecuniam pupilli [sachenrechtliche Wirkung!], sed ipse non liberatur [keine obligationsrechtl. Wirkung!], quia nullam obligationem pupillus sine tutoris auctoritate dissolvere potest, quia nullius rei alienatio ei sine tutoris auctoritate concessa est; sed tamen [weitere sachenrechtliche Wirkung!] si ex ea pecunia locupletior factus sit et adhuc petat, per exceptionem doli mali summoveri potest.

Rechtssätze über den Geschäftsverkehr unter Menschen beziehen sich grundsätzlich auf den Verkehr mit Erwachsenen, der Unerwachsene würde Inhalt und Umfang der übernommenen Verpflichtung nicht übersehen können. Eine durch Hingabe der Darlehensnummi mögliche Bereicherung des pupillus berührt hier Rufinus gar nicht. Das stimmt zu den niemals umgestossenen Sätzen des Pupillenrechts, dass der pupillus zwar durch selbständige Rechtshandlungen Rechte erwerben, sich aber nicht selbständig verpflichten kann.[1]) —

Jedenfalls ergibt sich aus dem bisher Gesagten, dass der pupillus sine tutoris auctoritate auf Grund eines rein obligatorischen Tatbestandes sich mit einer kontraktlichen Verbindlichkeit nicht belasten kann.[2]) Hieraus folgt aber weiter, dass er sich von einer solchen Verbindlichkeit auch nicht selbständig sine tutoris auctoritate lösen kann; Vermögenswerte, die er etwa zum Zwecke der solutio hingibt, bewirken keine solutio des (ja nicht vorhandenen) obligatorischen Bandes. Einmal auf dieser Folgerung, ferner auf dem weiteren Grundsatze des Pupillenrechts, dass der Pupillus ohne auctoritas des Vormundes irgendwelche Veräusserung nicht vornehmen kann,[3]) beruht weiter der Satz, dass der pupillus sine tutoris auctoritate auch keinen Solutionsakt,

---

[1]) Vgl. z. B. Gaius D. (26, 8) 9 pr.; Ulp. D. (19, 1) 13, 19 und bes. D. (13, 6) 1, 2, wo es auch heisst: . . . nec constitit commodatum in pupilli persona sine tutoris auctoritate, usque adeo ut, etiamsi pubes factus dolum aut culpam admiserit, hac actione non tenetur, quia ab initio non constitit. — Also konsequente Ablehnung aller eventuell möglichen obligatorischen Folgen. — Kaum haltbare Erklärungsversuche für das Fragment des Licinnius bei Brinz, Krit. Bl. III S. 15, 21, der es nur auf klagbare sog. „naturales obligationes“ bezogen wissen will (wogegen „ne quidem iure naturali“ spricht); anschliessend Krückmann S. 267 ff. Dort auch weitere Literatur.

[2]) Vgl. Gaius D. (26, 8) 9 pr. und Inst. III 107, 109. Die Möglichkeit, dass der pupillus alienum sibi obligare etiam sine tutoris auctoritate potest, verletzt natürlich keinen der Grundsätze des Pupillenrechts.

[3]) Gaius Inst. II 84 . . . (quia nullius rei alienatio ei [sc. pupillo] sine tutoris auctoritate concessa est) . . . Inst. (2, 8) 2. — D. (26, 8) 9 pr.; (46, 3) 14, 8; (12, 6) 29.

kein solvere rechtswirksam vornehmen kann. Zu diesem Ergebnisse kommt Ulpian an folgender Stelle:

D. (12, 6) 29 (lib. 2 disp.): Interdum persona locum facit repetitioni, ut puta si pupillus sine tutoris auctoritate, vel furiosus, vel is cui bonis interdictum est, solverit; nam in his personis generaliter repetitioni locum esse non ambigitur. et si quidem exstant nummi, vindicabuntur, consumptis vero condictio locum habebit.[1])

Die Handlung des pupillus hat keinen Solutionscharakter, keinen obligatorischen Effekt, weil ihr der sachenrechtliche, Übergang des Eigentums an den Zahlungsempfänger, mangelt; infolgedessen ist die ganze Leistung revokabel, und zwar mit der rei vindicatio, an deren Stelle nach erfolgter Konsumption die condictio tritt. Die Möglichkeit, den eventuell gewollten obligatorischen Effekt der solutio hervorzubringen, stösst sich an dem Satze: jede alienatio des pupillus sine tutoris auctoritate ist ohne rechtliche Wirkung. Da dieses Hindernis nicht überwunden werden kann, wird der Tatbestand wieder aufgelöst. In diesen Gedankengang stimmt dann ohne Schwierigkeit Neratius' vielbesprochenes Fragment D. (12, 6) 41:

„Quod pupillus sine tutoris auctoritate stipulanti promiserit solverit, repetitio est, quia nec natura debet."

Neratius führt nur die Folge an, die sich ohne weiteres aus dem Grundsatze der Veräusserungsunfähigkeit des pupillus ergibt; die angehängte Begründung ist prinzipiell ebenso richtig in Rücksicht auf den Grundsatz der Verpflichtungsunfähigkeit des pupillus. Es ist aber erforderlich — wie bald klar werden wird — Neratius' Ausspruch nur als Verkündung eines Prinzips, bzw. seiner konkreten Folgen zu betrachten, eines Prinzips, das immerhin Modifikationen aufweist. —

Ein gleicher Vorgang wie D. (12, 6) 29 liegt einem Fragmente Ulpians aus dem 30. Buche seines Sabinuskommentars zugrunde:

[1]) Vgl. Pernice Labeo III S. 256. —

D. (46, 3) 14, 8: Pupillum sine tutoris auctoritate nec solvere posse, palam est. sed si dederit nummos, non fient accipientis vindicarique poterunt. plane si fuerint consumpti, liberabitur.

Aber der letzte Satz frappiert wegen des Widerspruchs mit der Schlussbemerkung im Fragment D. (12, 6) 29: wir würden auch nach den fortschreitend gezogenen Folgerungen eine Revokation der konsumierten Leistung mit Hilfe der condictio erwarten.[1]) Der Widerspruch, dessen sich Ulpian hier schuldig macht, scheint nach dem Wortlaute beider Stellen unlösbar: also doch eine Liberierung des pupillus, d. h. obligatorischer Effekt, als dessen notwendige Voraussetzung wir einen sachenrechtlichen, nämlich Eigentumsübergang, bereits festgestellt haben. Von diesem selbst spricht Ulpian nicht; aber Vorgänger vor ihm haben es mit genügender Deutlichkeit getan.

Nämlich:

Gaius D. (26, 8) 9, 2: Pupillus ex omnibus causis solvendo sine tutoris auctoritate nihil agit, quia nullum dominium transferre potest. Si tamen creditor bona fide pecuniam pupilli consumpserit, liberabitur pupillus;

und besonders Julian, wie immer das Erhebliche ins Auge fassend:

D. (12, 1) 19, 1 (lib. 10 Dig.): Si pupillus sine tutoris auctoritate crediderit, aut solvendi causa dederit, consumpta pecunia condictionem habet, vel liberatur non alia ratione, quam quod facto eius intelligitur ad eum qui acceperit pervenisse.

Ein Vermögensübergang infolge des „solvere" des pupillus ist doch möglich, zwar nicht unmittelbar durch Verwirklichung der causa solvendi, wohl aber mittelbar durch Ein-

[1]) Man hat den Widerspruch auszugleichen gesucht, indem man in D. (12, 6) 29 eine obligatio sine tutore, in D. (46, 3) 14, 8 und anderen Stellen eine obligatio cum tutore annahm. Vgl. Schwanert S. 371 ff. u. bes. A. 35. Das ist natürlich nur ein Notbehelf; in den Stellen selbst ist von einer solchen Unterscheidung nichts zu finden.

wirkung sonstiger Sätze über den Eigentumserwerb an Geldstücken. Ist auf Grund dieser Sätze des Sachenrechts, deren Wirkung sich natürlich unabhängig von den Sätzen des Pupillenrechts über die alienatio und ohne Rücksicht auf diese vollzieht, ein derartiger Eigentumserwerb zugunsten des dem pupillus gegenüberstehenden „creditor" eingetreten, so ist die notwendige Voraussetzung für die bisher nicht mögliche obligatorische Wirkung erfüllt: der ganze Tatbestand mit seinem Erfolge kann doch als solutio aufgefasst werden, eine Liberierung des pupillus ist möglich. — Zu beachten also ist, dass Träger der eingetretenen Wertbewegung (Eigentumsübergang der nummi an creditor) nicht die causa solvendi ist, da deren Perfektion nicht möglich ist, sondern sachenrechtliche Tatbestände für den Eigentumserwerb an Geldstücken, z.B. die von Gaius erwähnte bona fide consumptio der nummi durch den creditor.[1]) Julian spricht nur allgemein, aber ganz präzis von einem „pervenire ad eum qui acceperit", feststehender technischer Ausdruck dafür, dass etwas an jemanden und zwar als Bestandteil seines Vermögens gelangt, also für einen nach den Sätzen der Rechtsordnung eingetretenen Vermögensübergang.[2])

Und nun die für die Zwecke unseres Themas notwendige Schlussfrage: Haben die römischen Juristen der klassischen Periode die obligatio pupilli als eine naturalis obligatio aufgefasst?[3]) Die zitierten, von dem selbständigen solvere

---

[1]) Oder vgl. Javolenus D. (46, 3) 78: . . . si mixti sunt [sc. nummi], ita ut discerni non possent, eius fieri, qui accepit, in libris Gaii scriptum est.

[2]) D. (32) 94, 1; (18, 4) 2, 2; (36, 1) 17, 1. [ . . . pervenire proprie dicitur quod deductis oneribus ad aliquem pervenit.]; (36, 1) 19 pr. und 25 pr.; (22, 1) 3, 3; (32) 29, 2; (5, 3) 20, 17 u. 18; (4, 3) 26 [: . . quatenus ad eum pervenerit, id est quatenus ex ea re locupletior ad eum hereditas venerit (Gaius)].

[3]) Vgl. über den Streit der Meinungen übersichtlich Windscheid II § 289 sub nro. 4 A. 12—16. — Dernburg Pand. II S. 12. — Die letzte Abhandlung von Krückmann im Arch. f. civ. Prax. Bd. 85, S. 234 ff. — K. geht nicht darauf ein, ob die selbständige Handlung des pupillus — also das solvere sine tutoris auctoritate — einen obligationsmässigen Tilgungsakt darstellt, woraus dann auf eine naturalis obligatio pupilli zurückgeschlossen werden

des pupillus sprechenden Stellen machen keinen Unterschied, ob die obligatio, um deren Lösung es sich handelt, cum oder sine tutoris auctoritate eingegangen worden ist; das war auch, um die Wirkung des jedenfalls sine tutoris auctoritate vor sich gehenden solvere des pupillus festzustellen, nicht erforderlich: gleichgültig, ob so oder so, in keinem Falle war der pupillus selbständig zur eigenmächtigen Zahlung kompetent. Aber die obligatio cum tutoris auctoritate contracta scheidet für die Beantwortung obiger Schlussfrage aus: eine naturalis tantum obligatio anzunehmen, ist unmöglich, da durch interpositio der auctoritas der pupillus selbst gültig obligiert, also der Klage ausgesetzt ist. — Wie steht es weiter mit der obligatio sine tutoris auctoritate contracta? — Dass sie lediglich durch selbständige Handlung des pupillus nicht erfüllbar ist, haben wir festgestellt; damit stellt sie sich in Gegensatz zur obligatio servi. Grund dieses Gegensatzes ist die notwendige Veräusserungsunfähigkeit des pupillus, ein Mangel, der dem servus nicht anhaftet. Gleichwohl kann doch in diesem Falle von einer naturalis obligatio des pupillus gesprochen werden, wie es die klassischen Juristen selbst tun:[1]) denn tritt zu der Handlung des pupillus noch

---

könnte. Er kommt nur zu dem Ergebnis (S. 257 u. 269): die natürliche Verbindlichkeit des Pupillen ist verbürgbar und zahlbar; letzteres aber nur durch den Pupillen tutore auctore, durch den Mündigen, durch handlungsfähige Rechtsnachfolger.

[1]) Paulus in dem oben S. 42. besprochenen Fragment D. (35,2) 21 pr.; Ulpian selbst in D. (46, 2) 1, 1 [s. unten S. 64f.]. Fehlt die ausdrückliche Bezeichnung, so ist das Verhältnis als Naturalobligation wenigstens in seinen hervorgehobenen Rechtsfolgen erkennbar. So Papinian D. (36, 2) 25, 1 a. E. und (46, 3) 95, 2; Maecianus D. (36, 1) 64 pr.; Julianus [Pompon.] D. (12, 2) 42 pr. — — Verdienstvoll ist Krückmanns Hinweis auf die Sicherungsmöglichkeit der obligatio pupilli durch Bürgschaft und auf das jene Möglichkeit schaffende praktische Bedürfnis in der römischen Rechtsentwicklung: die tutela war unzulänglich, da dem Pupillen ein Zusammenhandeln mit dem anwesenden tutor vielfach unmöglich war; in der Bürgschaft liegt nichts anderes als eine Ergänzung der mit der Tutel und der auctoritatis interpositio notwendig gegebenen Mängel; der Bürge soll den tutor ersetzen, da der Gläubiger doch nicht aufs Geratewohl einem unbärtigen Knaben kreditiert. — Zu einseitig

ein sachenrechtlicher Vorgang hinzu, der den auf Grund der Handlung des pupillus allein nicht möglichen Eigentumsübergang herbeiführt, dann ist das im Pupillenrecht liegende Hindernis durch die Sätze des Sachenrechts beseitigt, und infolgedessen kein Grund mehr vorhanden, die Erfüllung der obligatio im Interesse beider Teile zu versagen. Also die Obligation ist sicher mittelbar erfüllbar, daher in diesem Sinne noch eine naturalis obligatio.[1]) — Diese bisher noch nicht versuchte Interpretation der über die obligatio pupilli handelnden Stellen ergibt zugleich deren ungezwungene und sinngemässe Vereinigung.

Sonstige Fälle von naturales obligationes werden von Ulpian nur noch gelegentlich erwähnt. So wird bei Gelegenheit der Erörterung des prätorischen Edikts, in welchem restitutio in integrum nach erfolgter capitis deminutio (sc. minima) versprochen wird, auf die weiter fortbestehende naturale Obligierung der capite minuti hingewiesen:

D. (4, 5) 2, 2 (lib. 12 ad ed.): Hi qui capite minuuntur ex his causis, quae capitis deminutionem praecesserunt, manent obligati naturaliter.[2])

Gewiss ist dies die erste Reaktion des „ius aequum" gegen die als unbillig empfundene Folge des ius strictum, dass die capite deminuti frei würden von ihren Schulden; die Klagebefugnis war zunächst unwiederbringlich verloren, aber die Erfüllbarkeit solcher obligationes der capite deminuti verletzte keinen wichtigen Grundsatz des älteren Rechts. Die Reaktion wurde stärker bei dem steigenden Einflusse des

---

ist der weitere Satz, dass die naturalis obligatio pupilli überhaupt von den römischen Juristen, vornehmlich von Julian, erfunden worden sei, um der Bürgschaft für diese obligatio rechtlichen Halt zu geben. Es wirkte auch die Fortentwicklung von der obligatio servi ein. —

[1]) Leonhard Inst. S. 458 A. 2 den gleichen Gedanken so ausdrückend: „Es liegt also hier, sozusagen, eine Naturalschuld zweiter Ordnung vor." —

[2]) Vgl. Gai. Inst. III 84; IV 38. — Savigny, Syst. II S. 81 f. — Obl. R. I 80 f. —

Prätors auf Rechtsbildung und Rechtspflege: jene unangenehme Folge des ius strictum konnte durch das dem Prätor nicht mehr unbekannte Mittel der Fiktion beseitigt werden, „quasi id factum non sit," und so die Klagebefugnis auf diesem Umwege wiederhergestellt werden. Hierzu stimmt ein allgemeiner Ausspruch, den Ulpian selbst bei anderer Gelegenheit[1]) tut:

Sed licet hoc iure contingat, tamen aequitas dictat, iudicium in eos dari, qui occasione iuris liberantur."

Weitgehende Erörterungen haben sich noch an ein Fragment Ulpians aus dem 43. Buche ad Sabinum angeschlossen, mitgeteilt D. (46, 3) 5, 2, und ein auch Cod. (4, 32) 3 zu findendes Reskript von Septimius Severus und Caracalla (a. 200) enthaltend.

Der wesentliche Inhalt ist:

1. Es sind Zinsen versprochen auf Grund einer stipulatio und daneben noch auf Grund eines pactum nudum; der Gläubiger macht sich durch Pfandverkauf bezahlt. Dann soll auf beide Arten von Zinsen angerechnet werden, und stets zu gleichen Teilen.

2. Es sind Zinsen versprochen bloss durch pactum nudum. Bei Teilzahlung durch Schuldner ohne nähere Bestimmung soll aufs Kapital angerechnet werden, und nur bei ausdrücklicher Bestimmung (proprio titulo) auf die paktierten Zinsen; eine Rückforderung der usurae ex pacti conventione datae ist ausgeschlossen.

Der Wortlaut des Reskripts im Codex:

Quamvis usurae foenebris pecuniae citra vinculum stipulationis peti non possint: tamen ex pacti conventione solutae, neque ut indebitae repetuntur, neque in sortem ferendae sunt.

Die Zinsen auf Grund des pactum werden von Ulpian ausdrücklich als indebitae usurae bezeichnet und den debitae s. quas debitor exsolvere cogitur gegenüberge-

---

[1]) D. (15, 1) 32 pr. [lib. 2 disput.]. —

stellt, freilich auch mit der Wendung: quaedem ex pacto naturaliter debebantur. — Es steht zur Entscheidung, ob dieser Tatbestand als ein Fall der Naturalobligation zu bewerten ist; und zwar nur dieser Tatbestand, nicht die keineswegs auf Grund von Quellenstellen des römischen Rechts, sondern auf Grund von Erwägungen der gemeinrechtlichen Dogmatik gestellte, viel zu allgemeine Frage, ob überhaupt aus einem nudum pactum eine Naturalobligation entspringe.[1]) — Die von Ulpian beliebte Wendung „naturaliter debere" allein wäre nicht entscheidend, da sie nicht im Sinne einer klaglosen Verbindlichkeit aufgefasst zu werden braucht, sondern als Gegensatz zu der formellen stipulatio im Sinne einer natürlichen formlosen Parteiberedung über die Zinsen; und man könnte in diesem Zusammenhange darauf hinweisen, dass Ulpian sich D. (5, 3) 25, 11 nicht scheut, den Beschenkten als naturaliter obligiert ad remunerandum zu bezeichnen, also jedenfalls im Sinne einer unjuristischen, moralischen oder konventionellen Verbindlichkeit. Aber eine derartige Zinsschuld ist doch erfüllbar; solutio ist möglich durch distractio pignoris oder Zahlung seitens des Schuldners, wenn auch unter ausdrücklicher Bezeichnung als Zinszahlung (proprio titulo numeratae). Das Reskript selbst verordnet ganz unzweideutig den Ausschluss der condictio indebiti. Es spricht also nichts dagegen, diese klaglose aber erfüllbare Zinsverbindlichkeit — aber eben nur dieses pactum usurarium! — als eine „naturale" im technischen Sinne aufzufassen.[2]) — Wenn Paulus Sent. II 14, 1 erklärt: „si pactum

[1]) Gegen diese Ansicht Savignys [Obl. R. I § 7] bes. Kuntze, Exkurse § 643.

[2]) Kuntze a. a. O. meint, es handelte sich nur (!) um den Wegfall der condictio indebiti, man brauche keine „wirkliche" Naturalobligation anzunehmen. Jener Wegfall der condictio ist aber von Julian bei der Begriffsbestimmung der Naturalobligationen wesentlich anders und höher bewertet worden. Vgl. im übrigen: Brinz, Pand. II S. 53 und Krit. Blätter No. 3 S. 16ff. — Schwanert S. 139f. — Scheurl in Jher. Jahrb. VII, 343f. — Frenzel S. 23. — Hellmann in Sav.-Zschr. XII S. 325. — Leonhard Inst. § 153 A. 8 bemerkt zutreffend gegen Sohm [Inst. S. 312], dass es darauf an-

nudum de praestandis usuris interpositum sit, nullius est momenti", so ist der folgende Satz zu lesen: „ex nudo enim pacto inter cives Romanos actio non nascitur", und daher die Bemerkung als nur auf das ius civile bezüglich zu beschränken.[1])

Gegen die oben erwähnte Annahme, dass nach der Lehre des römischen Rechts allgemein aus einem nudum pactum eine naturalis obligatio entspringe, ist gut zu verwenden eine Ausführung Ulpians über das Zustandekommen des Stipulationsaktes. Streifte die stipulatio im Laufe ihrer abwegigen Entwicklung manches Formenerfordernis ab, so hielt man doch in der klassischen Zeit an dem Charakter als Verbalkontrakt noch fest: stipulatio non potest confici nisi utroque loquente, wie Ulpian D. (45, 1) 1 pr. an den Anfang seiner Erörterungen stellt. Infolgedessen bewirkt blosses Zunicken des Schuldners auf die Frage des Gläubigers keine Verpflichtung des ersteren, nicht einmal eine naturale: non tantum autem civiliter, sed nec naturaliter obligatur, qui ita adnuit. — — —

Der Vollständigkeit halber sei schliesslich noch auf einen Fall einer naturalis obligatio hingewiesen, den Ulpian nicht ursprünglich, sondern im Anschlusse an Julian und dessen Meinung referierend wiedergibt. Im 3. Buche des Ediktskommentars[2]) bei der Besprechung des edictum „quod quisque iuris in alterum statuerit, ut ipse eodem iure utatur" findet sich am Schlusse der längeren Ausführung die Bemerkung:

> Ex hac causa solutum repeti non posse Julianus putat: superesse enim naturalem causam, quae inhibet repetitionem.

---

kommen wird, was das pactum nudum für einen Inhalt hat. „Leidet eine Schuld lediglich an einer fehlenden Geschäftsform, die bei einer Abrede versäumt wurde, so wird man ihre Bezahlung nicht als ein Geschenk ansehen dürfen." —

[1]) Also ebenso zu bewerten und aufzufassen, wie wenn das Recht der Sklaven vom Standpunkte des ius civile aus betrachtet wird: Paul. D. (44, 7) 43; Ulpian D. (50, 17) 22; Inst. (3, 19) 6.

[2]) D. (2, 2) 3, 7. —

Die ratio des Edikts, die von Ulpian als summa aequitas gepriesen wird, richtet sich gegen Anwendung eines ius iniquum im speziellen Falle, ohne dass wir über dessen genauere Beschaffenheit näher unterrichtet wären; die poena edicti trifft den dieses Recht anwendenden Magistrat oder die es geltend machende Partei in künftigen eigenen Rechtssachen, in denen sie dann mit demselben Masse gemessen werden sollen.[1]) Auf hier einschlägige Verhältnisse zugeschnitten, kann das Edikt als Wiedervergeltung für die Verweigerung einer actio zu ungunsten des damaligen Klägers und jetzigen Beklagten (Schuldners) zum Verluste der actio für den jetzigen Kläger und Gläubiger führen. Mit diesem Verluste aber erschien der aequitas nach der Auffassung der interpretierenden Jurisprudenz, welcher die Abscheidung der actio von der zurückbleibenden obligatio schon in anderen Fällen bekannt war, Genüge getan; lediglich der Zwang zur Realisation des Gläubigerrechts sollte wegfallen, und es verstiess gegen keinen sonstigen Grundsatz des Rechts, freiwillige Erfüllung seitens des nur von der Klage befreiten Schuldners zuzulassen. Der Ausschluss der repetitio soluti leitet sofort zur Annahme einer naturalis obligatio als causa solvendi über. — Diese spezielle Sachlage stimmt übrigens zu dem oben[2]) erwähnten allgemeinen Ausspruche des Pomponius: si poenae causa eius cui debetur liberatus sit, naturalis obligatio manet et ideo solutum repeti non potest; einen verbindenden Gedankengang mit der ponena jenes Edikts kann man unbedenklich annehmen. — Hiermit ist aber der Fall als Naturalobligation genügend beglaubigt, wenn auch weitere Folgen dieser obligatio sich nirgends erwähnt finden.[3])

Gehen wir von den einzelnen Fällen der Naturalobligationen zu bestimmten von Ulpian hervorgehobenen Wirkungen über, so finden wir unter Wiederholung bereits

---

[1]) Savigny Obl. R. I 99.

[2]) S. 23.

[3]) Schwanert S. 473.

bekannter Rechtssätze einige bemerkenswerte neue Erscheinungen.

Die Erfüllbarkeit der Naturalobligation wird wieder an der Hand der obligatio servi erörtert:

D. (39, 5) 19, 4 (lib. 76 ad ed.): Si quis servo pecuniam crediderit, deinde is liber factus, eam expromiserit, non erit donatio, sed debiti solutio.

Rechtsgrund dieser neu abgeschlossenen Stipulation ist nicht eine causa donandi, sondern eine causa solvendi; das debitum des Sklaven als naturale debitum wirkt ein und lässt den Abschluss der Stipulation als Erfüllungshandlung erscheinen. Wichtig für die Charakterisierung der obligatio pupilli, dass die Stelle fortfährt:

idem in pupillo, qui sine tutoris auctoritate debuerit, dicendum est, si postea tutore auctore promittat.

Die obligatio pupilli wird also nach dieser Richtung hin der Sklavenobligation — sonstige Gegensätze vorbehalten — vollkommen gleichgestellt.

Die Deduktionsbefugnis des dominus hinsichtlich des peculium wegen Schulden des Sklaven wird D. (15, 1) 11 (lib. 29 ad ed.) berührt und dabei in § 2 im Anschluss an Julian der allgemeine Satz ausgesprochen:

naturalia enim debita spectamus in peculii deductione.

Die Sicherung der Naturalobligation durch fideiussio wird in zwei Fragmenten, beide entnommen aus dem 47. Buche des Sabinuskommentars, ausdrücklich für möglich erklärt, nämlich

D. (46, 1) 6, 2 und 8, 3.

Hierbei wird von Ulpian berührt und ist demnach auch hier zu berühren die grundsätzliche Frage, ob die Wirkung der litiscontestatio noch eine Naturalobligation übrig lasse. Hatte schon ein in bejahender Richtung zu interpretierendes Fragment Papinians vorgelegen,[1]) so macht es Ulpians Ausdrucksweise zur Gewissheit, dass die römischen Juristen

[1]) S. oben S. 33 f. —

der klassischen Periode einer derartigen Anschauung huldigten: et post litem contestatam fideiussor accipi potest, quia et civilis et naturalis subest obligatio; anschliessend wieder die Berufung auf Julians Autorität. Der Grund dieser Anschauung lag in der Wirkung, welche die litis contestatio auf die res in iudicium deducta überhaupt ausübt, die man als eine „zivilistische Metamorphose oder Transfiguration"[1]) bezeichnen kann. Das naturale Element der Obligation bleibt erhalten und unberührt von den prozessualen Vorgängen; das civile ist enthalten in der neuen Prozessobligation, actio iudicio inclusa.[2])

Ebenso wird die Sicherung durch Pfand durch den allgemein ausgesprochenen Satz anerkannt:

D. (20, 1) 14, 1 (lib. 73 ad ed.): Ex quibus casibus naturalis obligatio consistit, pignus perseverare constitit.

Bisher sehen wir Ulpian nur alte bekannte Rechtssätze über die Wirkungen der Naturalobligation vortragen. Aber neue beachtenswerte Erscheinungen, welche die Naturalobligation mittelbar oder unmittelbar sogar bis zur Möglichkeit einer gerichtlichen Geltendmachung führen, ergeben sich aus folgenden Rechtssätzen.

In D. (46, 2) 1 (lib. 46 ad ed.) gibt Ulpian die bekannte

---

[1]) Kuntze, Kurs. § 351. —

[2]) Ausdruck Gaius' D. (50, 17) 139. — Wlassak, Litisk. S. 57. Wenn Windscheid, Actio S. 57 „naturalis obligatio" hier im untechnischen Sinne nehmen will, insofern als eine klagbare Obligation nach der litiscontestatio sowohl nach rechtlicher als natürlicher Betrachtung vorhanden sei, so beweist doch das andere kurz vorher [(46, 1) 6, 2] stehende, ebenfalls aus dem 47. Buche des Sabinuskommentars stammende Fragment von Ulpian, dass hier von der sonst erkannten klaglosen und erfüllbaren „naturalis obligatio" die Rede sein soll. — Das Bild wird noch einheitlicher durch den von Kuntze a. a. O. gemachten Hinweis, dass durch die hier vertretene Auffassung dogmatischer Boden gewonnen ist für die von Paulus gegebenen Einzelsätze: dass die Akzessionen und Privilegien der geltend gemachten Obligation dem Kläger gewahrt bleiben, während sie durch Vertragnovation verloren gehen [D. (46, 2) 18. 29]; ferner, dass im Falle ungerechter Freisprechung des Beklagten eine Naturalobligation dieses verus debitor erhalten bleibt [D. (12, 6) 60 pr.]. — Vgl. auch Bekker Aktionen II 181 A. 22. —

Begriffsbestimmung der novatio und erwähnt die Möglichkeit, dass die neue Obligation eine bloss naturale sein könne. Wichtiger aber der allgemein vorgetragene Satz:

illud non interest, qualis processit obligatio; utrum naturalis, an civilis . . .

So kann auf dem Umwege der Novation wenigstens mittelbar die Naturalobligation der Geltendmachung durch Klage zugeführt werden. Erst Ulpian spricht diese Möglichkeit aus; es ist aber wohl anzunehmen, dass dieser Satz schon vorher praktischen Rechtens gewesen ist, da diese Rechtswirkung in Hinsicht auf die schon längst zugelassenen fideiussio und pignus nicht besonders intensiv erscheint.

Aber schon auffälliger ist ein Fragment, das als einziges in der Justinianeischen Sammlung folgende starke Rechtswirkung der Naturalobligation verleiht:

D. (13, 5) 1, 6 und 7 (lib. 27 ad ed.): Debitum autem ex quacumque causa potest constitui . . . Debitum autem vel natura sufficit.

Die Naturalobligation wird ohne Bedenken und ohne Einschränkung für eine hinlängliche Grundlage des constitutum erklärt und kann durch dieses Mittel verhältnismässig leicht klagbar gemacht werden.

Immerhin müssen in den bisher erwähnten Fällen noch neue obligatorische Akte zur Naturalobligation hinzutreten, um sie mit diesen intensiven Wirkungen auszurüsten. — Die stärkste Wirkung, die fast dem Wesen der Naturalobligation und ihrem Gegensatze zur vollkommenen Verbindlichkeit nicht mehr gerecht zu werden scheint, wird ihr von Ulpian zuerteilt in

D. (16, 2) 6 (lib. 30 ad Sab.): Etiam quod natura debetur, venit in compensationem.

Diese allgemeine Formulierung wirkt auffällig; denn bisher haben wir eine derartige Wirkung aller Naturalobligationen, wie sie Ulpian hier vorträgt, nicht gefunden. Nur zwei Stellen von Paulus bewiesen die Kompensabilität von Sklavenobligationen, aber nur von diesen, für das klassische Recht. Aus dem Zweck und Begriff der compensatio lässt sich diese von Ulpian verordnete Wirkung nicht ableiten: „es erscheint beinahe contra aequitatem, dass der stärkere Gläubiger sich die Aufrechnung der schwächeren Gegenforderung gefallen lassen muss.“[1]) — Aus dieser Überlegung und aus dem Umstande, dass die Kompensation mit einer naturalis obligatio allgemein erst durch einen so späten Juristen, wie Ulpian, bezeugt wird, ist die Annahme gerechtfertigt, dass diese Wirkung der Naturalobligation in der Zeit vor Ulpian nicht allgemein anerkannt worden ist. Man schien die Anerkennung einer derartigen unvollkommenen Obligation nicht mehr als Anomalie zu empfinden, sondern als Versagen der vollen Kraft einem debitum gegenüber, das sich immer mehr zu einem wirklichen und rechtlichen auszuwachsen schien.[2])

Indessen ist es bei der Auffälligkeit dieses Ausspruches und der abgerissenen Gestalt seiner Überlieferung, wie bei dem Mangel an Parallelstellen fraglich, welchen Wert man ihm beizulegen hat.[3]) Immerhin ist aus diesen und ähnlichen Aussprüchen der römischen Juristen ersichtlich, dass man in der klassischen Periode geneigt war, dem Rechtsinstitute der Naturalobligationen eine weite — manchmal den dogmatischen und praktischen Bedürfnissen kaum entsprechende — Ausdehnung zu geben; das Schlagwort „naturaliter debere“ half über manche Schwierigkeit in der Begründung von Spezialentscheidungen hinweg.

V. Sonstige Juristen aus der Zeit der Severe kommen in den überlieferten Fragmenten kaum auf die naturalis obli-

---

[1]) Kuntze, Kursus S. 446.

[2]) Scheurl Beiträge, Heft 2 (1852) S. 171, spricht in diesem Zusammenhange von der compensatio als der vielleicht zuletzt eingeführten und mit den übrigen nicht völlig zusammenstimmenden Wirkung der n. o. — Schwanert S. 216ff. — Kuntze a. a. O.

[3]) Gradenwitz S. 178 nennt diesen Ausspruch und andere „gelegentliche Bemerkungen ohne den systematischen Wert, den man ihnen vielfach beilegt. Wieviel hier, bei den generalia und den Entscheidungsgründen, Kompilatorenwerk, ist kaum zu enträtseln“. . .

gatio zu sprechen. Nur **Marcianus,** der fleissige Darsteller des römischen Pfandrechts, erwähnt in seiner Monographie ad formulam hypothecariam — was nahe lag — die Möglichkeit, dass die Naturalobligation durch Pfandbestellung gesichert werden kann:

D. (20, 1) 5 pr.: Res hypothecae dari posse sciendum est pro quacumque obligatione . . . et vel pro civili obligatione vel honoraria vel tantum naturali . . .

VI. Anhang. **Die nachklassische Zeit** hat irgendwelche Weiterentwicklung des Rechtsinstitutes nicht gebracht; jedenfalls lässt sich nach dem vorliegenden Quellenmaterial keine derartige Feststellung treffen. Die Ausdrücke „natura (naturaliter) debere, naturale debitum" tauchen hin und wieder auf, gehen dann aber gewöhnlich über die technische Bezeichnung und auch über das juristische Gebiet hinaus.

In einer constitutio von Theodosius II. und Valentinian III. a. 442, mitgeteilt Cod. Iust. (10, 36), wird der Tatbestand, dass ein Aszendent seinen Deszendenten inter vivos oder letzwillig liberale Zuwendungen macht, als die Erfüllung eines „debitum naturale" im Gegensatze zu einer „donatio" gekennzeichnet.

In ähnlicher Weise wird das allgemeine, nach dem natürlichen Laufe der Dinge sich verwirklichende, daher der Sitte entsprechende Anrecht der Kinder am Vermögen des Vaters an mehreren Stellen von Justinian als „naturale debitum" bezeichnet. So in

Cod. (8, 47) 10, 1: . . . ut et ipse possit prodesse patri naturali et ab eo naturalia debita percipere . . .

und in

Cod. (3, 28) 36, 2: . . . ut non liceat heredi quando voluerit adire: ne per huiusmodi tramitem iterum filius defraudetur debito naturali.[1])

Theophilus lässt sich in seiner Institutionenpara-

---

[1]) Ob Pflichtteil oder Intestaterbteil? Vgl. Büchel, Zivilr. Erört. II 59. — Schwanert S. 108f.

phrase in kommentierenden, nichts Erhebliches enthaltenden Bemerkungen an zwei Stellen über die Naturalobligationen aus. — Ad Inst. III 29, 3 versucht er die an sich auffällige Bestimmung aufzuklären, dass der servus durch eine expromissio dessen, quod alius debet, nicht einmal naturaliter obligiert wird, was zur Folge hat, dass „prior obligatio manet, ac si postea nullus stipulatus fuisset". Theophilus ist mit seiner Begründung recht schnell fertig; er meint, zur Novation gehöre stets eine nova persona, und eine persona habe der servus nicht.

... Sed ad hoc dicere nos oportet, novationem fieri non tantum eo quod naturalis exstitit obligatio, sed et eo quod persona subest, at in legibus servus non est persona [Reitz].

Er verstösst aber gerade gegen den sonst gewöhnlichen Sprachgebrauch der Quellen, die von einer persona servi oder servilis[1]) reden.

An anderer Stelle, ad Inst. III 20, 1, erwähnt Theophilus die Naturalobligationen in einer das Erhebliche aus ihrer Lehre hervorhebenden Weise:

Naturales (sc. stipulationes) sunt, quae neque actionem pariunt, neque condemnationem inferunt. Duo tamen insignia in his invenire licet, sc. quod solutio facta repetitionem non recipiat, et quod fideiussores dati natura et lege teneantur.

Als wesentliche Kennzeichen werden zutreffend angegeben: Klaglosigkeit, Erfüllbarkeit und Möglichkeit der Sicherung durch fideiussio, im allgemeinen also eine Wiederholung der bereits von Julian gegebenen Formulierung.

## § 5. Ergebnis.

Die Entwicklung der naturalis obligatio geht im römischen Rechte aus von einem speziellen Tatbestande, der Sklavenverbindlichkeit. Hier liessen sich noch in der republikanischen Zeit bei der deductio peculii die ersten unvollkommenen Wirkungen einer unvollkommenen Obligierung des

---

[1]) z. B. D. (50, 17) 22; (48, 5) 6 pr. —

Sklaven feststellen, Wirkungen, welche die Rechtsphären Dritter nicht berühren, da sie über das Verhältnis zwischen dominus und servus nicht hinausgingen. Eine allgemeinere Betätigung wird dieser immer noch speziellen Naturalobligation erst in treffender Formulierung von Julian zuerkannt: die Erfüllbarkeit durch selbständige Handlung des Sklaven, solutio. Das Hindernis für die Annahme einer vollkommenen obligatio, oder positiv der Grund für die Entstehung dieser speziellen Naturalobligation lag in der subjektiven Seite des obligatorischen Verhältnisses: die persona servi war und blieb unfähig, vor Gericht zu klagen und verklagt zu werden. War die Erfüllbarkeit anerkannt, so war die Möglichkeit für deren Sicherung alsbald gegeben. Treten also zu dieser unvollkommenen principalis obligatio andere akzessorische obligationes hinzu mit dem Zwecke, die Erfüllung jener zu sichern, aber nicht behaftet mit dem Mangel in der Person der Obligationssubjekte, so lag kein Hindernis mehr vor für die Anerkennung des Satzes, der auch mit sonstigen Sätzen des römischen zivilen Rechtssystems nicht in Widerstreit geraten konnte: möglich ist das Hinzutreten einer vollwirksamen fideiussio zur naturalis obligatio des Sklaven. Von nun an werden immer wieder bis zu Justinians Zeiten die auch noch von Theophilus hervorgehobenen Folgerungen gezogen: das solutum ist ein debitum; folglich repetitio soluti unmöglich, aber fideiussio möglich.

Andere Fälle der Naturalobligation — abgesehen von der obligatio servi — werden von Julian mehrfach erwähnt, immerhin — worauf hinzuweisen ist — erst in Berichten nachfolgender Juristen. Auch werden diese Fälle, wie z. B. das mutuum contra SC. Macedonianum, die obligatio pupilli, die obligatio post litem contestatam, nicht selbständig als solche aufgeführt, sondern in Verbindung mit einer möglichen fideiussio, also in gewollter Beziehung zu dieser vorgetragen.

War die allgemeine Möglichkeit der fideiussio bei obligationes naturales anerkannt, so lag es nahe — freilich mit unlogischer Umkehrung —, die Naturalobligation als Aushilfemittel zu benutzen, um das etwa aus praktischen Bedürfnissen erforderliche Bestehenbleiben der fideiussio theoretisch begründen zu können; man dachte und erdachte eine Naturalobligation, nicht um eine wenigstens unvollkommene Obligierung des Verpflichteten bei der principalis obligatio zu schaffen, sondern eine vollkommene Verbindlichkeit eines Dritten, des Bürgen; man ging hierbei über die Zwecke des Rechtsinstituts hinaus. Dass dies einer geschlossenen dogmatischen Entwicklung nicht förderlich war, liegt auf der Hand.

Im Einklange mit dieser Entwicklung aber bleiben weitere Rechtswirkungen, die ihre Entstehung der hereditatis petitio, der lex Falcidia und dem SC. Trebellianum verdanken: die Naturalobligation wird als Aktivum oder Passivum, den Bestand der hereditas vermehrend oder vermindernd, wie jede vollkommene Obligation anerkannt. Es lag kein Hindernis vor, ihr diese Wirkung zu verwehren.

Die Zeit der Antonine brachte zwar keine wesentliche Förderung in der begrifflichen Ausbildung des Rechtsinstituts, aber insofern eine bemerkenswerte Weiterentwicklung, als die obligatio pupilli als naturalis obligatio bewertet wird, und so neben die obligatio servi tritt. Schwierigkeiten scheint die Unterbringung dieser Erscheinung gemacht zu haben, da sie nach der rechtspolitischen und dogmatischen Seite von der obligatio servi erheblich abwich. Allmählich aber stellt sich als wohl nicht mehr bestrittene Lehre der Satz hin, dass der mit der allgemeinen Veräusserungsunfähigkeit belastete pupillus zwar nicht lediglich durch eigene Handlung, sondern noch durch Hinzutreten eines den Vermögensübergang verwirklichenden sachenrechtlichen Tatbestandes, zur solutio der obligatio sine tutoris auctore gelangen kann. Das war doch eine wertvolle Bereicherung.

In der Zeit der Severe hätte man irgendwelche Zusammenfassung oder einen systematischen Abschluss erwarten können; aber auch hier waren die römischen Juristen nicht geneigt, ihn zu vollziehen. Mehrfach wird naturgemäss auf die Sklavenobligation zurückgegriffen, und ohne Neues in der Sache selbst zu bringen, versucht man der Erscheinung neue zeitgemässe Begründung zu geben: diese wenigstens unvollkommene Teilnahme der Sklaven am obligatorischen Rechtsverkehr wird mit Hinweisen auf das „Recht, das mit uns geboren," das ius naturale (Tryphonin), und auf die Gleichheit aller Menschen (Ulpian) weniger juristisch, als im Einklange mit der damaligen dem Internationalismus und dem Synkretismus huldigenden philosophischen und religiösen Richtung gerechtfertigt. — Paulus bleibt im allgemeinen auf bisher bekannten Wegen, hebt nur unter besonders starker Betonung die juristische Selbständigkeit der Naturalobligation gegenüber ihrem wirtschaftlichen Substrat und deren Erfüllbarkeit hervor. Neu ist bei ihm der als unbestritten vorgetragene Hinweis, dass die Naturalobligation nicht bloss wie bisher durch fideiussio, sondern auch durch Pfandbestellung gesichert werden kann; alt aber dieselbe Erscheinung wie bei der fideiussio, nämlich dass zum Zwecke der Aufrechterhaltung der Sicherungsobligation eine Naturalobligation durch juristische Spekulation künstlich gedacht wird. Nachfolgende Juristen wiederholen die Möglichkeit der Pfandbestellung ohne jedes Bedenken.

Ulpian bringt gemäss des erwähnten Reskripts von Septimius Severus und Caracalla einen neuen Fall einer Naturalobligation: Zinsen, die nicht stipuliert, sondern bloss auf Grund eines formlosen pactum versprochen worden sind, können mit ausdrücklicher Bestimmung des Schuldners bezahlt und dann nicht zurückgefordert werden. Da Zweck und Umfang dieser Bestimmung nicht klar zutage liegen, muss es bei strikter Interpretation und spezieller Anwendung verbleiben. Die Bezeichnung solcher usurae als „indebitae" bedeutet zum mindesten eine dogmatische Lockerung. — Weitgehende, die Zwecke des Rechtsinstituts schon überschreitende Wirkungen werden der Naturalobligation von Ulpian in zwei ebenso allgemein wie kurz gehaltenen Bemerkungen zuerteilt: ausreichende Grundlage für ein constitutum und Geltendmachung im Wege der compensatio. Verdächtig ist die Fassung dieser doch inhaltlich recht wichtigen Sätze und die Isolierung, in der sie beim Mangel von gleich oder ähnlich lautenden Stellen und von Einzelentscheidungen erscheinen; zweifelhaft bleibt, ob man Ulpian — was bei seiner Arbeitsweise schon denkbar — der Flüchtigkeit und des Mangels an Prägnanz beschuldigen soll, oder die Kompilatoren des Mangels an Überlegung bei der Verfassung von Einschiebseln.

Nach allem ist ersichtlich, dass man von einer Kontinuität der Entwicklung und einem dogmatischen Abschlusse in der Lehre der Naturalobligationen nur in bezug auf die obligatio servi sprechen kann; schon die Übertragung des Erreichten auf die obligatio pupilli machte Schwierigkeiten. Die anderen Fälle der Naturalobligationen und deren hervorgehobene Wirkungen kristallisieren sich z. T. etwas zufällig, z. T. das Gesamtbild störend an. Auch in dieser Lehre ist das nicht nach systematischen Regeln auftretende praktische Bedürfnis der einzige Wegweiser der römischen Juristen gewesen.[1]) Klarheit über ihre Denkungsweise und ihre juristischen Folgerungen wird die Beantwortung der Frage bringen, wieso sie dazu kamen, diese obligationes „naturales" zu nennen. „Das Wort ist der Herold des Gedankens — es kündigt an, dass er da ist."[2])

## § 6. Natura und naturalis in den Schriften der römischen Juristen.

Beide, natura und naturalis, dazu das Adverbium naturaliter, sind ungemein häufig gebrauchte Worte. Um die Entwicklung der naturalis obligatio zu verfolgen, war die Durchsicht aller Stellen in den Schriften der römischen Juristen er-

[1]) Leonhard Inst. S. 458 kommt zu dem Ergebnis, „dass der Kreis der obligationes naturales kein streng abgegrenzter, und die Behandlung der dahin gerechneten Schulden keine einheitliche ist". —

[2]) Jhering, Besitzwille 105.

forderlich, die jene Worte enthielten; nach dem handschriftlichen Index der Berliner Kgl. Bibliothek entfallen auf natura 214, auf naturalis und naturaliter zusammen 321 Stellen. Diesen Zahlen entspricht die Weite des Anwendungsgebietes.

I. Natura (v. nasci) in ursprünglicher und eigentlicher Bedeutung ist synonym mit nascentia, natio, generatio:[1]) bedeutet also die Entstehung, das Werden eines Dinges, und zwar nicht den Prozess selbst, als mehr dessen Beendigung die vollendete Erschaffung. Von der so vorhandenen Vielheit aller Dinge wird weitergegangen zu deren Einheit, so dass „natura" dann völlig unserem deutschen „Schöpfung" dem Worte und Sinne nach entspricht,[2]) und „in natura esse" = auf der Welt sein, vorhanden sein bedeutet.[3]) Gewöhnlich wird diese organische Einheit der Dinge, die sichtbare körperliche Welt mit „rerum natura" bezeichnet, und sehr häufig sind die Wendungen: in rerum natura esse, non esse, esse desinere.[4]) — Aber das Weltall ist schon den Alten nicht als toter, sondern als lebender Organismus erschienen, der infolge der in ihm tätigen Kräfte sich regt und bewegt. Daher bezeichnet auch bei den römischen Juristen rerum natura nicht bloss die Welt im Zustande der Ruhe, sondern auch der Bewegung; wir hätten etwa zu übertragen: Walten der Natur, natürlicher Lauf der Dinge.[5]) Ähnliche

---

[1]) Vgl. Forcellini IV 231 s. v. natura.

[2]) D. h. ebenfalls im Sinne der Beendigung des Prozesses, also die erschaffene vorhandene Welt.

[3]) So [doch nur einmal in den Dig.] Scaevola D. (36, 1) 80, 10.

[4]) Javolen. D. (33, 6) 7, 1; (24, 1) 50, 1; (35, 1), 40, 4. — Celsus D. (28, 5) 60, 6, (38, 16) 7. — Julian. D. (12, 6) 32 pr; (30) 84, 7; (38, 16) 6; (46, 3) 36. — Pompon. D. (15. 2) 3; (18, 4) 1; (26, 7) 61; (30) 16 pr. 24 pr. und 48, 1; (33, 2) 6; (36, 2) 22 pr. — African. D. (3,5) 48; (30) 108, 10. — Gaius D. (5, 3) 21; (30) 69, 5; Inst. II. 203; III 98. — Maecian. D. (40, 5) 54. — Scaevola D. (32) 37, 3. — Paulus D. (7, 7) 1; (12, 2) 30, 1; (15, 3) 19; (18, 1) 15 pr.; (37, 6) 2 pr.; (38, 1) 20 pr.; (41, 2) 3, 21; (42, 2) 3 und 8; (46, 3) 98, 8. — Ulpian. D. (23, 3) 14; (25, 2) 17, 2; (38, 1) 9 pr.; (50, 17) 135. Marcian. D. (20, 1) 13, 5. —

[5]) In diesem Sinne zu finden bei: Alfenus D. (48, 22) 3. — Javolen. D. (41, 2) 23, 2, — Celsus D. (50, 17) 186 und 188 [nihil peti potest ante

Bedeutung hat natura auch allein, entweder im bisherigen allgemeinen Sinne auf den allgemeinen Weltlauf und die Entwicklung aller Dinge bezogen, oder in einem speziellen Sinne hinsichtlich des vorliegenden Verhältnisses oder Gegenstandes, dann also die Wirkung infolge der natürlichen Beschaffenheit bezeichnend, nach der „Natur der Sache“.[1])

War die Bedeutung von natura bisher immer noch konkret in ihrer Anknüpfung an die sichtbaren Geschehnisse in der Welt, so verflüchtet sie sich, wenn wir von hier aus eine Stufe weitersteigen, zu abstrakten Vorstellungen, deren letzter Grund, da sie durch Empirie und anschliessende Folgerungen entstanden sind, freilich die körperliche natura und ihre Betrachtung durch Menschen bleiben: auf Grund einer von der Natur geschaffenen, also sinnlich wahrnehmbaren Tatsache

---

id tempus, quo per rerum naturam persolvi possit . . . Quae rerum natura probibentur, nulla lege confirmata sunt]. — Gaius D. (22, 1) 28, 1 [als waltende Kraft: . . . cum omnes fructus rerum natura hominum gratia comparaverit]. — Paulus D. (5, 1) 28, 5 [cum per rerum naturam certum fuisset, unum nasci . . . rerum naturam intuendam . . .]; (49, 8) 3, 1; (45, 1) 73 pr.; sent. III 4 B, 1 [condicio possibilis, quae per rerum naturam admitti potest] und IV 11, 8; — Ulpian. D. (13, 5) 16, 3; (38, 16) 3, 10. — Modestin. D. (38, 10) 4 pr.

[1]) Aber noch speziell auf den vorliegenden Gegenstand bezüglich, nicht im Sinne von allgemeinen, natürlichen, aus dem gesunden Menschenverstande sich ergebenden Erwägungen, wie es häufig in der modernen Juristensprache gebraucht wird. „Natura rei“ überhaupt nur selten, dann auch nur im vorbezeichneten speziellen Sinne: Papin. D. (45, 1) 115, 2 [defuncti voluntatem et ipsius rei naturam]: Paul. D. (42, 5) 12, 2 [si propter naturam rei [veluti si praedium inundatum sit) . . . non potest possidere] und (47, 2) 16 [ne cum filio familias pater furti agere possit non iuris constitutio sed natura rei impedimento est.] — Natura allein: Neratius D. (41, 1) 14 pr. [allgemein: ea quae primum a natura prodita sunt]. — Julian D. (42, 1) 60 [speziell: motus corporis contra naturam, quem febrem appellant]. — Venul. D. (45, 1) 137 pr. und 137, 6. [natura impossibilis.]. — Florent. D. (1, 1) 3 und (1, 5) 4, 1. — Tryphon. D. (1, 5) 15. — Paul. D. (41, 2) 3, 5; (44, 7) 44, 1 [superficies quae natura solo cohaeret]; (45, 1) 2, 1. 35 pr. 83, 5. — Ulp. D. (8, 4) 13 pr. [mare, quod natura omnibus patet]; (9, 1) 1, 7; (24, 1) 33, 1 [contra sexus naturam]: (29, 2) 30, 6; (39, 3) 1, 1; (46, 3) 31; (50, 1) 6; (50, 16) 38 und 128.

oder eines solchen Verhältnisses werden Folgerungen gezogen und Erwägungen aufgestellt, die dieser Tatsache oder diesem Verhältnisse nach natürlicher Auffassung, nach dem natürlichen Menschenverstande (sc. der damaligen Zeit) zu entsprechen scheinen.[1]) Von hier aus war es nur der letzte Schritt, dass natura (gewöhnlich in der Verbindung: natura aequum, secundum naturam, lex naturae u. ä.) im Sinne von allgemeinen humanitären, das rechtliche Gebiet berührenden, aber mehrfach darüber hinausgehenden Billigkeits- und Gerechtigkeitserwägungen, also im Sinne von naturrechtlichen Spekulationen gebraucht wird.[2]) — Aber zu erwähnen ist hier, dass die römischen Juristen durchgängig von solchen Spekulationen und naturrechtlichen Anwandlungen keinen umfassenden Gebrauch im Sinne einer allgemeinen Rechtstheorie gemacht haben; dienen sie doch oft genug nur dazu, um eine nach striktem Rechte nicht genügend zu begründende Einzelentscheidung plausibel zu machen. Niemals ist dieses von der „Natur" hergeleitete Recht als ein über dem positiven Rechte schwebendes Rechtssystem anerkannt worden; vor diesen die Grenzen der Rechtswissenschaft überschreitenden Anschauungen sind Roms Juristen schon durch die organische Entwicklung ihres Rechts und durch ihre eigene praktische Begabung bewahrt worden. Beweis hierfür und zugleich wichtig für die sprachliche Bewertung unserer „naturalis obligatio" ist die Er-

---

[1]) Deutlich sichtbar z. B. bei: Florentin. D. (1, 1) 3 [cum inter nos cognationem quandam natura constituit, consequens est hominem homini insidiari nefas est.]; Callistrat. D. (50, 16) 220, 3 [ . . . natura nos docet . . . filiorum appellatione omnes qui ex nobis descendunt continere]; Ulpian. D. (37, 15) 1, 1 [et inter collibertos matrem et filium pietatis ratio secundum naturam salva esse debet].

[2]) So die bekannten Aussprüche von Pompon. D. (12, 6) 14 und (50, 17) 206 [nam hoc natura (iure naturae) aequum est, neminem cum alterius detrimento (et iniuria) fieri locupletiorem]; Papin. D. (38, 6) 7, 1; Paulus D. (2, 14) 27, 2 und (50, 17) 10; bes. Ulpian. D. (1, 5) 24; (15, 1) 11, 2; (43, 16) 1, 27 [Vim vi repellere licere Cassius scribit idque ius naturae comparatur]; (43, 26) 2, 2; (47, 4) 1, 1. —

scheinung, dass diesen naturgemässen und naturrechtlichen Erwägungen, der natura s. lex s. ius naturae, häufig die positivrechtliche Regelung, ius civile s. legitimum, auch das ius gentium, gegenübergestellt wird.[1]) — Es gibt also auch nach der Anschauung der römischen Juristen „natürliche Verhältnisse", die entweder ausserhalb des rechtlichen Organismus bleiben, oder als Anknüpfungsmomente für Rechtsfolgen der rechtlichen Normierung unterworfen werden. Ob das letztere geschieht, und in welchem Umfange, entscheidet offenbar das praktische Bedürfnis; die Normengebung selbst wird aber noch beeinflusst durch die Unverletzlichkeit bestimmter Grundsätze der bisherigen Rechtsystematik.

Parallel läuft die Bedeutung von „naturalis" und „naturaliter". Im ursprünglichsten Sinne „von der Natur herrührend" bezeichnet es Eigenschaften und Verhältnisse, die ihren Grund in sichtbaren Geschehnissen der stofflichen Welt haben. So spricht Massurius Sabinus bei Javol. D. (19, 2) 59 von der vis naturalis, veluti terrae motus, Javolen D. (33, 2) 42 selbst von der maturitas naturalis. Sextus Pedius bei Ulp. D. (39, 1) 5, 9 teilt die causa operis novi nunciationis dreifach ein: aut naturalem aut publicam aut impositiciam; naturalem, cum in nostras aedes quid immittitur aut aedificatur in nostro . . . (als sicht-

---

[1]) Pompon. D. (30) 24, 3 [cum nostra destinatione fundorum nomina et domus, non natura constituerentur . . .]. — Gaius Inst. III 194 [furtum manifestum aut lege aut natura]. — Papinian D. (6, 1) 62 pr. [des Gegensatzes sehr bewusst: nam etsi maxime vectura sicut usura non natura pervenit, sed iure percipitur]. — Paul. D. (5, 1) 12, 2 [quidam enim lege impediuntur ne iudices sint, quidam natura, quidam moribus.]; (18, 1) 34, 1; (39, 3) 2 pr.; (47, 2) 16. — Ulpian D. (50, 16) 42; eod. 195, 2 [personas quae sunt sub unius potestate aut natura aut iure subiectae]; lib. sing. reg. 28, 9 [nam licet legitimum ius agnationis capitis minutione amiserint, natura tamen cognati manent.]. — Richtig ist, worauf Gradenwitz S. 154 hinweist, dass es so dem Juristen möglich wird, diejenigen Rechtsregeln, für die er eine Begründung durch Gesetz und Gewohnheit ersparen will oder muss, als natura geltend zu bezeichnen, auch wenn ein Gegensatz nur verschwommen oder gar nicht vorhanden ist. [Pap. D. (48, 5) 39, 3; Ulp. D. (50, 17) 35].

bares Geschehnis). Pomponius D. (8, 2) 7: propter motum naturalem arboris; D. (30) 26, 2: res naturaliter indivisae; D. (46, 3) 107 gebraucht von der Auflösung der verborum obligatio unter Gegenüberstellung von civiliter: naturaliter veluti solutione aut cum res in stipulationem deducta, sine culpa promissoris in rebus humanis esse desiit, wobei einmal an die Tatsache der Erfüllungshandlung gedacht wird, dann an das Nichtvorhandensein dieser bestimmten res in der natura rerum. Bei Gaius D. (41, 1) 7, 5 von dem naturalis alveus fluminis. Bei Paulus D. (8, 2) 28 ebenfalls von Naturvorgängen: quod ex caelo cadit . . . ex naturali causa fit . . . stillicidii quoque immittendi naturalis et perpetua causa esse debet; von der sichtbaren körperlichen Übergabe des peculium, naturalis datio peculii in D. (15, 1) 8. — Bei Ulpian in diesem Sinne recht häufig, besonders im Wasserrecht von dem natürlichen Ablauf des Wassers und Flusses in D. (39, 3) 1, 10. 15. 22. 23 und D. (43, 12) 1, 5 und D. (43, 13) 1, 8; von sonstigen natürlichen Eigenschaften, wie Farbe, Fehler und dgl. in D. (32) 70, 12; (39, 2) 24, 2; (11, 7) 4; (29, 5) 3, 19. 23; (50, 1) 6, 1. — Bei Marcian. D. (46, 3) 49 von der körperlichen Hingabe der nummi, naturaliter soluta pecunia. Mehrfach wird diesen von Natur gegeben Verhältnissen und Tatbeständen künstliches Menschenwerk gegenübergestellt: so bei Pompon. D. (8, 3) 20, 1 (servitus naturaliter, non manu facto laedere potest fundum servientem) und bei Paulus D. (39, 3) 2, 5 (naturalis agger . . . manu factus).

Die häufigste Verwendung in diesem das Tatsächliche und Körperliche bezeichnendem Sinne findet naturalis aber in der Besitzlehre und bei der Verwandtschaft, der naturalis cognatio. Das körperliche und daher sichtbare Verhältnis eines Menschen zu einem Gegenstande, diese unmittelbare tatsächliche Herrschaft des Besitzers wird mit dem Adjektivum naturalis oder dem Adverbium naturaliter ausgedrückt; als Gegensatz wird dann entweder das Eigentumsrecht oder die civilis possessio gedacht, als bereits juristischtechnische Bearbeitungen dieses natürlichen Verhältnisses. Die Wendungen sind verschieden: naturalis possessio, naturaliter possidere, — incumbere possessioni, — tenere, — comprehendere possessionem, und gegenteilig: naturaliter interrumpere possessionem.[1])

Die Verwandtschaft zwischen Menschen gründet sich auf die natura im ursprünglichen Sinne = natio, generatio, also auf die Erzeugung, die Herstammung des Menschen; daher ganz natürlich, dass diese Verwandtschaft (cognatio) als naturalis bezeichnet wird. Aber das römische Rechtsystem kennt zwei Arten von Verwandtschaften: die naturalis und civilis cognatio, den technischen Gegensatz von cognatus und adgnatus ergebend.[2]) Die Rechtsordnung, die insoweit also von der „Natur" abhängig ist, kann an dem natürlichen Verwandtschaftsverhältnisse nicht vorübergehen, es wird ihm rechtliche Form und Wirkung gegeben; bis zu welcher Grenze und in welchem Umfange, gehört zur Kompetenz der dann selbständigen positivrechtlichen Regelung. Ebenso ist das Recht selbständig in der Entscheidung darüber, ob neben diesen natürlichen Verwandtschaftsverhältnissen noch künstliche anzuerkennen sind. Also sind auch hier natürliche Verhältnisse die gegebenen Anknüpfungsmomente für rechtliche Wirkungen; sie bleiben aber nicht die einzigen. „Natur" und „Kunst" stehen in Gegensatz zu einander, ergänzen sich aber doch gegenseitig.[3])

---

[1]) Die Stellen sind folgende: Javol. D. (41, 2) 23 pr. 24. — Julian. D. (41, 5) 2, 1. 2. — Gaius D. (41, 3) 5. — Venuleius D. (43, 26) 22, 1. — Papin. D. (10, 2) 35; (41, 2) 49 pr. — Paulus D. (22, 1) 38, 10; (41, 2) 1 pr. 1. 3, 3. — Ulpian. D. (10, 3) 7, 11; (10, 4) 3, 15; (41, 2) 12 pr.; (43, 16) 1, 9; (45, 1) 38, 7. — Marcian. D. (41, 1) 11. — Modestin. (41, 1) 53. —

[2]) Über diesen Gegensatz prägnant Paulus D. (38, 10) 10, 4: qui est adgnatus et cognatus est, non utique autem qui cognatus est, ed adgnatus est; alterum enim civile, alterum naturale nomen est. — Ausserdem Ulpian. D. (1, 7) 17, 1 und Modestin. D. (38, 10) 4, 2. —

[3]) So natura im Gegensatz zur adoptio, aber nicht häufig. Papin. D. (28, 2) 23: veri patris adoptivus filius nunquam intellegatur, ne imagine naturae

Naturalis bei der cognatio gibt im besonderen noch den Sinn für dreierlei Beziehungen ab: für die leibliche Verwandtschaft im Gegensatz zur Adoptivverwandtschaft, für die uneheliche (natürliche in diesem Sinne), und schliesslich für die Sklavenverwandtschaft.[1]) Weitaus die Mehrzahl der Stellen entfallen auf die leibliche und die Sklavenverwandtschaft; bei allen dreien finden wir naturalis in Verbindung mit: cognatio, consanguinei, familia, avus, pater, parens, filius, filia, liberi, nepos, frater, heres, emancipatus. — Es ist durchaus sach- und sinngemäss, alle drei Beziehungen der Verwandtschaft mit naturalis zu bezeichnen: die zugelegte Eigenschaft gründet sich rein körperlich auf die Betrachtung in der Natur sich vollziehender Vorgänge; das Epitheton selbst wird in der ursprünglichen Bedeutung genommen.[2]) — In allen drei Beziehungen steht auch hier der „Natur“ die „Kunst“ gegen-

---

veritas adumbretur. — Modestin. D. (1, 2) 1 pr.: filios familias non solum natura, verum etiam et adoptiones faciunt. — Javol. D. (1, 7) 16: adoptio in his personis locum habet in quibus etiam natura potest habere. — Gewöhnlich wird das Adjektivum naturalis angewandt. —

[1]) So die Dreiteilung bei Gradenwitz S. 161f. — Die in Betracht kommenden Stellen bei den einzelnen Juristen sind folgende. — Javolen. D. (45, 1) 107. — Julian. D. (37, 10) 7, 1; (42, 8) 17, 1. — African. D. (37, 4) 14, 1. — Gaius Inst. I 97; II 136; III 2. 31. 40. — Marcell. D. (17, 1) 38 pr. — Scaevola D. (31) 88, 12; (32) 41, 2; (36, 1) 80, 2. — Papin. (17, 1) 54 pr., (28, 6) 40; (38, 2) 42 pr., (40, 1) 19; (48, 5) 23 pr., (50, 1) 17, 9. — Callistr. D. (1, 7) 29. — Paul. sent. I. 1b, 1; I 13a, 1g; II 26, 1; IV 8, 4; V 6, 16. D. (2, 4) 6; (4, 5) 7 pr; (9, 2) 33; (19, 5) 5 pr; (28, 6) 45 pr; (23, 2) 14, 2. 14, 4. 44, 5. 60, 7; (28, 6) 45 pr; (38, 6) 4; (38, 17) 7; (35, 2) 63 pr; (37, 4) 6, 4. 11 pr; (38, 10) 5; (40, 5) 40 pr; (42, 5) 38 pr; (45, 1) 132 pr; (48, 20) 7, 2. — Ulpian. lib. sing. reg. 8, 1; 8, 8a; 22, 14; 28, 3; 29, 1; 29, 5, — D. (1, 6) 5; (1, 7) 17, 1; (1, 9) 5. 10; (2, 4) 8 pr; (14, 5) 2, 1; (20, 1) 8; (30) 71, 3; (36, 1) 18, 4; (37, 4) 1 pr; 8, 7. 10, 1; (37, 6) 1, 21; (37,8) 1, 2; (37, 9) 1, 12; (38, 6) 1, 6; (38, 8) 1, 4; (38, 16) 1, 2; (38, 17) 2, 6. 2, 15—17. 2, 19; (40, 2) 11. 20, 3; (40, 12) 3 pr; (49, 15) 21 pr. — Modestin. D. (1, 6) 11; (1, 7) 40 pr; (38, 10) 4 pr. 4, 2. — Marcian. D. (1, 7) 31; (5, 2) 30 pr. — Hermog. D. (26, 3) 7 pr; (37, 14) 21, 3. —

[2]) Naturalis = qui ex natura est datus. — Forcellini IV s. v. naturalis I.

über, nämlich die ohne Rücksicht auf natürliche Vorgänge durch Menschensatzung begründete, also künstliche Verwandtschaft. So erscheint als Gegensatz zum pater naturalis in der ersten Beziehung der pater adoptivus, in der zweiten der eheliche (quem nuptiae demonstrant), in der dritten der paterfamilias der Freien.

II. Bis hierher hatten sämtliche Bedeutungen von „naturalis" immer noch Bezug auf das stoffliche Gebiet. Auf der zweiten Stufe der Bedeutung dieses Adjektivums wird aber bereits die rein sinnliche Betrachtungsweise verlassen und übergegangen zu Vorstellungen, die durch intellektuelle und vernunftsmässige Arbeit erworben sind, zur Bezeichnung von Eigenschaften, die zwar in natürlichen Erscheinungen ihren Anknüpfungspunkt haben, aber doch in ihrem Endergebnis von diesen abstrahieren. Dann steht naturalis = qui secundum naturam est, a natura profectus, naturae conveniens, coniunctus, innatus, insitus.[1])

Schliesslich wird von solchen Anknüpfungspunkten völlig abgesehen und naturalis (hier häufig adverbial „naturaliter") gebraucht ganz allgemein zur Bezeichnung einer natürlichen Denkungsweise, die dem gesunden Menschenverstande (sc. natürlich des Autors) entspricht, woraus dann die „natürlichen" Folgerungen gezogen werden.[2])

---

[1]) Forcellini l. c. sub II. — Dann sprechen die römischen Juristen häufig von feritas, libertas, laxitas naturalis: Procul. D. (41, 1) 55. — Florentin. D. (1, 5) 4 pr. — Gaius Inst. II 67 und D. (41, 1) 3, 2. — Paul. D. (41, 2) 3, 14. — Ulpian. D. (9, 1) 1, 10; (41, 1) 44. — Oder anknüpfend an die cognatio naturalis von naturalis affectus s. caritas der Verwandten: Scaev. D. (34, 3) 28, 3. — Papin. (5. 2) 15 pr. — Interitus n.: Gaius D. (16, 3) 14, 1. — Impedimentum n.: Venul. D. (45, 1) 137, 4. — Significatio s. appellatio n.: Gaius, Inst. IV 134 u. Ulpian. D. (50, 16) 49. — N. hominum ad dissentiendum facilitas: Ulpian. D. (4, 8) 17, 6. — Res hunana et n.: Ulpian. (9, 2) 27, 9. — Opportunitas n. operarum: Ulpian. D. (12, 6) 26, 12. —

[2]) So mehrfach Pompon. (50, 17) 7: . . . earumque rerum naturaliter inter se pugna est „testatus" et „intestatus"; (1, 2) 2, 5: naturaliter evenire solet ut interpretatio desideraret prudentium auctoritatem; bei Ulp. D. (4, 4) 16, 4: . . . in pretio emptionis et venditionis naturaliter (!) licere contrahentibus se

Werden so schon diese natürlichen Erwägungen unbedenklich dazu verwandt, rechtlichen Entscheidungen oder Rechtssätzen eine — freilich oft recht allgemeine — Begründung zu gewähren, so lag es nahe, die Gesamtheit solcher Erwägungen zu einem „natürlichen Recht", naturale ius zusammenzufassen. An Definitionen, die aber zum Teil ins Gebiet der Phrase gehören, fehlt es nicht: cum id quod semper aequum ac bonum est ius dicitur, ut est ius naturale (Paul. D. [1, 1] 11); ius naturale est, quod natura omnia animalia docuit (Ulp. [1, 1] 1, 3). — Immerhin sind einige konkrete Ausstrahlungen dieses nebelhaften ius naturale festzustellen.[1])

Einmal bei der Eigentumserwerbslehre: das Eigentum an bestimmten Gegenständen fällt nach natürlichem Rechte dem zu, der imstande ist, eine natürliche Herrschaft über den betreffenden Gegenstand auszuüben. Hierher gehören Aussprüche von: Florentin. D. (1, 8) 3 (ceteraque quae in litora invenimus, iure naturali nostra statim fiunt); Gaius D. (43, 18) 2 und Ulpian D. (9, 2) 50 (nach ius naturale superficies solo cedit); Marcian. D. (1, 8) 2 (quaedam naturali iure communia sunt omnium); auch Tryphon. D. (28, 2) 28, 1; und schliesslich Gaius Inst. II 65, wo die natürliche traditio der civilen, d. h. künstlich durch die juristische Technik geschaffenen mancipatio gegenübergestellt wird.

Ferner im Personenrecht, und hier wieder zweifach: die Anerkennung der Blutsverwandtschaft beruht auf ius naturale;[2]) ebenso die Anerkennung der natürlichen Frei-

circumvenire. — Papin. D. (18, 7) 5: quod quidem alias cum principum mandatis praeciperetur, etiam naturalem habet intellectum. — Paulus D. (27, 1) 36, 1: contra naturales stimulos facit . . .; (45, 1) 83, 5: et casum adversamque fortunam spectari hominis liberi neque civile neque naturale est. — Ulpian. D. (19, 1) 11, 1: quod si nihil convenit, tunc ea praestabuntur, quae naturaliter insunt huius iudicii potestate; (15, 1) 9, 7: licet enim etiam servis naturaliter in suum corpus saevire; (50, 17) 35: nihil tam naturale est quam eo genere quidque dissolvere, quo colligatum est.

[1]) Gradenwitz S. 158. —

[2]) Gaius Inst. I 156: . . . naturali iure cognati und die oben angef. Stellen über die naturalis cognatio.

heit und Gleichheit für alle Menschen. Letztere Anschauung war von bedeutsamer praktischer Wichtigkeit für das Sklavenrecht, für welches sie noch besonders verkündet wurde;[1]) aber auch im übrigen wurde sie verwandt zur Aufrechterhaltung von iura naturalia einer Person gegenüber gewissen zivilrechtlichen Konsequenzen des strikten Rechts.[2])

Wie man sieht, ist der Ausbau dieses „naturalen" Rechtssystems nur torsomässig und zufällig erfolgt; im letzten Grunde ist es nur eine spekulative Ergänzung des zivilen Rechtssystems, aus welchem man keine für jene Verhältnisse passenden Sätze anzuführen wusste. So begnügen sich auch die Juristen recht häufig mit der Heranziehung der blossen „naturalis ratio", eine Bezeichnung, die den von ihnen angestellten Spekulationen mehr entspricht als „ius". Besonders häufig ist diese Wendung bei Gaius, bei dem man sie in speziellem und ganz allgemeinem Sinne findet. Naturalis ratio dient in folgenden Stellen zur Begründung spezieller Rechtssätze:

a) beim Eigentumserwerb von aedificatum in solo nostro, von ea quae ex hostibus capiuntur, von res nullius, bei der specificatio, bei der traditio. — Sämtliche Stellen von Gaius: D. (41, 1) pr.; Inst. II 73. 69; D. (41, 1) 3 pr. 7, 7; Inst. II 66; hierzu noch D. (8, 2) 8: paries qui naturali ratione communis est . . .; und Paul. D. (17, 2) 83.

b) bei Ungültigkeit der stipulatio infolge ursprünglicher Unmöglichkeit. — Gaius D. (44, 7) 1, 9.

c) bei der societas. — Gaius Inst. III 154.

d) bei impensae beim Ususfructus. — Gaius D. (13,6) 18, 2. — Paulus D. (5, 3) 36, 5.

e) bei der neg. gestio. — Gaius D. (3, 5) 38.

---

[1]) Vgl. die ebenfalls oben schon erwähnten Aussprüche von Tryphon. D. (12, 6) 64 [libertas naturali iure continetur . . .] und Ulpian. D. (50, 17) 32 [. . . quia, quod ad ius naturale attinet, omnes homines aequales sunt], ebenso D. (1, 1) 4 [utpote cum iure naturali omnes liberi nasceremur].

[2]) Gaius Inst. I 158 und D. (4, 5) 8 mit der Begründung: quia civilis ratio naturalia iura corrumpere non potest. — Ähnlich der Fall bei Tryphon. D. (16, 3) 31 pr. — Paul. D. (38, 6) 4. — Ulpian. (37, 4) 8, 7. —

Zweitens werden auch allgemeine Rechtssätze und Rechtsinstitute mit der naturalis ratio gerechtfertigt. So von Gaius Inst. I 189 die tutela, D. (9, 2) 4 pr. die Notwehr; von Paulus D. (47, 2) 1, 3 die Bestrafung des furtum und D. (48, 20) 7 pr. der Anspruch der Kinder auf den Nachlass der Eltern (hier als „quasi lex quaedam tacita" bezeichnet). Vgl. auch Ulpian D. (25, 3) 5, 16.

Nach diesen Verallgemeinerungen ist es nicht verwunderlich, dass die naturalis ratio als die allgemeine menschliche Vernunft und so als rechtschaffendes Element erscheint, welchem auch durch das positive Recht nicht entgegengewirkt werden kann. So wieder Gaius Inst. I 1: . . . quod vero naturalis ratio inter omnes homines constituit; und D. (7, 5) 2, 1: nec enim naturalis ratio auctoritate senatus commutari potest. (Dazu noch Paulus. D. [50, 17] 85, 2.)

Schliesslich steht naturalis im allgemeinsten Sinne noch häufig bei aequitas zu Bezeichnung ebenso allgemeiner, legislatorisch oft nicht zu verwertender Billigkeitserwägungen.[1] Besonders häufig werden ediktale Rechtssätze von Ulpian mit Beziehung auf die naturalis aequitas gerechtfertigt.[2]

## § 7. Die Zusammensetzung „naturalis — obligatio" insbesondere.

„Die Römer haben von dem Begriff des ‚Natürlichen und darum auch rechtlich Bedeutenden' einen wenig tiefgehenden Gebrauch gemacht. Sie kommen in Wirklichkeit nicht viel über das naturale ius der Zeugung, Erziehung und Gleichheit der Menschen einerseits und der Unterwerfung der faktisch beherrschten Sachen unter die rechtliche Gewalt des Menschen hinaus." — So das Ergebnis, zu dem Graden-

---

[1] Gaius D. (41, 1) 9, 3; (38, 2) 2. — Marcell. [Ulp.] D. (50, 17) 66. — Paul. D. (44, 4) 1, 1. — Ulpian. D. (12, 4) 3, 7; (38, 16) 1, 4. —

[2] D. (2, 14) 1 pr.; (4, 4) 1 pr.; (13, 5) 1 pr.; (37, 5) 1 pr.; (43, 26) 2, 2; (47, 4) 1, 1. —

witz[1]) gelangt. Richtigerweise sind hier die für die Jurisprudenz wesentlichen Erscheinungen des Begriffes „Natürlich" hervorgehoben, und zwar als solche, die den römischen Juristen bereits bekannt waren. Es liegt aber kein Grund vor, wegen dieser Dürftigkeit die römischen Juristen zu tadeln. Man wird nicht behaupten können, dass auf diesem Gebiete die moderne Jurisprudenz erfolgreicher operiert hat: auch heute noch sind doch wohl natürliche Verwandtschaft, natürlicher Besitz und natürlicher Eigentumserwerb die hauptsächlichsten juristischen Verwendungen des im Beiworte liegenden allgemeinen Begriffes.

Wichtiger ist die Frage, aus welchem Grunde die römischen Juristen die klaglose Obligation als eine obligatio naturalis bezeichnet haben; vielleicht führt diese sprachliche Untersuchung zu denselben Wurzeln zurück, aus denen nach dem uns vorliegenden Material das Rechtsgebilde der Naturalobligation überhaupt erwachsen ist. Auffällig ist dieses Beiwort schon insofern, als es gewiss nicht dem „natürlichen Laufe der Dinge" entspricht, wenn ein Schuldner zur Leistung nicht gezwungen werden kann, weder durch Selbsthilfe des Gläubigers, noch durch staatliche Zwangsmittel. Müssen wir als Geburtsstunde der Obligation überhaupt den Augenblick bezeichnen, in welchem der nicht zur sofortigen Erfüllung bereite Schuldner von Rechts wegen für gebunden erklärt wurde, die tatsächliche Erfüllung nach bestimmter Frist vorzunehmen, diese Bindung aber durch Androhung von Zwangsmitteln als Gegenwirkung gegen die Gewährung der Frist unterstützt wurde, so fehlt dieses natürliche und kennzeichnende Merkmal des Zwanges der mit einer Klage nicht ausgerüsteten Naturalobligation. Und bis in die letzte Zeit haben die römischen Juristen unzweideutig den Standpunkt vertreten, dass zu einer wahren obligatio als notwendige Ergänzung eine actio gehöre,[2]) und debitor nur der heissen

---

[1]) a. a. O. S. 177.

[2]) Die bekannte Definition Inst. III 13 pr. als iuris vinculum, quo necessitate adstringimur . . . [Das wichtige „necessitate" zufälligerweise bei

könne, der wider seinen Willen zur Leistung gezwungen werden könne.[1]) — Warum nun ein Beiwort naturalis zu einer obligatio, der gerade diese der Natur der Obligation entsprechenden Merkmale fehlen? Aufschluss allein könnte geben die im vorigen Paragraphen näher festgestellte Bedeutung von natura und naturalis. Da mag hervorgehoben werden, dass beide Worte doch ihren Ausgangspunkt nehmen von dem sichtbarlich Gewordenen, der Schöpfung aller Dinge, wie eines einzelnen, von den sinnlich wahrnehmbaren Geschehnissen in der Natur selbst und dem Leben des Menschen, und dass man erst von diesem konkreten Ausgangspunkte aus zu abstrakten Vorstellungen über die der Natur entsprechende Beschaffenheit von Gegenständen und Verhältnissen gelangen konnte. Es wird richtig sein, bei der Untersuchung über den Ursprung der Zusammensetzung „naturalis obligatio" auch vom ursprünglichen Sinne des Beiworts auszugehen.

Auch hier hat Jhering richtige Wege gewiesen, weniger durch Genauigkeit der Detailforschung und Vorlegung des vorhandenen Materials, als durch das ihm eigene, mehr instinktive Gefühl für das Richtige. In seiner 1889 erschienenen Monographie über den Besitzwillen kommt er bei der Untersuchung über die geschichtliche Entwicklung des Detentionsbegriffes zu dem Ergebnisse:[2]) „Das römische Haus ist der Ursitz, die Heimat des Detentionsverhältnisses, gleichmässig in bezug auf das faktische Vorkommen desselben, als in bezug auf die rechtliche Erkenntnis, im römischen Hause ist der Detentionsbegriff den Römern zuerst zum Bewusstsein gekommen." — Bei der Frage, ob sich nicht irgendwelche Spuren dieses ursprünglichen Zustandes erhalten

---

Schwanert gleich S. 1. fortgeblieben.] Die Zusammengehörigkeit ist so eng, dass häufig obligatio und actio promiscue gebraucht werden: Paul. D. (45, 1) 126, 2 und (19, 5) 5, 1; Ulp. D. (12, 2) 9, 3 und (18, 4) 2, 8 und (2, 14) 7, 4. Vgl. bes. Hugo im Civil. Magaz. Bd. IV S. 18f.; V S. 385f. — Dirksen, Manuale s. v. Obligatio § 2 A. p. 645.

[1]) Modestin. D. (50, 16) 108: Debitor intellegitur is, a quo invito exigi pecunia potest. — Dazu Inst. IV 6 pr.

[2]) S. 104.

haben, wendet sich Jhering an die Sprache als „die treueste Hüterin der Anschauungen prähistorischer Epochen"; eine von diesen Spuren findet er in dem Zusatz „naturalis" zur possessio, durch den die Römer das Detentionsverhältnis vom Besitz im Rechtssinne abhoben. „Naturalis possessio ist der ursprüngliche Ausdruck für das Besitzverhältnis innerhalb des römischen Hauses gewesen, und er ist mit dem Begriff der Detention erst später auf das kontraktliche Detentionsverhältnis übertragen worden."

Jhering weist weiter darauf hin, dass der Ausdruck naturalis als technischer noch in einer anderen Verbindung vorkomme, nämlich als obligatio naturalis. Auch von der obligatio naturalis gelte ganz dasselbe wie von der possessio naturalis: die Priorität des faktischen Vorkommens des Verhältnisses im römischen Hause — die der begrifflichen Erfassung desselben — und die der sprachlichen Bezeichnung. „Wie die possessio naturalis den Reflex des Sachenrechts, so enthält die obligatio naturalis den des Obligationenrechts innerhalb des römischen Hauses."

Hiermit sind wir, was die sprachliche Untersuchung anbetrifft, an dieselbe Stelle gelangt, auf welche das vorliegende Quellenmaterial in historischer Untersuchung zurückführte: die Wurzel der Naturalobligation ruht im Innern des römischen Hauses. Ihre erste Lebensregung bezog sich auf das Verhältnis zwischen dominus und servus, allein möglich durch das auch schon mehr dem tatsächlichen Gebiete, als dem juristischen angehörige peculium; auf dieser tatsächlichen Grundlage aber vollzog sich jeden Tag zwischen beiden Personen der obligatorische Verkehr, tatsächliche Wirkungen äussernd durch die computatio und deductio peculii, auch mehr eine faktische Berechnungstätigkeit als eine juristische.[1])

[1]) Frenzel S. 45f. — Jhering a. a. O. S. 107f. in eleganter Darstellung: „im römischen Hause zuerst tatsächlich zur Erscheinung gelangt und unabweisbar sich dem gemeinen Bewusstsein erschliessend war er [sc. der Begriff der naturalis obligatio] kein künstliches Produkt der Juristen, sondern

— Aber dieser obligatorische Verkehr, zwar bezüglich seiner Rechtsgründe demjenigen inter liberas personas gleich, war hinsichtlich seiner Wirkungen wesentlich anders gestaltet: eine sonst verordnete Wirkung, die Zuerteilung der actio, stiess sich an der Verfassung des römischen Hauses als an einem unüberwindlichen Hindernis; der Grundsatz „nulla actio inter dominum et eum qui in potestate" blieb unverletzlich. Und so blieb auch in dieser Beziehung das römische Haus eine Welt für sich; nach besonderen Gesetzen vollzog sich in ihm der obligatorische Verkehr. Erkannte man nun diese auf fortwährender tatsächlicher Übung sich vollziehenden Geschäftsbeziehungen zuerst als debita, und dann als obligationes rechtlich an, so war es zur Hervorhebung des Unterschiedes erforderlich, diese Art von Forderungen und Schulden durch ein Beiwort von den übrigen abzuheben. Hierfür aber stand kein anderes gleich treffendes zur Verfügung als das Beiwort „naturalis". Jene obligatorischen Beziehungen waren tatsächlich vor aller Augen entstanden und waren erwachsen abgetrennt von den übrigen in einem besonderen Kreise unter besonderen Bedingungen, mehr ein natürliches Wachstum, weniger gezüchtet durch die Kunst der Juristen. Zur Bezeichnung dieses natürlich Gewordenen einerseits und zugleich andererseits zur Bezeichnung des Gegensatzes zur juristischen Technik war das Epitheton naturalis durchaus geeignet; die beiden Grundbedeutungen von natura und naturalis, einmal das sinnlich Wahrnehmbare, Tatsächliche, Körperliche im Gegensatz zum Geistigen, ferner das urwüchsig ohne Tätigkeit der Menschen Gewordene im Gegensatz zum Künstlichen, vereinigen sich so zu völliger Übereinstimmung.[1])

---

ein druchaus volkstümlicher Begriff, auch er gehörte zu den ältesten ursprünglichen Rechtsbegriffen des römischen Volkes — es hätte der Kunst bedurft, ihn nicht wahrzunehmen." —

[1]) Mit weitem rechtsphilosophischen Blicke weist Jhering S. 108 auf die grosse Wichtigkeit dieses Gegensatzes zwischen dem Faktischen und Rechtlichen, richtiger: der rechtlichen Wirksamkeit und Unwirksamkeit eines und

Der Zusatz des Naturalen wurde zuerst nicht der obligatio, sondern dem debere s. debitum gegeben. Das erweist einmal nach dem vorliegenden Quellenmaterial die sprachliche Entwicklung,[1]) ferner eine psychologische Betrachtung der Verhältnisse.[2]) Von einem „debere“ zwischen dominus und servus hatte man schon in republikanischer Zeit in Rücksicht auf die Pekulienverhältnisse unbedenklich gesprochen, da es der „consuetudo domus“ gemäss war, dass derartige Schuldposten zwischen den genannten Personen innerhalb des römischen Hauses tatsächlich beglichen wurden. Aber Sklavengeschäfte berührten bald — wie oben ausgeführt — ebenso intensiv den freien Verkehr ausserhalb des Hauses mit personae extraneae; setzte man die begonnene Entwicklung fort — und der treibende Verkehr liess keine Wahl —, so musste die Entscheidung der Richter immer wieder in dem Sinne ausfallen, dass Zahlungen auf Sklavengeschäfte nicht zurückgefordert werden dürfen. Diese stets sich wiederholenden Entscheidungen verdichteten sich schliesslich zu einem festen Rechtsatz, einer regula iuris; ihre irgendwelchen Anstoss nicht mehr erregende Verkündung wird von Julian vorgenommen.

Hiermit war die Rechtsbildung selbst bereits begonnen und auch schon erledigt: einem sichtbar sich vollziehenden Tatbestande, hier der Zahlung auf Sklavengeschäfte, wird rechtliche Wirkung verliehen, nämlich das Gezahlte kann nicht zurückgefordert werden; das naturale debitum ist bereits ein juristischer Begriff, ein Rechtsgebilde. Es ist das geschehen, was bei den Anfängen der Rechtsbildung immer geschieht: die Rechtsordnung ist nicht selbstschöpferisch, sondern übernimmt die im Gemeinschaftsleben der Men-

---

desselben Tatbestandes hin. Die Erkenntnis dieses Gegensatzes war „eine dem [römischen] Volk als juristisches Angebinde in die Wiege gelegte Unterscheidung, die dasselbe von früh auf an das juristische Denken gewöhnte“. —

[1]) S. oben S. 16 die 3 von Gradenwitz hervorgehobenen Stufen der Entwicklung.

[2]) Diese nimmt vor Frenzel S. 39ff.

schen bereits vorhandenen Erscheinungen und gibt ihnen rechtliche Form und Wirkung. Das ist der natürliche Gang der Entwicklung überhaupt und so auch beim naturale debitum. Alles übrige, was nachfolgt, ist Arbeitsfeld für die wissenschaftliche Abstraktion.

Diese setzt auch bald bei unserem Rechtsgebilde ein. Infolge der assoziierenden Tätigkeit der menschlichen Seele war es unausbleiblich, dass der Begriff des naturale debitum die doch bereits vorhandene Vorstellungsmasse der obligatio berühren musste; waren doch Berührungspunkte ohne weiteres insofern gegeben, als derartige Verbindlichkeiten im Sklavenverkehr nicht anders entstanden wie die sonstigen des freien Geschäftsverkehrs, als sie auch diejenige wesentliche Wirkung hatten, die eine obligatio doch nach regelmässigem Verlaufe entwickelt, nämlich die Zahlbarkeit. Diese Berührungspunkte in den Vorstellungen beider Begriffe führten weiter zur Entstehung einer neuen Vorstellungsmasse, deren Elemente die gemeinschaftlichen Merkmale jener waren; so erschien das naturale debitum nur als eine besondere Art[1]) des gemeinsamen Oberbegriffs obligatio und konnte also logischerweise auch als obligatio selbst bezeichnet werden. Die Gegenüberstellung der beiden Arten blieb natürlich aufrecht erhalten, um so mehr als die dem freien Bürgerverkehr angehörige civilis obligatio von der naturalen durch ein wichtiges Unterscheidungsmerkmal sich auch weiterhin abhob, durch die Klagbarkeit. — So war die Zusammensetzung „naturalis obligatio" erreicht, und dieser Entwicklungsgang weist nach sprachlichen und psychologischen Gesetzen keine auffälligen Merkmale auf.[2])

---

[1]) Oder vielleicht mehr als eine „Abart", nämlich vom Standpunkte einer streng logischen Entwicklung des national-römischen Zivilrechts. Nicht umsonst spricht Ulpian im 43. und 47. Buche ad Sabinum von abusio, abuti, minus proprie dicere, wenn die Sklaven als debitores bezeichnet werden [D. (15, 1) 41 und (44, 7) 10]. —

[2]) Vgl. den beachtenswerten psychologischen Versuch bei Frenzel S. 31 ff. — Nur hätte sich m. E. ein Operieren mit dem „Gefühlsbegriff" naturale

Mit der Anerkennung des juristischen Begriffes „naturalis obligatio“ war die Brücke geschlagen zu den weiteren Entwicklungsstationen, die dieser Begriff bei den römischen Juristen — wie wir sahen — durchlaufen hat. Kein Hindernis mehr, dieser Sklavenobligation noch weitere Wirkungen als die Zahlbarkeit zuzubilligen, soweit dadurch keine Grundsätze des Sklavenrechts verletzt wurden; als solche Wirkungen erscheinen: Sicherung durch fideiussio, pignus und hypotheca, mögliche Grundlage für novatio, constitutum, compensatio. Und ebensowenig bestand ein Hindernis, noch andere Fälle von Naturalobligationen als die Sklavenobligation anzuerkennen, wenn zwar Erfüllbarkeit, aber wegen Unverletzlichkeit sonstiger Rechtsgrundsätze nicht Klagbarkeit gewährt werden konnte: die Obligationen zwischen Hauskind und pater familias, die obligatio pupilli, die Darlehensverbindlichkeit des Haussohnes contra SC. Macedonianum. Praktisches Bedürfnis und juristische Spekulation haben das ihrige zu dieser keineswegs einheitlichen und abgeschlossenen Entwicklung beigetragen.

Hat nach alledem das Beiwort „naturalis“ seine ursprüngliche Bedeutung von den tatsächlichen Verhältnissen des Sklavenverkehrs genommen, und ist es somit auf einen konkreten Entstehungsgrund zurückzuführen, so ist doch nicht zu leugnen, dass auch seine Bedeutung — wie überhaupt die gesamte Lehre der Naturalobligationen — einer flüssigen Verallgemeinerung anheimfällt. Bis zum Ende der römischen Rechtsentwicklung blieb die Sklavenobligation der Hauptfall der Naturalobligationen; die politische und soziale Tendenz, wie auch die herrschende philosophische Richtung zur Zeit der Antonine und Severe ging aber darauf aus, die durch

debitum, naturalis obligatio erübrigt, der zuerst neu und selbständig von den römischen Juristen gefunden, und dann auf den „Kunstbegriff“ übertragen worden sein soll. Reaktionen des moralischen Gefühls werden wir bei der Lehre von den Naturalobligationen noch mehrfach festzustellen haben; zur Entstehungsgeschichte sind sie aber nicht zu verwerten, da die im Text verfolgten einfachen Linien genügen.

das Sklavenverhältnis begründete Verschiedenheit der Menschen nach Möglichkeit auszugleichen.[1]) — So wird als allgemeine Grundlage der naturalis obligatio das naturale ius gedacht, nach welchem alle Menschen gleich sind, nach welchem also auch die Sklaven wie die übrigen freien Menschen am Geschäftsverkehr teilnehmen können; jedenfalls steht dann naturalis s. naturaliter in den Wendungen mit obligatio, debitum, debere, obligari in ähnlich allgemeinem Sinne da, wie in den Zusammensetzungen naturalis ratio, naturalis aequitas: im Sinne von allgemein menschlichen Billigkeits- und Gerechtigkeitserwägungen. Es lag nach den Lehren des späteren Stoizismus, dem besonders Marc Aurel ergeben war, und nach dem religiösen Synkretismus des 3. Jahrhunderts im Zuge der Zeit, das allgemeine Naturgesetz der Freiheit, Gleichheit und Brüderlichkeit aller Menschen zu proklamieren.[2]) Diese nivellierende Tendenz hatte ihren natürlichen Grund in der Durcheinanderwürfelung der Stände und dem Völkermischmasch, die beide der damaligen römischen Gesellschaft ihren eigentümlichen Charakter aufprägten. In dem Salon der Gattin des Septimius Severus, Julia Domna, dem geistigen Mittelpunkte der politisch und wissenschaftlich massgebenden Kreise, werden jene allgemeinen, die ganze Menschheit umfassenden Verbrüderungsgedanken häufig genug auch von den anwesenden Rechtsgelehrten gehört und ausgesprochen worden sein.[3]) Auf dieser weiten philosophischen Grundlage, die auch das

---

[1]) Vgl. die alle Gebiete der damaligen Kultur umfassende Schrift von Jean Réville: La réligion à Rome sous les Sévères. Paris 1885.

[2]) Gaius Inst. I 1: quod vero naturalis ratio inter omnes homines constituit . . . — Florentin. D. (1, 5) 4, 1: Servitus est constitutio iuris gentium, qua quis dominio alieno contra naturam subicitur. Paulus D. (1, 1) 11: cum id quod semper aequum ac bonum est ius dicitur, ut est ius naturale. Ulpian D. eod. 1, 3: Ius naturale est quod natura omnia animalia docuit, und (50, 17) 32: . . . quod ad ius naturale attinet, omnes homines aequales sunt.

[3]) Papinian, fraglich, welcher Abstammung, ob Verwandter der Julia (Spartian. Carac. 8), oder Afrikaner von Geburt (Kalb, Roms Juristen S. 111 ff.); Paulus und Ulpian beides Orientalen. — Vgl. die interessante Charakterschilderung der Julia und ihrer Umgebung bei Réville S. 190 ff., 201 ff. —

rechtsphilosophische und juristische Gebiet beeinflusste, konnte sich der Ausbau der Naturalobligation, insbesondere der Sklavenobligation vollziehen. Hierbei ist es dann nicht verwunderlich, dass eine der civilis obligatio sich immer mehr annähernde Tendenz bemerkbar wurde, die oft auch die gegebenen Grenzen beider Rechtsgebilde ohne Not verwischte.[1])

## § 8. Systematisches.

Bekker in seinem häufig zitierten Artikel im IX. Bande der Zeitschrift für Rechtsgeschichte,[2]) in welchem er über das Verhältnis von actio und obligatio handelt, meint, dass für das Verständnis der Naturalobligationen zwei ineinander greifende Schwierigkeiten bestehen blieben; einmal wüssten wir nicht, warum diese unvollkommenen Obligationen „naturales" hiessen, zweitens wo das Gebiet derselben abschneide. — Die erste Schwierigkeit kann wohl als beseitigt gelten; mehr Aufklärung wird sich über sprachliche Bezeichnungen und Vorgänge nicht erreichen lassen.[3]) Dagegen ist die zweite das System betreffende Schwierigkeit auch heute noch unerledigt.

Man hat auch hier zur Beherrschung dieses ungeordneten Stoffes, so wie er in den römischen Quellen vorlag, das System zu Hilfe gerufen und folgende Einteilungen gemacht:[4])

---

[1]) S. oben bei Paulus und Ulpian: die Naturalobligation als mögliche Grundlage für constitutum und compensatio.

[2]) S. 366 ff. —

[3]) Bekker selbst l. c. S. 401 A. 6 berührt doch das erhebliche Gebiet. Für die Erklärung des Namens gefalle ihm am besten noch immer die Hypothese, welche in den Naturalobligationen diejenigen Rechtsverhältnisse sehe, die bei Sklaven vorkommen konnten; iure naturali seien die Sklaven etwas anderes als res, und danach sei das, was aus der Betätigung dieser natürlichen Quasipersönlichkeit hervorgehe, insoweit es überhaupt obligationsähnlich sei, obligatio naturalis. —

[4]) Schwanert §§ 15. 16. 17. 18. — Salkowski Inst. § 133. II. A. — Kuntze Cursus § 643. — v. Czyhlarz Inst. S. 159. — Bekker in Jahrb. des gem. Rechts Bd. IV No. 13. — Brinz, Krit. Bl. III, S. 41 ff. — Scheurl, Krit. Vierteljahr. VI, S. 520.

A. Obligationen, die von vornherein als klaglose entstehen. Hierher gehören:

1. Obligationen der Sklaven, und zwar aus Rechtsgeschäften zwischen Sklaven und Fremden, wie zwischen Herrn und Sklaven.

Richtig ist, diesen Fall vornweg zu stellen; er bildet in den Quellen bis zu Justinian den Grundstock der naturales obligationes, an den sich die anderen Gebilde, weder ihrem Prototyp noch unter sich durchaus gleich, nur angesetzt haben. Die meisten Rechtswirkungen der Naturalobligation werden von den römischen Juristen gern und häufig an dem Beispiel der obligatio servi erörtert.

2. Obligatio pupilli sine tutoris auctoritate. — Es ist dies offensichtlich der nächste grössere Ansatz, schon in Rücksicht auf die weitläufigen Erörterungen, welche die römischen Juristen diesem Fall im Anschluss an den ersten angedeihen lassen. War der Fall zu 1 als Naturalobligation einmal erkannt und anerkannt, so lag die Bewertung dieses Verhältnisses in gleichem Sinne nahe: trotz der Verschiedenheit der persönlichen Rechtslage, die sich in der Frage der Veräusserungsfähigkeit offenbarte, konnte unter bestimmten Umständen auch der vom Pupillen vorgenommene Erfüllungsakt zu einem sachenrechtlichen Ergebnis, und somit das obligatorische Verhältnis selbst zu einer solutio geführt werden.

3. Obligationen zwischen Personen, die durch familienrechtliche Gewalt miteinander verbunden sind, und zwar wieder aus Rechtsgeschäften zwischen Gewalthaber und Gewaltunterworfenen oder zwischen zwei derselben patria potestas Unterworfenen.

Diese Gruppe hat — wohl infolge der immer mehr sich erweiternden vermögensrechtlichen Selbständigkeit der Haussöhne — eine besondere Ausbildung und Vertiefung durch die Pandektenjuristen nicht erhalten.

4. Darlehensverbindlichkeit des Haussohnes contra SC. Macedonianum. Dieser Fall ver-

dankt seine Zugehörigkeit zu den Naturalobligationen der Jurisprudenz. Sie hielt auf Grund einer dem wirtschaftlichen Zwecke entsprechenden Interpretation der Gesetzesworte eine Versagung der actio gegen den Darleiher für ausreichend; hierdurch entstand ein Gebilde, das den unter 1—3 angeführten ähnlich erschien, worauf die Zusammenfassung unter der gemeinsamen Bezeichnung naturalis obligatio erfolgen konnte.

Mit diesen vier Fällen vollendet sich nach den vorliegenden Quellen die erste Gruppe der Naturalobligationen; es ist nicht statthaft, auf Grund einiger nur ganz spezielle Bestimmungen enthaltender Quellenstellen[1]) noch eine fünfte allgemeine Rubrik hinzuzufügen, die naturalis obligatio ex nudo pacto. Es handelt sich — wie wir sahen — um Singularitäten des Kaiserrechts aus dem 3. Jahrhundert, nach welchen in einem nudum pactum versprochene Zinsen gezahlt oder durch Pfandverkauf gedeckt werden können, ohne der Rückforderung ausgesetzt zu sein. Diese Spezialbestimmung mag ihren Grund haben in dem damals bereits als eine Unbequemlichkeit empfundenen Erfordernisse, klagbare Zinsen in einer besonderen stipulatio festzusetzen, wie in der ebenfalls in jener Zeit schon eingetretenen Degeneration in der Wortformel der stipulatio, die sich von einem nudum pactum nicht mehr allzusehr unterschied. Von hier aus aber zu dem allgemeinen Satze, dass natürliche Verbindlichkeiten überhaupt durch formlose Versprechen (nuda pacta) entstanden, führt keine aus dem vorliegenden Quellenmaterial herzustellende Brücke.[2])

---

[1]) Vgl. oben S. 59f. — D. (46, 3) 5. 2 und (13, 7) 11, 3. — C. (4, 32) 3. 4. —

[2]) Vgl. ausser den oben S. 60 A. 2 gegebenen Zitaten die bei Windscheid-Kipp II § 289 A. 1 angeführten. — Von der Mitte des vorigen Jahrhunderts an mehren sich fortdauernd die Stimmen gegen die allgemeine Annahme einer naturalis obligatio ex nudo pacto, entgegen der Autorität Savignys Obl. R. I 53ff. — Zuletzt Hellmann in Zeitschr. der Sav.-Stiftg. XII 325. 356ff., der besonderes Gewicht wegen Bejahung einer Naturalobligation auf D. (23, 4) 22 und (24, 1) 28, 7 legt, ebenfalls nur Spezialbestimmungen, die von dem

Die zweite Gruppe von Naturalobligationen fasst man zusammen unter dem gemeinsamen Merkmal:

B. Obligationen, denen durch einen nachfolgenden Vorgang die ursprüngliche Klagbarkeit entzogen worden ist. Dieser rechtliche Zustand ist insofern möglich, als der obligatio die freilich intensivste Rechtswirkung, das „actione teneri" genommen wird, ihr aber sonstige bemerkbare Rechtsfolgen gelassen werden.[1]) — Hierunter gehören folgende Fälle:

1. Capitis deminutio minima (arrogatio, adoptio, emancipatio). Nur diese kommt hier in Betracht, nicht die capitis deminutio media und maxima, die beide intensivere Wirkungen haben, da tota obligatio extincta erscheint.[2]) Die schwächere Wirkung der c. d. minima wird ausdrücklich von Ulpian[3]) hervorgehoben; das Bestehenbleiben einer

---

Dotalrechte und den Sätzen über die donatio intra virum et uxorem beeinflusst werden. — Den richtigen Standpunkt vertreten die Ausführungen Kuntzes Exkurse § 643 S. 542f., der meint, dass wohl kaum ein unrömischerer Gedanke als die Annahme einer Naturalobligation in dem angegebenen Falle erfunden werden konnte, und der auf folgende Stellen hinweist: auf den Ausspruch des Pomponius D. (15, 1) 49, 2, der für die Entstehung von Naturalobligationen das Vorhandensein einer causa civilis verlangt, wozu das pactum nudum nicht gehöre; auf Ulpians Ausspruch D. (2, 14) 7, 4, dass nuda pactio obligationem non parit [die event. Erzeugung einer exceptio liegt auf anderem Gebiete]; schliesslich auf Ulpians Entscheidung in D. (45, 1) 1, 2 betreffend die völlige obligatorische, nicht einmal eine naturale Verbindlichkeit erzeugende Unwirksamkeit einer durch Zunicken des Schuldners abgeschlossenen Stipulation [oben S. 61 behandelt]. — Vgl. auch Dernburg Pand. II § 5 A. 13. — Salkowski § 133 II. A. c. mit Fragezeichen. —

[1]) Bekker Zeitschr. f. Rgesch. IX 385f., 400; — Aktionen I 6f. —

[2]) Julian [Papin.] D. (46, 1) 47 pr. Modestin D. (38, 10) 4, 11. — Inst. (1, 16) 6. — Ulpian D. (46, 2) 14, 1. — Freilich in gewissem Gegensatze zu dem Julianischen Ausspruch: Gaius D. (2, 8) 5 pr., Pompon. D. (45, 2) 19, Severus und Antoninus C. (8, 41) 1, die übereinstimmend das Bestehenbleiben der fideiussio trotz erfolgter c. d. media hervorheben. — Schwanert S. 424 weist auf den positivrechtlichen Charakter der c. d. media hin. Es sind das exzeptionelle Bestimmungen, die mehr ins Bürgschaftsrecht gehören. Ähnliches im modernen Recht: K. O. § 193. —

[3]) Vgl. oben S. 58.

naturalis obligatio war systematisch möglich und durch dieselben praktischen Bedürfnisse erfordert, die den Prätor weiter zur Restitution der untergegangenen actiones zugunsten Dritter durch besonderes Edikt veranlassten.[1])

2. Prozessuale Vorgänge.

a) Zuerst die obligatio post litis contestationem. Sie wird als naturale von Papinian und Ulpian bezeichnet; Einzelsätze, welche diesem allgemeinen Charakter entsprechen, gibt Paulus. Dieser Fall einer Naturalobligation ist lediglich ein Ausfluss der in der klassischen Periode durchgängig vertretenen Auffassung, dass ein Prozess nur durch den übereinstimmenden Willen der kämpfenden Parteien zustande kommt. Diese so anerkannte Vertragsnatur der litis contestatio mit naheliegenden Beziehungen zur novatio[2]) auf der einen Seite, das durch praktische Rücksichten hervorgerufene Bestreben nach möglichster Beschränkung der Konsumtion auf der anderen Seite haben offenbar die von Papinian und Paulus vertretene Auffassung hervorgerufen, die als ein Kompromiss zwischen beiden gegensätzlichen Erwägungen erscheint: mit dem Verluste der actio erschien die zerstörende Wirkung der litis contestatio genugsam verordnet; im übrigen lag nach sonstigen Grundsätzen der Rechtsordnung kein Hindernis vor, die der actio entkleidete obligatio noch als erfüllbar und als Grundlage für eine Sicherungsobligation anzuerkennen. — Nur eine Folge dieses Standpunktes ist es, dass

b) die Prozessverjährung nach älterem Rechte ebenfalls eine naturalis obligatio übrig lässt. Venuleius[3]) hebt diesen Fall ausdrücklich hervor. Wurde das naturale Element der Obligation schon nicht durch die litis

---

[1]) D. (4, 5) 2, 1; (14, 5) 2 pr.

[2]) Vgl. z. B. D. (46, 2) 11, 1. 29, 31, 1. — (26, 7) 22. — (25, 8) 18. — (26, 9) 5 pr. — Vat. fragm. 263. — Cod. (7,54) 3 pr.

[3]) D. (46, 8) 8, 1. — Vgl. oben S. 30. — Den Fortbestand des pignus post litem tempore amissam bezeugt nach Paulus D. (9, 2) 30, 1.

contestatio berührt, so können ihr offenbar auch andere prozessuale Vorgänge nichts mehr anhaben.

Und ebenfalls nur eine weitere Folge, dass

c) die absolutio des verus debitor dessen natürliche Verbindlichkeit zur Erfüllung unberührt lässt. — Julian und Paulus sprechen diese Auffassung mehrfach aus. Als besondere Unterscheidung dieses Falles von denjenigen zu a) und b) ist der Mangel einer Sicherungsmöglichkeit dieser „eigentümlich begrenzten naturalis obligatio“[1]) durch fideiussio oder pignus hervorzuheben; es wirkten hier Erwägungen ein, denen Rücksichten auf die auctoritatis rei iudicatae zugrunde lagen. Nicht alle Fälle von Naturalobligationen sind in ihrer rechtlichen Struktur und Wirkung gleich: grösstenteils verdanken sie ihre Existenz einem Kompromiss, die ihnen nur auf die Weise gewährt werden kann, dass gewisse Grundsätze des Rechtssystems unverletzlich bleiben müssen.

3. Spezielle Anwendung des edictum „quod quisque iuris“. — Es kann zum Verluste der actio zur Strafe des Gläubigers führen. Die Annahme einer naturalis obligatio in diesem Falle, vertreten von Julian und Ulpian und wohl auch von Pomponius,[2]) geschah durch die interpretierende Jurisprudenz, und zwar auch hier im Wege der Übertragung durch Ideenassoziation. — —

Hiermit sind die nach dem vorliegenden Quellenmaterial beglaubigten Fälle von Naturalobligationen in der römischen Rechtsentwicklung bis auf Justinian erschöpft. Sonstige nur mittelbar aus einzelnen Quellenstellen gefolgerte Fälle sind Erzeugnisse der gemeinrechtlichen Doktrin und mehrfach nur moderne Gedankenarbeit.[3])

---

[1]) Schwanert S. 451.

[2]) Vgl. oben S. 21, 23, 61.

[3]) Das gilt namentlich von der Auffassung, dass die Wirkung der Klagenverjährung eine Naturalobligation übrig lasse. — Darüber im gemeinrechtlichen Teile genauer: vgl. § 14 II.

Diese Zusammenstellung der einzelnen Fälle gewährt unserem systematischen Gefühl kaum Befriedigung: die einzelnen „Obligationen“ weisen doch in ihrer Entstehung wie in ihrer Wirkung rechte Verschiedenheiten auf. Aber ihre Zusammengehörigkeit unter irgendeinem übergeordneten Begriff verrät sich bald durch das allen eigentümliche, daher wesentliche Merkmal, dass alle erwähnten obligationes naturales — wie die civiles — erfüllbar sind, also eine richtige causa solvendi bei der Leistung abgeben. Durch dieses Merkmal sind wir auch bald geneigt, sie als obligationes oder debita gelten zu lassen; doch scheinbar hindernd tritt diesem Bestreben ihr negatives Merkmal entgegen, der Mangel der actio. Hier gewährt uns die Zusammenstellung der Einzelfälle schon den Vorteil der Erkenntnis, dass dieser Mangel nach römischer Rechtsentwicklung zum überwiegenden Teile in den persönlichen Verhältnissen der Obligationssubjekte begründet ist.

Dass eine derartige Halbheit, die in der Versagung der actio liegt, bezüglich ihrer dogmatischen und systematischen Bewertung den römischen Juristen erhebliche Schwierigkeiten gemacht hat, war an mancher Stelle der historischen Übersicht festzustellen. Scheurl hat gelegentlich seiner Kritik der Savignyschen Ausführungen[1]) darauf hingewiesen, dass bei den Naturalobligationen nicht an ein historisches Verhältnis, ein wirkliches Entstehen und Abstammen aus dem in einer bestimmten Zeit geltend gewesenen ius gentium, sondern nur an ein Zurückführen auf die naturalis ratio zu denken sei, das sich in den Gedanken der römischen Juristen vollzogen habe. Deswegen war es erforderlich, die Reihe der römischen Juristen, die zu diesem Thema das Wort ergriffen haben, chronologisch durchzugehen, um so den Erfolg und die Produkte der Geistestätigkeit innerhalb der römischen Jurisprudenz zu zeigen. — Indessen ist auch hier diese Tätigkeit der Jurisprudenz wenig

---

[1]) Heidelb. Krit. Zeitschr. I 501 f.

ursprünglich und selbstschöpferisch gewesen, eine Bewertung, die freilich keinen Tadel, sondern nur die Anerkennung einer empfehlenswerten Reserve enthält, insofern es mehr die Aufgabe der Rechtswissenschaft und Gesetzgebung ist, den bereits vorhandenen Verkehrsübungen rechtliche Formen zu gewähren, als Gestaltungen des Verkehrs ursprünglich zu schaffen. In vorzüglicher, diesen Gang der Rechtsentwicklung immer von neuem betonender Ausführung weist Bekker[1]) darauf hin, dass die Naturalobligation darum zahlbar geworden sind, weil zuerst der Verkehr dies so angenommen hatte, und die Organe der Rechtspflege und Rechtsentwicklung dem schrittweis folgten; bei den Obligationen der Sklaven sei dies am anschaulichsten, und es würde wenig überraschend sein, wenn sich zeigen liesse, dass der Begriff der klaglosen Naturalobligationen eben bei den Sklavenobligationen entstanden wäre. — Hieran ist seit der Abhandlung von Gradenwitz nicht mehr zu zweifeln; sie hat in der vorstehenden historischen Übersicht nach mancher Seite hin sowohl rechtshistorisch wie dogmatisch ihre Bestätigung gefunden.

Die Qualifizierung derjenigen Obligationen, die von vornherein als klaglose entstehen, als „naturales" war das erste Entwicklungsstadium. Aber auch hier schon trat die erste Hemmung ein; es ging nicht an, ihnen die volle Wirksamkeit der Obligationen zu gewähren: jede Möglichkeit war von vornherein ausgeschlossen, weil das römische Rechtsbewusstsein an der Unverletzlichkeit solcher Grundsätze, welche die gerichtliche Belangbarkeit von Sklaven, Gewaltunterworfenen, Pupillen unter bestimmten Verhältnissen ausschlossen, unbedingt festhielt. Den Obligationen solcher Personen aber Erfüllbarkeit zu gewähren, hinderte kein Grundsatz des römischen Rechtssystems.

---

[1]) Jahrbuch des gem. Rechts IV S. 386f., 397. Interessant auch Bekkers Hinweis auf einen vermutlich im justinianischen Recht noch nicht ausgewachsenen Anspruch, der die volle Anerkennung, die ihm das Gemein-

Als sekundäre Gebilde von Naturalobligationen schlossen sich diejenigen Obligationen an, denen durch einen nachfolgenden Vorgang die ursprüngliche Klagbarkeit entzogen worden ist. Man hatte bereits die an sich mögliche „Auseinanderfaltung“[1]) der Begriffe obligatio und actio erkannt, und wo es zweckdienlich erschien, wurde die Verminderung der Wirkungen nicht weiter geführt als bis zum Verluste der actio. Hiermit waren die rechtlichen Notwendigkeiten, die diesen Verlust erforderten, genugsam erfüllt; sonst übrig bleibende Wirkungen des obligatiorischen Verhältnisses konnten unberührt bleiben.

Ist so der Entstehungsgrund bei den verschiedenen Fällen der Naturalobligationen verschieden, so kann es nicht wundernehmen, dass sie auch mehrfach in den ihnen verbliebenen Rechtswirkungen divergieren. Doch immer von neuem ist auf das einigende Merkmal hinzuweisen: ihre freiwillige Zahlung ist unantastbar, und ein Irrtum, der ihre Tilgung oder Bekräftigung veranlasst hat, gibt kein Recht, die Zahlung mit der condictio indebiti oder einer Einrede anzufechten.[2]) — Die im übrigen hervortretenden Verschiedenheiten in den positiven Wirkungen der einzelnen Naturalobligationen erklären sich durch die besonderen praktischen oder dogmatischen Bedürfnisse, die im einzelnen Falle zu befriedigen waren; verschiedene zeitliche Anerkennung, verschiedene wirtschaftliche Verhältnisse, auf Grund deren jene Anerkennung erwuchs, brachten diese Mannigfaltigkeit hervor. So stellte auch Bekker in der eben erwähnten Abhandlung als einen der wichtigsten Sätze den hin:

„Nicht allen mit dem Namen naturalis obligatio zu belegenden Verhältnissen kommt gleiche Wirksamkeit zu“,

ein Satz, der dann durch Schwanerts Monographie um-

---

recht später gewährt hat, zweifellos dort noch nicht gefunden hatte: der Anspruch auf eine obligationsmässige Leistung ex nudo pacto [S. 395].

[1]) Schwanert S. 482.

[2]) Leonhard, Instit. S. 457.

fassende Bestätigung gefunden hat, und seitdem zum eisernen Bestande der Lehre von den Naturalobligationen gehört.[1])

Eigentümlich und noch näherer Aufklärung bedürftig aber bleibt das Zaudern, die Inkonsequenz der Rechtsordnung, die jenen obligatorischen Verhältnissen die gerichtliche Geltendmachung versagt. Gleiche Erscheinungen aber treten ebenso im modernen Rechte auf. Es ist daher angebracht, diese Aufklärung bis nach der Erörterung der Naturalobligationen im heutigen Rechte zu vertagen.

---

[1]) Vgl. auch Keller im Jahrb. des gem. R. Bd. IV S. 372, 380f.

## II. Teil.

# Gemeines Recht.

### § 9. Die Glosse.

Von den Zeiten der Glossatoren an wird den Naturalobligationen eine auffällige Aufmerksamkeit und eine eingehende Behandlung zuteil, so zwar, dass sie, manchmal allzu eifrig betrieben, zu unfruchtbaren Distinktionen und schwer auseinanderzuhaltenden Subtilitäten gelangt. Nichts aber wäre verfehlter, als wegen dieser Mängel die gemeinrechtliche Entwicklung, auch die ältere, zu ignorieren oder nur oberflächlich zu berühren; so wild und unregelmässig manchmal die Triebe, die auf dem Boden des Scholastizismus, einer systemlosen Praxis und der naturrechtlichen Philosophie erwuchsen, gewesen sind, das Wachstum des Ganzen, die Entwicklung einer juristisch verwertbaren Idee der Naturalobligationen, wurde doch gefördert. So gelangen wir auch auf diesem Gebiete bei Darstellung der gemeinrechtlichen Doktrin zu Höhepunkten der Entwicklung, von denen aus der Zustand des modernen Rechts leichter und übersichtlicher betrachtet werden kann;[1]) schliesslich verbürgt die so aufrecht erhaltene Kontinuität in der Entwicklung die Aussicht, unter Verwertung der zahlreichen in der gemeinrechtlichen Periode aufgestellten Theorieen über die Naturalobligationen zur Er-

[1]) Der Vorteil des „evidentiorem praestare intellectum“: Gaius D. (1, 2) 1 i. f. —

kenntnis eines brauchbaren Begriffes dieser Rechtsgebilde zu gelangen.

Seitdem das Pandektenrecht aus unserem juristischen Studienplane völlig verschwunden ist, ist weiter zu bedauern, dass ein grosser Teil vorzüglicher juristischer Literatur auf gemeinrechtlichem Gebiete allmählich einer unverdienten Vergessenheit anheimfällt. Um so mehr erscheint es fortan als die besondere Aufgabe monographischer den historischen Zusammenhang berücksichtigender Darstellungen, die bemerkenswerten Entwicklungsstadien des gemeinen Rechts hervorzuheben, und die erhebliche Literatur auch weiterhin nutzbar zu machen.[1])

Die eigentümliche Aufmerksamkeit, die in den verflossenen Jahrhunderten den Naturalobligationen zugewandt worden ist, erklärt sich nicht aus praktischen Bedürfnissen, da die Zahl der hier in Betracht kommenden Fälle gegenüber der Masse vollkommener Obligationen immerhin gering ist. Der Grund kann nur darin liegen, dass die Theorie der Naturalobligationen zunächst unmittelbar zum Begriffe der Obligation überhaupt, dann weiter zu dem des subjektiven Rechts und seinem eventuellen Merkmale des Zwanges, schliesslich zu den Grenzgebieten zwischen Ethik und Recht hinführt. Es waren und sind also hier vornehmlich dogmatische Bedürfnisse zu befriedigen. Dass hier die gemeinrechtliche Jurisprudenz manchmal nicht so erfolgreich, als man erwarten konnte, gewesen ist, lag sowohl in dem erst spät beseitigten Mangel der historischen Erkenntnis des römischen Rechts, wie in der gesetzlichen Geltungskraft des Justinianeischen Sammelwerks; durch letzteren Umstand vornehmlich wurde

---

[1]) Selbst Kohler, der in der Vorrede zu seinem Lehrbuche des Bürgerlichen Rechts (I. Halbband. 1904) für eine Behandlung des neuen Rechts auf selbständig modernem Boden eintritt, meint dort S. X: „Die dogmengeschichtliche Darstellung der Entwicklung, indem die verschiedenen Ansichten als mehr oder minder notwendige Äusserungen des menschlichen Geistes erscheinen, ist erst von ferner Perspektive möglich; sie für das gemeine Recht durchzuführen, ist eine dringende Aufgabe der Wissenschaft.“

sie dazu veranlasst, einzelnen mehr beiläufigen und allgemein gehaltenen Aussprüchen der römischen Juristen eine Wirksamkeit und Wichtigkeit beizulegen, die sie nicht einmal im römischen Recht selber gehabt haben. So hat auch hier das römische Recht durch den Verlust der äusseren Geltungskraft nichts eingebüsst, sondern an innerer Befruchtungskraft gewonnen.

Schwanert[1]) weist darauf hin, dass die Litterärgeschichte der Naturalobligationen nur die Geschichte ihrer Theorie sei, und diese Geschichte sei höchst einfach; im Grunde sei nämlich diese Theorie, an welcher alle Generationen mitgebaut und mitgezimmert hätten, von Accursius bis auf den heutigen Tag die nämliche geblieben. Sie gehe nicht sowohl von dem eigentümlichen Inhalte, dem Wesen dieser Obligationen aus, als vielmehr von dem Namen „naturalis". — Wenn Schwanert hiergegen in gewisser Hinsicht opponiert, so ist doch an diesem Ausgangspunkte nichts Tadelnswertes zu finden; jede Namengebung hat ihren näher oder weiter liegenden Grund, den festzustellen in jedem Falle auch für die Begriffsbestimmung wertvoll ist. Nicht dieser Ausgangspunkt ist angreifbar, sondern die bald einsetzende abwegige Entwicklung: man ging schon am ersten Wegweiser vorüber und unterliess es, das Beiwort „naturalis" auf seine Grundbedeutung und damit die Bezeichnung selbst auf ihre Entstehung zurückzuführen, indem man es vorzog, bald mit einer übertragenen Bedeutung von „naturalis" zu operieren und den Sinn des Beiworts mit einem zusammengesetzten Begriffe, in dem „naturalis" selber wieder in übertragener Bedeutung erschien, nämlich dem ius naturale in Beziehung zu bringen.

Auf diesen Abweg geriet schon die **Glosse.** Man liess sich — und das entschuldbarerweise — dadurch verwirren, dass die Bezeichnung „naturalis" — wie erwähnt — von den römischen Juristen auch mehrfach bei klagbaren Obligationen

[1]) S. 7.

(z. B. locatio conductio, condictio indebiti) gebraucht wird; es fehlte bei der am Worte einhakenden Interpretationsart der Glossatoren an der lexikalischen Grundlage wie an der systematischen Übersicht. Dadurch, dass man weiter das ius naturale mit dem ius gentium, und umgekehrt, identifizierte, wurden weitere Unklarheiten gezeitigt. Das tritt schon bei den ersten Versuchen, zu einer durchgreifenden Einteilung der Obligationen zu gelangen, zutage. Eigentümlicherweise wird die obligatio, sc. actualis zurückgeführt auf zwei radices: una naturalis, quae consensu nascitur, et inter omnes fieri potest, hinc naturalis dicitur, sed haec vim non habet exigendi, impedit tamen soluti repetitionem. Hinc quandoque accedit civilis etiam radix, quae illi naturali faciem dat, vel formam, vel vestem, ut possit parere actionem.[1]) — Diese Zurückführung auf zwei radices findet natürlich in den römischen Quellen keine Begründung, und es ist unrichtig, von der Ausnahme, der naturalis obligatio ohne vis exigendi, auszugehen und die grundsätzliche Gestaltung, die civilis obligatio mit der vestis actionis, nur beiläufig („quandoque") anzugliedern.[2]) — Immerhin ist die Vorstellung nicht so ganz von der Hand zu weisen: klingt sie doch an die Erweiterung des römischen Kontraktensystems durch die pacta an, und weist sie doch auf die vom Standpunkte der juristischen Technik als unumschränkt anzuerkennende Macht der Gesetzgebung hin, obligatorische Verhältnisse in ihren Rechtswirkungen mehr oder weniger intensiv ausgestalten zu können.

Anlass zu Erörterungen allgemeiner Natur gab ferner das bekannte Fragment von Hermogenian in D. (1,1) 5, in dem so ziemlich der ganze Lauf der Welt auf das ius gentium zurückgeführt wird, und zwar wird mit den glossieren-

---

[1]) Accursius ad tit. Inst. (3, 13) de obligationibus.

[2]) Sehr bedauernd Weber L. v. d. natürl. Verb. S. 125: „In dem finsteren Zeitalter der Glossatoren, wo die Jurisprudenz mit allen übrigen Wissenschaften (?) in der traurigsten Verfassung stand, war es verzeihlich, wenn man sich die Sache so vorstellte ..." —

den Bemerkungen bei dem Worte „obligationes“ eingesetzt; ebenso die Definition der Obligation in Inst. (3, 13) pr.[1]) — Zwar wird der Gegensatz von obligationes civiles und naturales als Einteilungsprinzip an die Spitze gestellt, offenbar infolge von Reminiszenzen an diese sonst häufig in den Digesten vorkommende Gegenüberstellung; aber dieser Gegensatz wird völlig verwischt. Die eigentümliche Lehre wird vorgetragen, dass normalerweise in jeder Obligation ein ziviles und naturales Element vorhanden sei, und erst durch Vereinigung beider Elemente die Obligation der Klagbarkeit teilhaftig werde; fehle z. B. das naturale Element, so dass eine obligatio civilis sola zurückbleibe, so mangele auch der effectus exigendi; das naturale Element allein aber hindere wohl die repetitio soluti, bringe aber auch keine Klage hervor. Gleichwohl wird als die Herkunft der actiones das ius civile angegeben. Um nun die normalerweise sich ergebende Klagbarkeit der Obligationen zu retten, werden die naturales

---

[1]) ad. D. (1, 1), 5: Obligationes]. Sed actiones sunt a iure civili. Item quaero, de qua obligatione dicit hic, quod est de iure gentium, cum duae tantum sint obligationes, s. civilis et naturalis. De civili non. Item de naturali non videtur. Sed dic de naturali: quia obligatio iuris gentium dicitur naturalis: et ex converso . . .

ad Inst. (3, 13) pr.: Obligatio]. „Videtur quod nulla obligatio definiatur. Nam civilis sola non habet effectum exigendi: ut patet in obligatione litterarum ante biennium. Item patet in omni obligatione civili et naturali simul. nam si pactum fieret de non petendo, tollitur naturalis et remanet civilis . . . et tamen non habet effectum istum. Item nec naturalis, quia nec per eam sit actio, licet impediatur repetitio.“ — Der letzte Satz ganz zutreffend, aber natürlich ist die Parallele mit der obligatio civilis sola dogmatisch verfehlt. Um aus der Schwierigkeit herauszukommen, wird der Knoten folgendermassen durchhauen:

Sed dic quod simul utraque definitur. Item si bona est definitio, ergo convertitur cum suo definito. Ubicumque ergo est iuris vinculum, est obligatio: et contra ubi non est tale iuris vinculum, non est obligatio, ergo nec fideiussor adhiberi potest: quod est falsum: quia naturali obligationi accedit. Sed dicas quod hic est deceptio. nam si dicas, non est obligatio s. civilis et naturalis, vera est. si dicas obligatio, s. nulla etiam naturalis, falsa est. et sic vis est in dictione, obligatio: ubicumque enim dico quod naturali obligatione quis tenetur, intelligo de iure gentium: quia convenit solis hominibus et omnibus —

obligationes den Obligationen aus dem ius gentium gleichgestellt, wieder in Erinnerung an einzelne Aussprüche römischer Juristen, in denen die überwiegende Zahl der Obligationen, insonderheit der Kontrakte, als aus dem ius gentium stammend angegeben wird.[1]) — Man wirft klagbare und klaglose Obligationen unentwirrbar durcheinander; hin und wieder wird der technische Begriff der naturalis obligatio, besonders durch Hinweis auf den Ausschluss der repetitio soluti, berührt, aber sofort wieder fallen gelassen durch Hinübergleiten zu den „klagbaren Naturalobligationen" ex iure gentium.

So entstehen Widersprüche genug. Unerklärt bleibt, warum gerade die actio als Rechtswirkung der obligatio aus dem ius civile stammen soll, die anderen Rechtswirkungen nicht;[2]) aber selbst dies zugestanden, bleibt weiter unerklärt, warum die obligatio civilis sola dieser doch angeblich aus dem ius civile stammenden Klagbarkeit nicht teilhaftig werde. Der Widerspruch, dass doch die Sklaven nach ius gentium nulli sind, aber gerade bei den naturales obligationes als Berechtigte oder Verpflichtete auftreten können, wird nur scheinbar beseitigt: dem ius gentium wird plötzlich ein anderer Sinn untergeschoben als „ius omnium hominum", zu denen auch die servi zu rechnen seien, und nach diesem umgemodelten ius gentium ist der servus kein nullus, sondern ein aliquis.[3])

Die prägnante Aussonderung der klaglosen Obligationen und die Feststellung des Gegensatzes zu den klagbaren ist

---

[1]) Nähere Erläuterung noch ad D. (50, 17) 84, 1: Is natura] i. e. naturaliter iure gentium obligatur quis civiliter et naturaliter in omnibus fere contractibus: ut supra de just. et jur. e. ex hoc. et ita hic intellegitur. Naturaliter autem quis tenetur de iure gentium nudo pacto: ut supra de pactis l. 1. in princ. At civiliter tantum per scripturam: ut instit. de lit. obl. Accursius.

[2]) Vgl. Schwanert S. 8.

[3]) ad. D. (1, 1) 5 [weitere Forts.]: Quomodo ergo servus obligatur de iure gentium, cum eo iure nullus sit? Respon. immo iure civili est nullus, et eo iure non obligatur: sed iure gentium est aliquis. Vel aliud est naturale quoad animalia omnia: aliud quoad omnes homines, etiam servos. et hoc etiam potest dici gentium: quod in idem recidit . . .

nicht gelungen; verhindert wurde sie im allgemeinen durch die Bezugnahme auf das ius gentium und dessen Gleichstellung mit dem ius naturale,[1]) im besonderen durch die unrichtige Auffassung einzelner Quellenstellen, die angeblich von einer Klagbarkeit natürlicher Verbindlichkeiten reden sollen.[2])

Durch die Bezugnahme auf das ius naturale als Ursprungsgebiet der Naturalobligationen war bei den allgemeinen Aussprüchen der römischen Juristen weiterhin die Gefahr gegeben, auch die notwendige Absonderung von bloss moralischen Verbindlichkeiten zu unterlassen. Diese Gefahr ist eingetreten, wenn auch einzelne Wendungen offensichtlich von dem Bestreben ausgehen, die erforderlichen Grenzlinien zu

---

[1]) ad Inst. (1, 2) pr.: ins naturale est quod natura] ... Et nota quia quatuor modis ius naturale ponitur. 1. Quandoque pro iure gentium ...

ad Dig. (12, 6) 26, 12 [Ulp.]: natura]. ... Vel dic melius, natura, id est iure gentium, quod natura dicitur: ut Inst. de rer. divis. § singulorum.

ad Dig. (8, 2) 8 [Gaius]: naturali]. Id est iure naturali, quod ius gentium appellatur.

ad Dig. (4, 4) 16, 4 [Ulp.]: naturaliter licere]. Id est de iure gentium.

ad Dig. (46, 3) 95, 4 [Pap.]: naturalis]. Id est de iure gentium.

[2]) Julians Ausspruch „Naturales obligationes non eo solo aestimantur". Man weiss schon hier mit dem überlieferten Texte dieser Stelle nichts anzufangen, und liest trotz des deutlichen „**eo**rum" in der Florentina: si actio **ea**rum nomine competit. Ad Dig. (46, 1) 16, 4: Innuit quod aliquando nascitur actio ex naturali obligatione sola. quod verum, quia ex nudo pacto.

Ganz deutlich ad Dig. (44, 7) 10: Naturalis obligatio cognoscitur non solum cum actio inde oritur, quod contingit cum nudo pacto conveni tibi dare decem ex causa donat., sed si actio non nascatur: si tamen solvatur, non potest repeti: quod contingit in pacto nudo excepta donat. et da exempla ut in glos. Franciscus Accursius. — Später doch eine gewisse Einschränkung und Richtigstellung mit deutlicher Bezugnahme auf die Klaglosigkeit und Erfüllbarkeit der Naturalobligationen, und damit den technischen Begriff gut berührend. Ad verb. „competit": ut [ex pacto donationis nascitur obligatio, licet ex pacto simpliciter actio non nascitur Bart.] ex pacto nudo donationis ... nec tamen tunc dico nasci ex naturali obligatione actionem, sed ob eam dari. Accursius. — Übrigens schon hier festzustellen, dass die Glossatoren unbestritten bereits das pactum nudum als einen Fall der technischen Naturalobligation ansehen, ihm aber ausdrücklich die Klagbarkeit absprechen, diese vielmehr nur dem pactum nudum donationis zugestehen.

ziehen: so z. B. wird ad Dig. (5, 3) 25, II[1]) das Ulpianische „obligare ad remunerandum", die „obligatio ad antidora", aus dem Gebiete des rechtlichen obligare verwiesen, da diese „Verpflichtung" nicht einmal erfüllbar ist, und gegenübergestellt der erfüllbaren Verpflichtung ex nudo pacto donationis. Diese Gegenüberstellung: „naturalis obligatio ex instinctu naturae procedens" und „naturalis obligatio efficacior" ist wertvoll, indem sie auf das Grenzgebiet zwischen Recht und Ethik deutlich hinweist; an anderen Stellen werden freilich die Grenzen wieder verwischt.[2])

Alles in allem: der bereits in den römischen Quellen vorliegende technische Begriff der Naturalobligationen wird von den Glossatoren zwar hin und wieder erkannt und namentlich bei der obligatio servi und des pupillus sine tutoris auctoritate, sowie unter neuer Hinzufügung einer allgemeinen obligatio ex nudo pacto verwandt; aber eine Herausarbeitung des Begriffes dem Grunde nach, als welcher nur der Gegensatz zu den klagbaren Obligationen in Betracht kommen kann, fehlt, ja jeder Versuch hierzu scheiterte von vornherein an der irrigen Bezugnahme auf das ius naturale s. ius gentium.

---

[1]) Haec [Zusatz in der Ausgabe von Godofredus: obligationis antidoralis seu naturalis causae physicae] naturalis obligatio ex puris et meris motibus animi cuiusque descendit. Omnis enim creatura movetur ab bene faciendum ei qui sibi benefacit: et talis obligatio ex instinctu naturae procedit: et non est illa talis donatio quae ex nudo pacto nascitur. nam illa est efficacior, utpote cum non sit donatio si id quod per pactum nudum naturaliter debetur, solvatur. Si autem quod instinctu naturae debetur, solvatur: donatio est sine dubio: quae nomen assumit remunerationis.

[2]) ad D. (1, 1) 5 l. f.: . . . Potest tamen dici quandam esse obligationem quae instinctu naturae provenit: ut in alendis liberis et procreandis: et obligatio ad antidora, quae non impedit repetitionem soluti per errorem semper. — Ähnlich ad D. (12, 6) 26, 12.

ad Inst. (4, 13) 3: . . . Nam et alias quis est obligatus naturaliter aliquid non facere: ut non facere furtum . . .

ad Inst. (1, 2) pr,: . . . Et nota quia quatuor modis ius naturale ponitur . . . 4. Quandoque pro instinctu naturae.

## § 10. Die französische und niederländische Schule.

Von den beiden grossen Vertretern der französischen Schule des 16. Jahrhunderts, Cujacius und Donellus, wird auch in unsere Lehre historische Einsicht und systematische Übersicht gebracht, namentlich von letzterem in den vorzüglichen, oft ganz modern gedachten Ausführungen in den ersten beiden Kapiteln des XII. Buchs seiner Commentarii de iure civili.

**Cujacius** benutzt die antike Gegenüberstellung von iuris vinculum und aequitatis vinculum, um vollkommene und unvollkommene Verbindlichkeiten zu unterscheiden und zu dem Schlusse zu kommen: non est proprie obligatio, cui non est adiuncta necessitas; naturalis obligatio est solius aequitatis vinculum, si velis dilatare, sine ullo (?) auxilio iuris civilis.[1]) Freilich kommt auch Cujacius noch nicht völlig aus der Anschauungsweise der Glossatoren von der Verbindung ziviler und naturaler Elemente in den Obligationen heraus; er unterscheidet so wieder zwei Arten von Naturalobligationen: quae per se solae subsistunt, et solo aequitatis vinculo — an anderer Stelle Op. VII 37 „solo iure gentium" — sustinentur, non civili vinculo, ferner quae civilibus obligationibus iunctae et coadunatae sunt, id est, quae iure civili sustinentur.[2]) — Als Beispiele der ersteren werden genannt: ut quibus pater filiofamilias, vel filiusfamilias patri tenetur obstrictus, vel frater fratri, qui in eiusdem patris potestate est, et servus domino, vel extraneo; als gemeinsames Kennzeichen wird in guter Formulierung angegeben: nec petitio est, nec repetitio solutionis ex causa naturalis obligationis (Il n'y a point de peto, ny de repeto.) —

Das Abgleiten zum ius gentium rächt sich namentlich wieder bei der obligatio servi, deren Erörterung unlösbare Wider-

---

1) ad Dig. (46, 3) 95, 4. — Op. IV 671. — Vgl. auch ad D. (1, 1) 5. — Op. VII 37.

2) Anlass zu dieser unfruchtbaren Unterscheidung gab wieder der leidige Text des Julianischen Fragasents, vgl. ad D. (46, 1) 16, 4. — Op. VI 367.

sprüche herbeiführt.[1]) Servitus est contra ius naturale: hinc fit ut servus naturaliter obligetur, non civiliter — was noch hingehen mag; aber „iure gentium non obligatur: est enim servitus constitutio iuris gentium" macht doch jede Möglichkeit, dass die Naturalobligationen aus dem ius gentium entstanden sein könnten, zu nichte. Doch diese Unstimmigkeiten, die auch bei ursprünglichen Geistern nur beweisen, welchen Einfluss die traditionellen Formen und Formeln der Wissenschaft ausüben, kommen kaum in Betracht gegenüber einer Bemerkung, die genugsam zeigt, mit wie durchdringendem Blick der grosse Historiker die Rechtsentwicklung betrachtet hat:

„Quae autem obligationes sunt institutae iure gentium, nec effectum habuerint statim, sed longe post certa lege aut scripto, vel ex pacto nudo certis casibus, hae potius adscribuntur iuri civili, quasi tum primum introductae sint, cum lege confirmatae sunt, et separantur ab aliis obligationibus, quae iure gentium et civili statim sumpserunt effectum."[2])

Auf diese Weise lässt sich die Entstehung sämtlicher aus dem ius gentium stammenden und später ausgebildeten Verkehrsobligationen des klassischen römischen Rechts überhaupt denken. Die einzelnen Typen wurden im Verkehr mit denjenigen Völkern, mit denen die Römer durch Nachbarschaft oder Handelsbeziehungen in Berührung kamen, kennen gelernt; im Verkehr dann lange Zeit tatsächlich geübt, genossen sie doch keinen rechtlichen Schutz; aber die normalerweise eintretende Erfüllung von seiten des Schuldners wird auch hier zu der ersten rechtlichen Sanktion geführt haben, dass der Gläubiger das Geleistete jedenfalls behalten konnte (Stadium der noch klaglosen Verbindlichkeit); diese Befugnis des Gläubigers gestaltete sich — wenn sonstige Grundsätze des Rechts nicht entgegenstanden — in natürlicher Entwicklung zu einem gerichtlich geltend zu machenden Forderungsrechte aus, indem nur dieser eine Punkt des Verhältnisses zwischen

---

[1]) ad Dig. (50, 17) 32 [Ulp.] — Op. VIII 642.

[2]) ad D. (1, 1) 5. Op. VII 37.

Gläubiger und Schuldner ohne Berücksichtigung sonstiger Beziehungen geregelt wurde (Stadium der klagbaren ausservertraglichen Verbindlichkeit); der Abschluss der Entwicklung ist die Ausgestaltung des ganzen Komplexes der obligatorischen Beziehungen zu einem Vertrage (Stadium der klagbaren vertraglichen Verbindlichkeit).[1]) —

Das hier interessierende erste Stadium zeigt die Rechtsordnung in jener Halbheit befangen, welche sich an den Erscheinungen dieser unvollkommenen Verbindlichkeit immer wahrnehmen lässt: nur teilweise Anerkennung der Verkehrsübung, aber auch nur teilweise Bewilligung eines bestimmten Rechtsschutzes. Alles kommt auf die schliessliche und völlige „confirmatio legis" an, von der Cujacius spricht.

Als einzelne Fälle von Naturalobligationen hebt Cujacius namentlich die obligatio ex nudo pacto und die obligatio pupilli hervor, letztere unter Hinweis auf die Schwierigkeiten einer einheitlichen Zusammenfassung der auseinanderstrebenden Quellenstellen.[2])

Cujacius' Zeitgenosse und Nebenbuhler **Donellus,** macht in der Darstellung dieser Lehre seinem Gegner den Rang streitig. Abgesehen von zwei wesentlichen Mängeln

---

[1]) Diese hier nur kurz skizzierte Entwicklung können wir im römischen Recht wohl am besten beim mutuum verfolgen. Anfänglich als Freundesdarlehen [pecunia gratuita im Gegensatz zum fenus per aes et libram] nur ein unjuristischer Gefälligkeitsvorgang wird das erste Stadium durch die von Rechts wegen anerkannte Erfüllungstätigkeit des Schuldners erreicht worden sein, wofür die auf ein Gegenseitigkeitsverhältnis hinweisende Bedeutung des Wortes „mutuum" zu verwerten ist, vgl. Bekker. Aktionen I 28f. Das zweite Stadium kennzeichnet sich durch die Gewährung der ausservertraglichen condictio certi (vgl. Karlowa, R. Rgesch. II 594f., Stintzing, Beitr. z. r. Rgesch No. 1); das dritte durch schliessliche Anerkennung als Vertrag, Realkontrakt [die res als nunmehrige causa civilis].

[2]) Vgl. ad Dig. (46, 3) 95, 4. Op. IV 671. ad Dig. (36, 2) 25, 1. — Op. IV 499f.: Sunt hac in re multae leges, quae pugnant invicem, et est summus omnium labor in eis adducendis in concordiam: fuit mihi olim maximus, et diu in desperatione fui, sed hodie liquido constat, quod posuimus in l. pupillus, de verb. obligat. pupillum mutuam pecuniam accipientem sine tutore, obligari naturaliter, si ex ea re fuerit factus locupletior . . .

— die Zusammenkoppelung der technischen Naturalobligationen mit anderen unwirksamen obligatorischen Verhältnissen, und die Zurückführung der ersteren auf ein zu allgemeines Element, die aequitas — erheben sich Donells Ausführungen zu einer Höhe, die durch keine Leistung der modernen Zeit übertroffen wird. — Der Gegensatz zur vollkommenen Obligation wird richtig gefunden: nulla actio, qua quis ad praestandum cogi possit; id quod debetur, tamen peti non potest.[1]) — Dieser Gegensatz, der sich in dem Mangel der hauptsächlichsten Wirkung der normalen Obligation offenbart, führt Donellus — ein ganz nahe liegender, aber häufig genug nicht aufgenommener Gedanke — sofort zu der Erwägung, ob auf diese Gebilde noch die Definition der obligatio als iuris vinculum mit dem ausdrücklich hervorgehobenen Merkmal des „necessitate adstringi" passe. Die Antwort, auf die noch mehrfach zurückzukommen sein wird, ist für die richtige Erfassung der Lehre von hervorragender Bedeutung:

„Sunt hae obligationes, ac non dicuntur tantum. Sunt et vincula, quibus adstringimur necessitate aliquid praestandi, qua parte etiam illis definitio congruit. Non habent plenam necessitatem praestationis adiunctam per omnia; quin illis deest praecipuum vinculum huius necessitatis, actio. Non eo minus tamen eas suo modo necessitatem hanc praestationis in se habere verum est. Nam et obligtio naturalis consequitur saepe adversus invitum, quod sibi debetur; alias per retentionem rei debitae, alias per compensationem, alias per fideiussores aut pignora, quae ei obligationi accesserint" ...[2])

Der springende Punkt ist klar erkannt: die Differenzierung der Obligationen bezüglich ihres Rechtsschutzes und ihrer

[1]) XII 1, 7. 8.

[2]) XII 1, 10. — Die Beziehung auf Paulus' Ausspruch in D. (50, 17) 84 „Is natura debet" hätte wegbleiben können. De naturali obligatione — meint Donellus von Paulus' Worten — hoc scriptum esse apparet. Das „dare oportere" verträgt sich doch nicht mit dem Mangel der actio. S. oben S. 46f.

Rechtswirkungen liegt in der Hand des Gesetzgebers; aber sie kann die Dogmatik nicht dazu führen, wegen Streichung wichtiger Rechtswirkungen auch die Existenz bindender Rechtsverhältnisse zu leugnen, auf ein plus oder minus der Rechtswirkung soll es nicht ankommen. Damit ist den Naturalobligationen — ich meine, für immer, solange die Grundsätze unseres jetzigen Rechtssystems aufrecht erhalten bleiben — die Stätte neben ihrer Schwesterklasse, den vollkommenen Obligationen, gesichert, woraus sich dann die erforderliche Aufführung des Begriffes in der allgemeinen Rechtslehre ergibt.

Die von Donellus vorgenommenen Einteilungen der Obligationen insgesamt befriedigt noch moderne systematische Bedürfnisse. Die erste Einteilung, die er vorschlägt, ist folgende:

Tria genera obligationum, nämlich:

a) naturalis,

b) civilis nuda (sc. iure praetorio per exceptionem inutilis)[1]) s. civilis sine re,

c) quae utramque continet civilis, s. civilis cum re (et effectu).

Bei c. bleibt auch Donellus, wie Cujacius in den Subtilitäten der Überlieferung stecken; mit feinem systematischen Verständnisse fühlt er es aber selbst heraus und gibt, „si cui divisionem subtilius", eine zweite Einteilung so:

I. obligatio perfecta: cui ad omnem praestationis necessitatem nihil deest;

II. obligatio imperfecta: cui ad plenam rei solvendae necessitatem aliquid deest, puta actio, aut efficacitas actionis. — Imperfecta duplex:

a) naturalis tantum,

b) civilis nuda.[2])

Die Verbindung der letzten beiden Obligationsarten und ihre Subsummierung unter einen übergeordneten Begriff

[1]) Vgl. XII 1, 7. —

[2]) XII 2, 2. —

bringt keinen Vorteil für die Dogmatik des materiellen Rechts; denn schon werden bei der obligatio civilis nuda Fragen des formellen Rechts berührt: der Beklagte leugnet mit Erhebung der exceptio nur das Bestehen des Klagegrundes. Folglich liegt nur ein Fall der Unwirksamkeit eines Rechtsgeschäfts vor, eine Frage, die in den allgemeinen Teil des Zivilrechts gehört, und die keinen Anlass bietet, bei den Obligationen noch besonders behandelt zu werden.

Der zweite bereits erwähnte Mangel, der uns bei Donellus entgegentritt, ist der fehlgeschlagene Versuch einer rechtsphilosophischen Begründung der Naturalobligationen. Er kommt nicht über das Papinianische „aequitatis vinculum“ hinaus das als Gegensatz zum iuris vinculum doch noch ausreichenden Sinn gibt. Aber die Verwässerung geht bei Donellus weiter, und gerade hier hat der Jurist auf die kleineren Geister der damaligen und späteren Zeit, die zu uferlosen Verallgemeinerungen gelangten, nicht günstig gewirkt.

Aequitas, aequum et bonum, natura, ius naturale und ius gentium werden in allgemeinster Bedeutung einander gleichgesetzt; die necessitas, die auch bei der Naturalobligation vorhanden sei, besteht nach Donellus darin: „si velit quis aequitati satisfacere, quod virum bonum decet, nec turpitudinem contrarii facti in se suscipere“.[1]) Damit ist natürlich nichts erklärt; denn im letzten Grunde sucht jedes Rechtsinstitut die Billigkeit zu verwirklichen. Gewöhnlich erscheint bei dogmatischen Begründungsversuchen dann immer der „deus ex machina der Billigkeit“ auf der Bühne, wenn die Linien des Rechts nicht einfach und gerade nach den Sätzen der Rechtslogik verlaufen, sondern durch die erforderliche Berücksichtigung auszugleichender Interessen oder hervortretender Verkehrsbedürfnisse gebrochen erscheinen.[2]) —

---

[1]) XII 2, 3. —

[2]) Bei der Lehre von den condictiones kann man gleiches beobachten. Vgl. Klingmüller, Begriff des Rechtsgrundes S. 106f. — Donellus selbst hält sich hier von der aequitas fern: XII 13; XIII 16. 17; XIV 24. — Jung, Bereicherungsanspr. S. 23 [dazu Krit. Vierteljahrschr. 1903, S. 527].

Verzeihlich immerhin für Donellus, auf den die allgemeinen Phrasen der römischen Juristen über ius, iustitia, aequitas usw., und zugleich auch die moralisierenden Tendenzen seiner Zeit offensichtlich eingewirkt haben.

Zu den übersichtlich zusammengestellten Fällen der Naturalobligationen rechnet Donellus unter dem Widerspruche von „viri doctissimi“, nämlich der Franzosen Baro[1]) und Connanus,[2]) auch die obligatio ex nudo pacto. Die Beweisführung beschränkt sich auf die Bezugnahme von D. (46, 3) 5, 2;[3]) der Ausspruch Ulpians in D. (2, 14) 7, 4 „Nuda pactio obligationem non parit, sed parit exceptionem“ wird durch den Scheingrund beseitigt, dass diese exceptio demjenigen, cui ex pacto dari debuit, zustände, und zwar zur Verhinderung der soluti repetitio.[4]) — Dagegen wird in ähnlicher, aber tiefer gehender Deduktion wie bei Cujacius der obligatio ad remunerandum der Charakter als naturalis obligatio abgesprochen, und zwar mit Hilfe von zwei prägnanten Sätzen: qui donat, non est hoc animo, ut accipientem sibi obligat; donat igitur, qui remuneratur et beneficium reddit.[5]) — Sehr wohltuend berührt hierbei die lexikalische Bemerkung über den Sinn von „naturalis“ in der Ulpianischen Wendung „naturaliter obligare ad remunerandum“: naturaliter eodem sensu, quo alibi dicitur ab eodem Ulpiano naturalis hominum facilitas ad dissentiendum.[6])

Anlass zu einer kritischen Bemerkung gibt noch Donells Hinweis auf die Rechtswirkungen der Naturalobligationen: „Et generaliter recte definiemnus, quicumque civilis obligationis iustae et ad exigendum efficacis effectus sunt, eosdem esse et naturalis obligationis, una actione demta.“[7])

---

[1]) ad D. (50, 16) 1, 3; ad Inst. (3, 14) pr. [ed. 1552 p. 252]; ad D. (2, 14) 7, 4. — [ed. 1562 p. 252 squ.].

[2]) Hilliger, Donell. enucleat. (1610) p. 957.

[3]) S. oben S. 59 f. —

[4]) XII 2, 6 u. 7.

[5]) XII 2, 10. —

[6]) l. c. —

[7]) XII 2, 16.

Es werden soluti retentio und compensatio in jedem Falle (semper) als Rechtswirkungen noch besonders aufgeführt.[1]) — So stehen aber die einzelnen Fälle der Naturalobligationen auch nach römischem Rechte nicht zu einander, in den verschiedenen Rechtswirkungen sind die einzelnen Fälle noch verschieden; aber diese Differenzierung wird erst erkannt und anerkannt seit dem Anfange des 19. Jahrhunderts.[2]) —

Die kleinen Geister der französischen Schule und ihrer niederländischen Nachblüte schlagen keine neuen Wege ein. Aber sie empfinden doch, wie sich die Zurückführung der naturales obligationes auf das ius gentium an der allgemeinen Klagbarkeit der aus dem letzteren Rechtsgebiete stammenden Obligationen stösst, und man sucht deswegen mit neuen Einteilungen zu Hilfe zu kommen. Man bildet Unterabteilungen bei denjenigen Obligationen, die sich von den civiles dem Ursprunge und der Wirkung noch am erkennbarsten abheben, gelangt aber auf diese Weise zu höchst künstlichen, oft kaum auseinanderzuhaltenden Unterscheidungen. Es seien nur zur Kennzeichnung der Richtung, welcher man verfiel, folgende Beispiele herausgegriffen.

**Bodinus**[3]) unterscheidet abgesehen von der obligatio civilis: obligatio naturalis et iuris gentium, obligatio tantum iuris gentium et non naturalis;

**Decius**[4]) **und Cagnolus**[5]):
obligatio iuris gentium primaevi und secundarii;

**Corasius**[6]) **und A. Faber**[7]):
obligatio naturalis(qua factum ipsum solum et promissionis

1) XII 2, 17.
2) S. unten S. 133. 135.
3) Distrib. iur. univ. p. 36. Ähnlich später Voet, Comment. ad Pand. Tom. II. tit. de oblig. § 3, wenn er von obligatio naturalis plena und obligatio naturalis tantum spricht.
4) comment. de pact. [ed. 1550] p. 135 squ.
5) ad. D. (50, 17) 22. — [ed. 1585 p. 174 squ.], Hilliger p. 956. —
6) VI misc. 22 n. 4. — [ed. 1612 p. 738].
7) Conjectur. lib. VIII c. 5. —

s. numerationis veritas spectetur) und obligatio iuris naturalis;

**Schulting**[1]) (bereits gegen Ende des 17. und Anfang des 18. Jahrhunderts) nach dem ius mere naturale s. gentium, mere civile und ex utroque concretum:

obligatio mere naturalis (robore actionis destituta),

obligatio mere civilis (saepe κατ' ἐξοχὴν obligatio appellatur, quippe quae actionem, qua nullus nobilior effectus, parit),

obligatio mixta (obligatio maximarum virium).

Gerade diese Einteilung hat den nachhaltigsten Einfluss auf die damalige und nachfolgende Literatur ausgeübt; sie blieb Jahrhunderte durch üblich und anerkannt.

Die Dreiteilung nimmt alsbald **J. O. Westenberg**, Schultings Landsmann und wie dieser Mitglied der Academia Lugduno-Batava,[2]) auf und gibt in seinen Dissertationes de causis obligationum[3]) eine gut zusammenfassende Darstellung der damaligen Lehre. Bemerkenswert — und zwar wegen noch weiterer Unterscheidungen, die sich hieran knüpften — sind die zur obligatio mere naturalis noch gegebenen Unterabteilungen: eaque subdividitur in Efficacem seu Pleniorem, et Inefficacem seu Minus plenam. Als Kennzeichen der letzteren: quae iuris civilis auxilio destituitur,[4]) als Kennzeichen der ersteren: quae

---

[1]) Diss. de nat. obl. I cap. 1 [Commentat. academ. tom. I p. 7f. —]. Zur Rechtfertigung erklärt Schulting superlativisch: Non totidem verbis, at re ipsa evidentissime haec divisio in iure Romano comparet. Die Quellenstellen daselbst in nota g. —

[2]) Im Stile der damaligen Rhetorik, Praefatio zu Opera omnia juridica Westenbergii [Hannoverae et Luneburgi 1746]: O te felicem quondam Academiam! cum Nodtii, Schultingii, Westenbergii, trium Atlantum humeris suffultum intra tua moenia cerneres Augustissimum Justitiae templum . . .

[3]) L. c. tom. I p. 57ff., bes. Diss. I cap. IV.

[4]) Als Beispiele in buntem Gemisch: obligatio ad αντίδορα, quae oritur ex testamento minus solemni, pupilli pubertati proximi, prodigi, mulieris contra SC. Vellejanum . . .

eosdem fere effectus habet, quos habet obligatio Mixta, sola excepta actione quam non producit.[1])

Auch in den Versuchen, den Erscheinungen der Naturalobligationen eine tiefere Begründung zu geben, kommt man nicht über die allgemeine aequitas hinaus: bei der Frage, ob eine naturalis obligatio vorliege, müsse man allein die naturalis aequitas im Auge haben, ob die Leistung des Schuldners der Billigkeit entspreche.[2]) — In schlimmer Weise wird hierbei der Begriff der aequitas aus dem juristischen Gebiet ganz ausdrücklich und unbedenklich herausgerückt;[3]) von einer rechtlichen Bindung mit irgendwelchen Rechtswirkungen ist keine Rede mehr, alles ist schliesslich dem individuellen Ermessen des einzelnen, seiner grösseren oder geringeren Bravheit anheimgestellt. Einzig und allein in der Frage der obligatio ad remunerandum werden die bisherigen Bahnen nicht verlassen und die rechtlichen Grenzlinien nicht überschritten; hier finden wir noch gute Abgrenzungen gegen bloss ethische Pflichten.[4])

## § 11. Die deutsche Schule.

Die Schule der deutschen Juristen, insbesondere der Praktiker war durch die allgemeine

---

[1]) Als einzig bemerkenswertes Beispiel: Talis maxime Obligatio est quae ex sola conventione seu nudo pacto nascitur.

[2]) Duarenus, de obl. et act. c. 2; de cond. indeb. c. 6f. 908. — Charondas verisim. I cap. 19, ad D. (15, 1) 95, 4 u. 11, 2. [ed. 1601 p. 96 sq.].

[3]) Duarenus ad D. (45, 1) 12, 7 [ed. 1607 p. 780]: Quum species aliqua proponitur, in qua quaeritur, an quis naturaliter obligatus sit necne? considerandum est, quid verisimiliter responsurus sit Aristoteles (!), aut Cicero (!), aut alius vir prudens et in philosophia eruditus, magis quam (!) quid legibus et iure civili constitutum est. — Schulting l. c. cap. 2, p. 9: Lex autem vinculum hoc introducens, cum non aliunde, quam ex nobismet ipsis hauriatur, sequitur, nec alio modo, quam mentem nostram recte consulendo, an talis existat obligatio, sciri posse.

[4]) Balduinus ad Inst. (1, 21) pr. n. 12: hanc obligationem non iure gentium niti, sed tantum ex naturali honestate proficisci, ac plane inefficacem esse sive ad retinendum sive ad petendum. Ebenso Duarenus l. c. — Connanus I comm. 6 n. 13.

Anknüpfung ihrer Tradition an die Glossatoren und Postglossatoren, wie durch die damals unerlässlichen Ausgleichungs- und Anpassungsversuche zwischen römischem und deutschem Recht weniger befähigt, in der Lehre von den Naturalobligationen bahnbrechend und aufklärend zu wirken.

Aber darauf hinzuweisen ist an dieser Stelle, dass bei den älteren Vertretern dieser lange nicht genug gewürdigten Schule, z. T. Männer von hervorragender theoretischer Begabung und gesundem praktischen Blick, jene unfruchtbaren Distinktionen der späteren Zeit nicht anzutreffen sind.

**Ulrich Zasius,** ursprünglicher historischer Forschung zugetan, knüpft zwar an die Bemerkungen der Glosse gelegentlich der Behandlung der obligatio ad remunerandum[1]) an, aber unterscheidet ohne Künstelei und selbständig zwischen der obligatio, quae in puris naturalibus manet ac ex simplici naturae instinctu proficiscitur ac communis etiam bestiis, und der obligatio adstrictior, quae plus vinculi habet ad civilia, uti quae ex nudis pactis oritur.[2])

Neben Zasius in diesem Zusammenhange zu nennen ist, obwohl er seinem Bildungsgange nach der französischen Schule zuzurechnen wäre, **Hubertus Giphanius,**[3]) dem gegenüber die Pflicht zu erfüllen ist, von der zu Anfang des gemeinrechtlichen Teiles gesprochen wurde: die hervorragenden Arbeiten der gemeinrechtlichen Literatur einer unverdienten Vergessenheit zu entreissen. Nur bleibt auffällig und verwunderlich, dass die Ausführungen dieses Juristen von besonderer intellektueller Begabung und mit wohltuender

---

[1]) ad D. (5, 3) 25, 11. S. oben S. 109.

[2]) ad D. (1, 1) 1 und 5 [ed. 1576 p. 2 und 3]. In Epistolae [ed. Riegger] p. 62, 320 warnt Z. vor dem blinden Nachbeten von den Lehren der Glosse und bes. des Bartolus und befürwortet für die echte Interpretation das Hinabsteigen zu den Quellen selbst.

[3]) 1534—1609, Professor in Altdorf und Ingolstadt, zuletzt Beisitzer des Reichshofrates in Prag. Auf Grund seiner philologischen Durchbildung als der deutsche Cujacius gefeiert. — Vgl. Stintzing, Gesch. d. Rwiss. Bd. I S. 405 ff. — Die hier zu behandelnden Lehren in Lecturae Altorphinae [Frankf. 1605], Comment. ad tit. Dig. de oblig. et action., insbes. zu l. 14 eod. — p. 569 ff.

extraktmässiger Schreibweise weder in der zeitgenössischen noch in der späteren Literatur verdientermassen beachtet und verwertet worden sind. Die Erklärung kann nur darin liegen, dass häufig nicht — wie anzunehmen wäre — das Einfache und Richtige, mit wissenschaftlicher Selbstbeschränkung dargestellt, dauernden Einfluss gewinnt, sondern ein aus Richtigem und Falschem hergestelltes kompliziertes Gemisch, das mit gehörigem Nachdruck vorgetragen wird. Man höre die einfachen und reinlichen, kaum ein Alter von drei Jahrhunderten verratenden Unterscheidungen von Giphanius.

Der natürliche und ohne weiteres gegebene Ausgangspunkt: Et primum quidem observandum est verbum ipsum, Naturalis obligationis.[1]) Giphanius findet das Wort in dreifacher Anwendung zur Bezeichnung von:

1. der obligatio naturalis im gewöhnlichen, d. h. juristisch-technischen Sinne (quae proprie et usitate in iure dicitur naturalis obligatio!), beruhend auf dem vinculum aequitatis, das sich zwar nicht in der actio, aber sonstigen multi effectus äussert;
2. der obligatio naturalis im philosophischen Sinne, die aber vom ius civile ignoriert wird;[2])
3. der obligatio naturalis in einem realen (tatsächlichen) Sinne, begründet durch naturale oder reale traditio s. datio.[3])

Man glaubt keinen Autor des 16. Jahrhunderts zu lesen, wenn man auf diese einfache, lexikalisch und juristisch absolut richtige Darstellungs- und Einteilungsweise trifft, die von keiner modernen bisher überholt worden ist. Diese Einfachheit war allerdings unverträglich mit den sonstigen, schon von den Glossatoren beliebten schnörkelhaften Distinktionen;

---

[1]) l. c. n. 9f.

[2]) Als Beispiele werden angeführt: die Verbindlichkeit zur Dankbarkeit dem Wohltäter, der Kinder znm Gehorsam den Eltern, des Schülers dem Lehrer gegenüber u. a. m. Sed „iure civili haec obligatio negligitur". — Und weiter [n. 28]: „sed hae obligationes naturales non videntur huc pertinere!"

[3]) Als Beispiel: die mutui obligatio, quia mutuum re, id est naturali numeratione fit [unter Cit. v. D. (45, 1) 126, 2 u. (36, 1) 61].

Grund genug, dass Giphanius die Dreiteilung in obligationes mere naturales, mere civiles und mixtae heftig angreift: sed (sc. glossographi) vehementer falluntur!

Einmal gibt es keine obligatio mere civilis: nam nulla est obligatio, quae non nitatur cognomento naturali, sive vero, sive praesumpto;[1]) ferner ist die Bezeichnung obligatio mixta nach römischer Rechtsanschauung inkorrekt: man hat einfach (simpliciter) zu sprechen von obligatio civilis oder praetoria, von der die naturalis zu unterscheiden ist.[2]) — Ebenso klar und prägnant ist Giphanius' Erörterung über die einzelnen Fälle und Wirkungen der Naturalobligationen; noch hervorzuheben ist an späterer geeigneter Stelle, wie tapfer Giphanius auch gegen die damals bereits herrschende Meinung kämpft, dass aus einem nudum pactum eine naturalis obligatio erwachse. —

Alle übrigen Vertreter dieser Richtung, die sich zu der Lehre von den Naturalobligationen äussern, komplizieren die bisher betonten einfachen Gegensätze und bekennen sich durchgängig — mit unerheblichen Modifikationen — zu der von Schulting begründeten Dreiteilung in obligationes naturales, civiles und mixtae. Zu nennen sind folgende Autoren:

**Vultejus,**[3]) der besonders die eigentümlichen Ursprungsgebiete dieser verschiedenen Obligationsarten berührt;

**M. Wesenbeck,**[4]) welcher die Auszeichnung einer eigentlichen obligatio nur der naturalis et civilis zuerkennen will;

**Schaumburg,**[5]) der wieder für die Verleihung der Klagbarkeit allein das ius civile zuständig sein lässt;

---

[1]) Ich schlage vor zu übersetzen: denn es gibt keine Obligation, die sich nicht auf eine naturale Bezeichnung [auf ein naturales, der Verkehrsübung entsprechendes Element] stützt, sei es auf ein wirklich vorhandenes oder vermutetes.

[2]) n. 28: . . . et in iure nunquam dicitur mixta obligatio. Oder in etwas anderer Richtung der Satz Savignys Obl. R. I 43: „Auf der Seite der sog. Obligationes mere civiles würde es unrichtig sein, sie so zu denken, als ob die Regeln des ius gentium darauf ohne Einfluss geblieben wären".

[3]) Iurispr. rom. § 1501, 1504.

[4]) Commentarius ad Pand., ad Dig. (44, 7) 6.

[5]) comp. iur. ad D. (44, 7) 3.

**J. H. Böhmer**[1]), der die obligatio tantum naturalis als iure civili non agnita hinstellt.

Je länger an dieser Dreiteilung festgehalten wurde, desto mehr mussten die obligationes naturales, die eine juristisch-systematische Verbindung mit den anderen vollkommenen Obligationsarten auf die Dauer doch nicht aushalten konnten, allmählich ganz auf das moralische Gebiet gedrängt werden. Es blieb, wenn anders man der Trichotomie überhaupt einen allgemeinen vernünftigen, auch über die Grenzen der Jurisprudenz hinausgehenden Sinn beilegen wollte, nichts anderes übrig, als die obligationes naturales glattweg als moralische Verbindlichkeiten aufzufassen, die entweder von der Rechtsordnung völlig ignoriert, oder doch wenigstens mit einer beschränkten Wirksamkeit versehen werden. Daher tritt allmählich neben der allgemeinen Dreiteilung der Obligationen überhaupt diese besondere Zweiteilung der obligationes naturales in den Vordergrund.

So teilt **Stryk**[2]) — ähnlich wie Westenberg — die obligationes naturales ein in plenae und minus plenae. Zur grösseren Verdeutlichung des unklaren Gegensatzes bemüht man sich aber, prägnantere Bezeichnungen für beide Arten einzuführen, ohne in der Sache selbst natürlich Besserung zu bringen. Die naturales obligationes sind nun entweder

plane destructae s. reprobatae oder haud reprobatae s. restrictae.[3])

---

[1]) Introduct. in ius digest. lib. 44. tit. 7. § 2 sequ. — Daneben noch Lauterbach, Coll. theor.-prakt. lib. 44 fit. 7; Stryk, us. mod. Pand. ad D. (44, 7) 5. u. Opera, tom. X disput. 22.

[2]) Usus modern. Pand. ad Dig. (44, 7) 5 u. Opera tom. X Disput. 22.

[3]) Vgl. Glück, Pand.[2] Bd. I S. 165f. Als ganz gut aufklärende Beispiele für die Dreiteilung der Obligation werden gegeben:

1. obligatio mere naturalis: Verbindlichkeit einer Frauensperson aus übernommener Bürgschaft; denn Verbindlichkeit nach dem Naturrecht, nicht aber nach den römischen Gesetzen.

2. obligatio mere civilis: Verbindlichkeit eines Depositars zum

Zur Kennzeichnung der letzteren Klasse und damit der Einteilung überhaupt wird hinzugefügt:

Obligatio, quae non quidem confirmata, nec tamen penitus sublata est;[1])

oder:

Obligatio naturalis non approbata, nec tamen reprobata, omni effectu haud destituitur, dum non quidem actionem, bene vero exceptionem et retentionem producit.[2])

Schon diese durch keine dogmatische Notwendigkeit geforderten und gezwungenen Einteilungsversuche verhinderten die richtige Untersuchung, wo das Ursprungsgebiet der Naturalobligationen liege, und wie ihnen demnach eine ausreichende rechtsphilosophische Begründung gegeben werden könne. Es blieb nach wie vor als einziges Auskunftsmittel die schon so oft missbrauchte aequitas übrig, ohne dass man natürlich juristisch ausreichende Aufklärung erhielt, da es nicht angeht oder mindestens zwecklos ist, die Tendenz des Rechts, i. e. aequitas, durch sich selbst zu erklären und zu begründen.[3])

Das waren die Endpunkte, zu denen man schliesslich gelangte; man glaubte, von hier aus mehrere Gebiete über-

---

doppelten Ersatze des veruntreuten depositum miserabile; das Naturrecht kennt diese Verbindlichkeit nicht.

3. obligatio mixta: Verbindlichkeit des Käufers zur Zahlung des bedungenen Kaufschillings und des Verkäufers zur Übergabe.

[1]) Hoepfner, Elem. iur. civ. Heinecc. emend. § 767.

[2]) Hellfeld, Iurisprud. forens. § 26.

[3]) Vgl. noch Hilliger a. a. O. zu Donells Begründung [oben S. 115 A. 1] ad Lib. XII cap. II n. B. p. 955: Haec ut simplicissima ita verissima videtur descriptio. Recteque mihi sentire semper visi sunt qui fundam huius obligationis solam aequitatem esse prodidere et cum quaeritur an naturalis sit obligatio nihil aliud spectandum quam naturalem aequitatem, an aequum sit praestari. — Ferner die Zitate bei Glück, Pand. I 194 A. 52. — Wie unbrauchbar der Begriff der aequitas: z. B. Kress, Diss. de aequitate (1731) cap. I § 18: Aequitas est habitus mentis vel doctrina, ubi secundum aequitatis regulas, ex rationis ratiociniis haustas, hoc vel illud interpretando, sive iuri supplendo sive demendo, ad imbecillitatem generis humani respiciendo, benigne diiudicamus.

blicken zu können, das ethische und das rechtliche, und so auch die Übergänge von dem einen ins andere.

Den Schaden trug das rechtliche Gebiet davon; der Standpunkt war zu weit gewählt, so dass besonders gestaltete Rechtsgebilde, wie die Naturalobligationen, nicht mehr deutlich erkannt werden konnten. Eine unklare Vorstellung zeitigte dann schemenhafte Gebilde hermaphroditischer Natur wie die von der „lex naturalis" und dem positiven Rechte erzeugten obligationes mixtae, mit denen weder Theorie noch Praxis etwas Erfolgreiches anfangen konnten. Der Grundirrtum war, dass man einen Obligationsbegriff ausserhalb des positiven Rechts dachte, und die Kompetenz der Rechtsordnung darauf beschränkte, jenem Begriffe eventuell seine — freilich hauptsächlichste — Wirkung, die actio, zuzuerteilen. Damit war auch der Gegensatz „Klagbarkeit — Klaglosigkeit" bei den Obligationen ausserhalb des rechtlichen Gebietes gestellt, und so tatsächlich auf einen toten Punkt gefahren. Von hier aus war eine förderliche Entwicklung nicht mehr möglich, da die einfachen Unterscheidungen der grossen Franzosen, Cujacius und Donellus, wie diejenigen tüchtiger deutscher Juristen, wie Giphanius, der komplizierten Denkweise und wortreichen Darstellungsweise der damaligen Zeit nicht mehr genügten.

Bei diesen Unklarheiten blieb auch weiterhin unerklärt, warum von den Wirkungen des obligatorischen Verhältnisses die Klage allein aus dem positiven Rechte stamme, alle sonstigen aber aus der lex naturalis. Unbeachtet blieb die Sinnwidrigkeit, dass man eine „obligatio", die anerkanntermassen vom Rechte mit keiner Rechtswirkung versehen war, die plane destructa s. reprobata, also damit ausdrücklich aus dem rechtlichen Gebiete ausgestossen war, gleichwohl mit anderen Obligationsarten von rechtlicher Wirkung zusammenkoppelte, und zwar in einer doch juristischen Zwecken dienenden Disposition.

Eine Reaktion gegen diese Lehren und eine Revision ihrer Ergebnisse war unausbleiblich.

## § 12. Übergänge.

Nur schrittweise geht die Besserung in der Doktrin vor sich; die erforderliche Begrenzung und reinliche Scheidung der „natürlichen Verbindlichkeiten" von den moralischen wird aber noch verhindert durch die unbedingte Herrschaft naturrechtlicher Theorien, die erklärlicherweise gerade hier besonderen Einfluss erlangen mussten.

Ein deutliches Zeugnis dafür, wie langsam die Erkenntnis rechtlicher Ideen fortschreitet, ist **A. D. Webers** Schrift „„Systematische Entwicklung der Lehre von der natürlichen Verbindlichkeit und deren gerichtlichen Wirkung", die vom Standpunkte der damaligen Wissenschaft ein tüchtiges Werk,[1]) doch nur im einzelnen die Lehre von den Naturalobligationen wirklich fördert. — Weber wendet sich zunächst gegen die traditionellen Einteilungen der älteren Doktrin und setzt mit seinem Angriffe am schwächsten Punkte ein: bei dem schemenhaften Begriffe der obligationes plane destructae s. reprobatae; es wird erkannt, dass hier überhaupt unwirksame Rechtsverhältnisse vorliegen, denen der Charakter von Obligationen ganz und gar abzusprechen ist, und die daher nicht verdienen, mit den übrigen Obligationsarten zusammengenannt zu werden.[2]) Damit wird die Systematik von einem wesenlosen und unwesentlichen Notbehelfe befreit. — Der zweite Vorteil der Weberschen Ausführungen, der zwar nicht primäre Erkenntnis, sondern auf Cujacius und Donellus zurückzuführen ist und wenigstens einige Grenzlinien zum ethischen

---

[1]) Bei Glück Pand. I 167 noch als „klassisches Werk" bezeichnet. Es erlebte — bei einer Monographie auffällig genug, bes. auch in Hinsicht auf moderne Verhältnisse — 5 Auflagen, die erste 1784—1787, die letzte 1825. — — Von nun an wird die Dogmengeschichte des 18. und 19. Jahrhunderts nur in ihren hervorragenden Punkten berührt werden, soweit es zum Verständnisse des Entwicklungsganges notwendig ist. Die Gründe für diese Beschränkung liegen einerseits darin, dass ein gut orientierender Überblick bei Schwanert S. 16—68 vorhanden ist, ferner in der Notwendigkeit, einzelne Gedanken bei der rechtsphilosophischen Begründung der Naturalobligationen näher zu behandeln.

[2]) Bes. § 48, S. 143 ff. —

Gebiete markiert, liegt in der Opposition gegen die Versuche verschiedener Juristen im ersten Teile des 18. Jahrhunderts, die „officia humanitatis", die Pflichten der blossen Menschenliebe entweder unter die obligationes reprobatae[1]) oder unter die haud reprobatae[2]) zu stellen; der Ausschluss der Rückforderungsbefugnis hinsichtlich der Erfüllung jener Pflichten wird unter Anrufung von Paulus,[3]) Donellus[4]) und Cocceji[5]) aus dem doch vorliegenden Rechtsgrunde der Schenkung erklärt. — Schliesslich ist drittens der Hinweis auf die Unrichtigkeit der Lehre dankenswert, dass die Einschränkung des gerichtlichen Effekts natürlicher Verbindlichkeiten lediglich durch den Wegfall der Klage bestimmt werde, alle übrigen Wirkungen aber fortdauernd blieben;[6]) allmählich richtet sich die Aufmerksamkeit doch auf die Differenzierung der einzelnen Fälle von Naturalobligationen.

Das positive Ergebnis, zu dem Weber gelangt, ist kein Fortschritt gegenüber der älteren Theorie; das Hindernis, das sich auch hier verhängnisvoll entgegenstellte, waren die naturrechtlichen Anschauungen der damaligen Zeit. Im Grunde hält Weber an der alten Dreiteilung von obligationes civiles, naturales und mixtae fest, und auch sein Obligationsbegriff liegt noch ausserhalb des positiven Rechts. Es ist die unjuristische Vorstellung einer „natürlichen Zwangsverbindlichkeit", sich gründend in dem „Rechte der gesunden Vernunft, in den Gesetzen, welche, wie der Apostel sagt, den Menschen ins Herz geschrieben sind, dergestalt dass sie auch ohne Vorschrift der bürgerlichen

---

[1]) Westenberg l. c. cap. IV § 9 sequ. — Hahn ad Wesenbecium, tit. de oblig. et act. n. V.

[2]) H. Grotius I. B. et Pac. lib. II cap. 14 n. 6. — Lauterbach, Compend. Pand. tit. de cond. indeb. pag. 200. — Hellfeld l. c. § 829.

[3]) D. (12, 6) 65, 2.

[4]) lib. XII cap. II § 10.

[5]) In Iure controv. lib. XII tit. 6 quaest. 5: non quia debitum naturale fuit? . . . sed quia nunc donatum, non ex causa praecedente, sed ex ipsa solutione, quae hic donatio est. Eingehend bei Weber §§ 98—102.

[6]) S. 153. 156. —

Gesetze vorhanden sein würde".[1]) Der „bürgerlichen" Verbindlichkeit, obligatio civilis, wird nur ein bescheidenes Plätzchen eingeräumt: sie findet nur erst nach gegebener Vorschrift oder positivem Rechte statt. Der „natürlichen Zwangsverbindlichkeit" als solcher aber wird a priori alle gerichtliche Wirkung zuerkannt, welche ihr nicht ausdrücklich genommen ist;[2]) und hierbei gibt es verschiedene Fälle, bei welchen der Gesetzgeber es ratsam gefunden habe, die Erfüllung der natürlichen Verbindlichkeit in gewisser Hinsicht mehr dem inneren Gefühl des Rechten und Anständigen zu überlassen, als einen äusseren Zwang desselben zu gestatten. Damit ist Weber endlich zu den Fällen der eigentlichen Naturalobligationen gelangt.[3]) Unnötige Umwege und Berührung nicht zugehöriger Gebiete, um schliesslich doch nur am Endpunkte der bisherigen Doktrin anzukommen: denn es ist allerdings nur tautologisch, ob man die Klaglosigkeit zurückführt auf einen Mangel der Anerkennung (wie bisher) oder durch ausdrückliche Entziehung der Klage (so Weber). Letztere Formulierung ist wohl nur gewählt, um die Selbstherrlichkeit des Naturrechts genügend zu wahren. — Im übrigen fehlt jede juristische Erkenntnis des Gegensatzes von Klagbarkeit und Klaglosigkeit. Denn einmal wird der Gegensatz einer natürlichen Zwangsverbindlichkeit und einer unerzwingbaren Gewissenspflicht schon als ausserhalb des positiven Rechts bestehend gedacht;[4]) ferner

---

[1]) S. 8 u. 9.

[2]) S. 200. — Dazu auch S. 128, wo von dem „lächerlichen Irrtum" gesprochen wird, „dass das Naturrecht zu seiner verbindenden Kraft der Bestätigung des bürgerlichen Gesetzgebers bedürfe"!

[3]) Näheres §§ 55ff.

[4]) So C. Christiansen, Zur Lehre von der naturalis obligatio und cond. indeb. (Kiel 1844), S. 4 und zutreffend weiter: [diesen Gegensatz zugegeben] „so kann das Verhältnis beider Arten der Verbindlichkeit zum positiven Recht nur dieses sein, dass die erstere hier entweder ebenfalls als Zwangsverbindlichkeit anerkannt, oder ihr diese Eingenschaft abgesprochen ist, und dass die letztere entweder zu einer Zwangsverbindlichkeit erhoben oder unerzwingbar gelassen ist. . . . .

werden die juristischen Wirkungen der eigentlichen naturalis obligatio, da diese positivrechtlich überhaupt nur negativ durch ausdrückliche Verweigerung der Klage berührt wird, auch auf ausserjuristische Verhältnisse zurückgeführt: nämlich auf den ausserhalb des positiven Rechts gegebenen Grund einer Zwangsverbindlichkeit.[1]) Da aber auch die naturrechtliche Theorie trotz aller rationalistischer Deduktionen nicht über die einfache und vernunftgemässe Tatsache hinwegtäuschen konnte, dass irgendwelche Zwangs- oder Gewissenspflichten — mag die norma agendi aus jedem nur denkbaren Gebiete menschlicher Betätigung stammen — stets einer besonderen Anerkennung von seiten des positiven Rechts bedürfen, um überhaupt rechtliche Wirksamkeit zu äussern, so verzichtet sie, und mit ihr Weber, auf eine juristische Erklärung der Naturalobligationen.

Den Spuren Webers folgt, ohne Neues zu bringen und daher mit kurzen Worten abzutun, **Reinhardt,**[2]) ebenfalls ein Bekenner des naturrechtlichen Dogmas. Nach wertlosen Erörterungen über das Verhältnis von ius naturale, gentium und civile wird folgendes unbrauchbare Schema aufgestellt:

Naturalis obligatio sensu latiori

est

aut aut

civilis naturalis sensu strictiori.[3])

durch welches die traditionelle Dreiteilung in obligationes mixtae, civiles und naturales nur verschleiert werden soll.

---

[1]) Christiansen S. 5.

[2]) Die Lehre des römischen Rechts von der Verbindlichkeit im allgemeinen, und von der natürl. Verbindlichkeit insbes. 1827 [3. Heft der Vermischten Aufsätze].

[3]) S. 30. — Die — unrichtigerweise Ulpian zugeschriebene — Paulusstelle D. (50, 17) 84, 1 wird auch durch die naturrechtliche Brille gelesen: wenngleich der Verbindliche nach positivem Recht zu Leistung des Abtrags nicht angehalten werden könne, liege dennoch in Beziehung auf den allgemeinen Rechtsbegriff und das allgemeine Rechtsgefühl eine innere (!) Nötigung vor.

Doch ist diese noch recht unverhüllt in einigen unbedeutenden Darstellungen der Lehre bis in das erste Drittel des 19. Jahrhunderts zu finden.[1])

## § 13. Die Theorien des 19. Jahrhunderts.

Die Überwindung des naturrechtlichen Rationalismus und die beginnende historische Erkenntnis der römischen Quellen gibt endlich auch der Lehre von der Naturalobligation die allein mögliche Richtung: nämlich Entstehung und Wesen dieser rechtlichen Gebilde allein auf rechtlichem Gebiete zu suchen. Diese natürliche Beschränkung und die mit grösserer Genauigkeit angestellte Detailforschung führen allmählich zur richtigen Erkenntnis des Begriffes, wenn auch noch öfters die Fehler der früheren Theorie mehr oder weniger stark nachwirken.

### I. Ius gentium-Theorie.

Die letzte Entscheidung über Grund und Begriff der Naturalobligationen wird trotz der erschöpfenden Bearbeitung des Quellenmaterials noch aufgeschoben, da die reichhaltige Literatur der damaligen Zeit zunächst eine Richtung einschlägt, welche die scharfe Erfassung des Gegensatzes zwischen Klagbarkeit und Klaglosigkeit noch nicht zulässt: man verbleibt zwar auf rechtlichem Gebiete, will aber den Ursprung der Naturalobligationen in einem besonderen Teile des römischen Rechtssystems erkennen, in dem ius gentium. Dieser Richtung folgen eine ganze Gruppe von Schriftstellern: Francke, Büchel, v. d. Pfordten, Erxleben, Sintenis, Savigny, Puchta, Arndts, Ryk.

Einer der ersten, der die Untersuchung frei von allem naturrechtlichen Dogmatismus auf eine realistische quellenmässige Grundlage stellt, ist **Francke** in seinen zivilistischen Abhandlungen.[2]) Er findet, dass im römischen Recht mit

---

[1]) Zu nennen sind: Lelièvre, De obligatione naturali ex sententia Romanorum 1827; Brinkmann, Wissenschaftlich praktische Rechtskunde. Bd. I No. 30 (1830).

[2]) Ersch. 1826. — Abhdlg. II S. 65ff: Anschliesssend an Francke: Fritz, Erläut. z. Wening-Ingenheim, II S. 7.

„naturalis obligatio“ drei verschiedene Begriffe bezeichnet werden, und zwar:

1. die klagbaren Obligationen, die im ius gentium[1]) ihren Ursprung haben;

2. blosse Liebespflichten, die sog. pietatis officia, zu deren Erfüllung das Recht keinen Zwang anwendet, aber mit der — freilich einzigen — rechtlichen Wirkung, dass die repetitio soluti zur Vermeidung der sonst in der Rückforderung liegenden turpitudo ausgeschlossen ist;[2])

3. die klaglosen Obligationen, die abgesehen von dem Mangel der Klage mit den klagbaren in der Regel alles gemein haben, wenngleich auch einzelnen ausnahmsweise von sämtlichen Wirkungen diese oder jene fehlen kann.

Diese Dreiteilung ist an sich in keinem Punkte falsch; tatsächlich sind das die drei gut auseinandergehaltenen Richtungen, nach denen sinngemäss die in den Quellen gebrauchten Bezeichnungen gehen. Fraglich aber, ob diese Gegenüberstellung symmetrisch und gerade für den hier in Betracht kommenden Gegensatz besonders prägnant ist. Das Wort „naturalis“ ist — wie erörtert — so vieldeutig und häufig gebraucht, dass auf dieses allein die allgemeine Erkenntnis und Einteilung des Substantivbegriffes „obligatio“ nicht abgestellt werden kann; es kann nur zur Aufklärung darüber verwandt werden, warum es gerade bestimmten, allmählich in der römischen Rechtsentwicklung aufkommenden unvollkommenen (klaglosen) Verbindlichkeiten als besonderes Eigenschaftswort beigegeben wird.

Zu 1. ist unstreitig, dass einzelne Obligationen, die auch zweifellos mit Klagbarkeit ausgerüstet sind, von den römischen Juristen gelegentlich einmal als „naturales“ obligationes bezeichnet werden.[3]) Die aus dem ius gentium

---

[1]) Im Sinne der Einleitungsworte von Gaius' Institutionen I, 1 [D. (1, 1) 9.] Hinweis auf D. (50, 17) 84, 1. —

[2]) D. (5, 3) 25, 11; (12, 6) 32, 2 u. 26, 12. —

[3]) Ungünstig wirkt auch wieder ein Julians Fragment D. 46, 1 16, 4, in dem natürlich „earum nomine“ gelesen wird, woraus sich fälschlicherweise

stammenden Obligationen aber allgemein als besondere Art der klagbaren Obligationen (dann Gegensatz: obligationes civiles) aufrecht zu erhalten, liegt weder Grund noch Notwendigkeit vor, da beide Arten unter der Einteilung obligationes civiles und praetoriae zusammenzufassen sind, insofern wohl durchgängig die aus dem ius gentium stammenden Obligationen durch die prätorische Rechtspflege zu klagbaren gemacht worden sind. Beide Arten schliessen sich also unter dem gemeinsamen Merkmale der Klagbarkeit zusammen, und das war das für die Lehre von den klaglosen Obligationen entscheidende Kriterium, nicht die unerhebliche Verschiedenheit des Ursprungsgebietes.[1])

Zu 2. ist ebenso unstreitig, dass die römischen Juristen solche officia auch gelegentlich mit der Wendung naturalis obligatio (z. B. ad remunerandum) belegen. Aber ein technischer Begriff sollte damit weder gebraucht noch geprägt werden. Das ist übrigens von den Zeiten der Glossatoren an — wie aus § 9 ersichtlich — immer von neuem richtig erkannt worden, indem man solche aus der pietas hervorgehende, also den animuns donandi aufweisenden Handlungen zutreffend als donationes auffasste. Dann liegt aber weder eine Erfüllung einer Verbindlichkeit, noch überhaupt eine Verbindlichkeit selbst, nicht einmal eine naturale, vor. Demnach bringt auch die Aufstellung dieser zweiten Klasse von naturales obligationes, die keine obligationes sind, keine Förderung.

Es bleibt sonach nur die dritte Klasse, die eigentlichen Naturalobligationen, übrig, die, ihres notwendigen Gegensatzes durch die getroffene Dreiteilung beraubt, keine ausreichende Begründung ihres Wesens erhalten. Aber die Differenzierung der einzelnen Fälle ist bereits von Francke — auch hierin einer der ersten — richtig erkannt: nicht alle

---

die klagbare naturalis obligatio zu einem allgemeinen Einteilungsprinzip entwickelt. —

[1]) Vgl. Sintenis, Zivilr.[3] (1868) II § 82 A. 9. — Rosshirt in s. Zeitschr. I S. 125. —

Naturalobligationen sind von gleicher Stärke und Wirksamkeit.[1])

Sämtliche übrigen Schriftsteller dieser Gruppe gehen bei der Erklärung des Wesens und Ursprungs der Naturalobligationen immer wieder auf den Gegensatz zwischen ius civile (ius proprium civium Romanorum) und ius gentium zurück, aus dem sich der hier in Betracht kommende Gegensatz zwischen civiles und naturales obligationes ergebe, die letzteren ihrer Entstehung nach dem ius gentium zuweisend; und durchgängig wird zur Rechtfertigung dieser Auffassung besonders

---

1) Vgl. bes. a. a. O. S. 68f. — Diese Differenzierung und die Abgrenzung der eigentlichen Naturalobligationen von sonstigen unwirksamen obligatorischen Verhältnissen sowohl wie von Schenkungsakten fehlt bei v. Meyerfeld, Die Lehre von den Schenkungen nach r. R. (1835) § 18, S. 339ff. — Der Ausschluss der repetitio soluti allein, ohne nach dem Grunde dieser Rechtsfolge zu suchen, ist für M. das allen gemeinsame Merkmal. Alle Akte, welche diese Rechtsfolge aufweisen und nicht donatio im eigentlichen Sinne sind, müssen als naturales obligationes angesehen werden. — Es fehlt M. offenbar an historischem Rückblick. Sonst hätte er die Erörterungen der Glosse z. B. zu D. (5, 3) 25, 11 [dieser Fall ausdrücklich aus der Reihe der Naturalobligationen ausgeschieden] nicht unbeachtet gelassen, wie auch bei seinem Rückschlusse von dem Ausschlusse der repetitio soluti auf eine naturalis obligatio nicht die Mahnung Donells [XII 2, 4]: „Prius enim obligationem esse oportet; sic deinde quaeri, quem effectum habeat, ne ante de conditione et iure rei quaeratur, quam rem esse constiterit.“ — Eine gut zusammenfassende Richtigstellung bei Heimbach in Weiskes Rechtslexikon Bd. VII (1847) s. v. obligatio S. 402f. 457f. Auszuscheiden sind die Fälle von:

Ernährung dürftiger Verwandter. — D. (3, 5) 27, 1. 34. — D. (10, 2) 50. — C. (2, 19) 11. 15.

Leistung von nichtgeschuldeten operae des Liberten an den Patron. — D. (12, 6) 26, 12.

Bezahlung einer dos von seiten einer Frau, die sich fälschlich für verpflichtet hält. — D. (12, 6) 32, 2.

Vergeltung geleisteter Dienste. — D. (39, 5) 27. 34, 1.

Bestattung eines Nahverwandten. — D. (11, 7) 11, 7—9. — D. (29, 2) 20, 1.

Leistung eines Gegengeschenks — (5, 3) 25, 11.

Allerdings schliessen sich alle Fälle dadurch zusammen, dass die condictio indebiti ausgeschlossen ist. Damit ist noch kein naturale debitum im technischen Sinne anerkannt: wer wissentlich zahlt, was er nicht schuldet, gilt als Schenker.

auf D. (50, 17) 84, 1, daneben auf D. (46, 1) 16, 4 und die Parallelstelle D. (44, 7) 10[1]) hingewiesen. Man nimmt keinen Anstoss an der — nach dem Texte vorausgesetzten — Klagbarkeit der in diesen drei Stellen behandelten Naturalobligationen, und erklärt sich weiter die Klaglosigkeit der (technischen) Naturalobligationen aus einem eigentümlichen Verhältnisse zwischen ius civile und ius gentium: der naturalis obligatio gebricht es an der zivilrechtlichen Grundlage (der actio), oder eine im Zivilrechte anerkannte obligatio ist ihrer vollständigen Wirkung in Rücksicht auf die aequitas beraubt; die naturalis obligatio ist ausnahmsweise im ius civile unbestätigt geblieben.[2])

---

[1]) In diesem Sinne zu verwenden nur mit der Lesart „earum nomine". —

[2]) So der immer wiederkehrende Gedankengang extraktmässig wiedergegeben; eine Darstellung der oft recht ausführlichen Erörterungen in extenso konnte einmal in Rücksicht auf die Bemerkungen Schwanerts S. 20—45, ferner in Rücksicht auf die baldige Abkehr von dieser Auffassung unterbleiben. — Zur Orientierung und Beglaubigung will ich nur folgenden Abriss hersetzen.

**Büchel.** [Zivilrechtl. Erörterungen. 2. Bde. 1834 und 1839. Bes. Bd. II S. 57 ff.]

I. Ius naturale = ius gentium. Demnach n. o. jede nicht dem ius proprium civium Romanorum angehörige Obligation. [Die oben im Texte angegebenen Beweisstellen.]

II. Ius naturale = ius quod natura omnia animalia docuit. [Inst. (1, 2) pr. — D. (1, 1) 1, 2 u. 3.] Demnach n. o. alle auf die pietas zurückzuführenden Verbindlichkeiten, gleich ob sie klagbar oder nicht. [Z. B. C. (3, 28) 36, 2, wo debitum naturale = portio legitima gesetzt wird. Hiergegen Sintenis, Zivilr. II S. 7 A 9: Ausdruck nur bildlich, und als justinianischer nicht geeignet, die echte römisch-juristische Kunstsprache zu bestätigen]. —

III. N. o. im „eigentlichen" Sinne:

a. Wo es an der Grundlage der obligatio civilis gebricht, aber die Grundlage nach ius gentium noch besteht;

b. Wo die Obligation ihrer Grundlage nach im Zivilrecht anerkannt, aber ihrer Wirkung ganz oder teilweise beraubt ist.

**v. d. Pfordten.** [Zivilist. Abhandlungen. 1840. — De obligationis civilis in naturalem transitu. Dissert. (1843)].

I. Oblig. civilis s. naturalis, hervorgehend aus ius civile oder ius gentium.

II. Eigentl. naturales obligationes: zur Erklärung der Klaglosigkeit die Auffassung einer sehr künstlichen Mischung zwischen ius civile und ius gentium. [bes. Diss. p. 8 sequ.]. —

**Erxleben.** [Die condictiones sine causa. — 1. Abt. 1850, bes. § 8 S 118 f.]

I. Gegensatz zw. ius proprium civium Romanorum u. ius gentium.

II. Einzelne Fälle, wo vom Standpunkte einer natürlichen Rechtsanschauung eine rechtlich bindende Obligation vorliegt, während die positive Gestaltung des römischen Rechts hindernd entgegensteht.

Historisch wertwoll der Hinweis darauf, dass bezügl. der rechtlichen Wirkungen dieser n. o. zuerst der Ausschluss der condictio indebiti, dann die übrigen positiven Wirkungen statuiert werden, was noch aus der Fassung von Julians Fragment D. (46, 1) 7 [conveniens est] ersichtlich. — [S. 148.] —

**Sintenis.** [Prakt. gem. Zivilrecht. II³ S. 6 ff.]

Zu I u. II wie Erxleben: S. 6; 8 A. 9; 13. Zutreffend ist die Opposition gegen die von Francke gewollte Hinzurechnung der officia pietatis [S. 14 A. 18], ferner — im übrigen in dieser prägnanten Formulierung bei S. zuerst von allen modernen Schriftstellern anzutreffen — die Differenzierung der einzelnen n. o. nach ihrer [keineswegs gleichen] Stärke und Wirksamkeit: nicht für alle Naturalobligationen besteht die Möglichkeit aller [angegebener] Wirkungen, vielmehr ist die individuelle Wirksamkeit der einzelnen bald eine weitere, bald eine beschränktere [S. 14 u. S. 17 A. 19.]

**Savigny.** [System V 378 ff. — bes. Obl. R. I S. 22 f.] — Die Quelle des Gegensatzes zwischen civiles und naturales obligationes ius civile — ius gentium.

I. Verschiedenheit des Ursprungs: die n. o. ausnahmsweise im Zivilrecht unbestätigt geblieben.

II. Verschiedenheit der persönlichen Rechtsfähigkeit: einzelne Obligationen ausnahmsweise als ius proprium civium Romanorum reserviert.

III. Verschiedenheit der Wirksamkeit: einzelne Obligationen ausnahmsweise klaglos geblieben; der Grund in dem Ursprunge zu I. —

Die Klaglosigkeit allein als bloss verneinde Eigenschaft könnte der n. o. noch nicht den Charakter einer Obligation geben; hierzu gehören noch positive Wirkungen: S. 44 ff. —

Bezüglich der Wirksamkeit der einzelnen n. o. ist Savigny prinzipieller als Sintenis. Denn

Grundsatz: jede n. o. hat regelmässig alle Wirkungen; wo eine der Wirkungen anerkannt, ist in der Regel auch auf das Dasein der übrigen zu schliessen.

Doch dieser Grundsatz nicht unbedingt und ohne Ausnahme. [S. 51.]

**Puchta.** [Pandekten § 237. — Institutionen III 65 ff.] Die gleiche Zurückführung auf das ius gentium.

**Arndts.** [Pandekten³ (1859) — § 217.]

**Ryk.** [Lehre von d. Schuldverh. (1883) Bd. I, S. 14 ff.]

Sintenis,[1]) dieser Gruppe selbst angehörend, bemerkt gelegentlich: „Eine eigentliche Erklärung, warum die als naturales im R. R. anerkannten obligationes überhaupt mit nur unvollständiger Wirksamkeit und im besonderen mit einer verschiedenartigen anerkannt worden seien, finde ich bei keinem Schriftsteller."

Dieser Mangel ist richtig erkannt, nur beseitigt ihn Sintenis selbst nicht, sondern macht nur beiläufige Versuche zu einer tieferen Begründung: Berücksichtigung allgemeiner zivilrechtlicher Normen, mehr oder minder kollidierende Rücksichten dieser Art usw. — Dieses negative Ergebnis, diese Nichtbeantwortung des „Warum" war das notwendige Ende, zu dem man infolge eines unrichtigen Ausgangspunktes gelangen musste. Aus dem vorweggestellten Gegensatz zwischen ius civile und ius gentium konnte für die Klaglosigkeit gewisser obligatorischer Verhältnisse schlechterdings keine Aufklärung entnommen werden. Wenn die römischen Juristen über die Herkunft gewisser obligationes aus dem ius gentium reden, so wollen sie nur darauf hinweisen, dass sie diese — und zwar als besondere Obligationstypen — im Verkehr mit den anderen Mittelmeervölkern kennen gelernt und rezipiert haben. Bei den technischen Naturalobligationen tritt aber ihr eventuelles Ursprungsgebiet oder ein besonderer Obligations-Typus als kennzeichnendes Merkmal gar nicht hervor. Wird anerkannt, dass sich im römischen Rechtssystem ius civile und ius gentium trotz aller — hier nicht interessierender — Gegensätzlichkeit sicher unter dem Begriffe des positiven Rechts zusammenschliessen,[2]) so bleibt unerklärt,

[1]) a. a. O. S. 13 A. 17.

[2]) Savigny Obl. R. I S. 42 weist gelegentlich der Kritik über die alte Dreiteilung in obligationes civiles, naturales und mixtae die Anschauung zurück, als ob die beiden Rechtssysteme, ius civile u. ius gentium, unabhängig und unvermischt nebeneinander ständen. „In der Tat aber müssen dieselben in gegenseitigem Einfluss auf einander, und dadurch verbunden zu einem praktischen Ganzen, gedacht werden". — v. d. Pfordten, de obl. civ. in nat. transitu p. 48: . . . concedendum erit, ius gentium, de quo Romani loquuntur, positivum esse ius sensu moderno.

warum derselbe obligationsmässige Tatbestand (denn einen besonderen Typus oder eigentümliche causae haben die Naturalobligationen nicht!) das eine Mal eine vollwirksame, das andere Mal eine nur beschränkte Obligation hervorbringt; ferner warum das ius civile alle sonstigen Rechtswirkungen gewährt, aber bei der Gewährung der actio sich plötzlich ablehnend verhält. Für diese auffällige Inkonsequenz, die aufzuklären die Untersuchung über das Wesen der Naturalobligationen unumgänglich fordert, konnte man weiter nichts anführen als eben diese Tatsache selbst.

II. Die ausserjuristische Theorie.

Die mit Hilfe des Gegensatzes von ius civile und ius gentium versuchte Aufklärung, so energisch sie z. T. durchgeführt wurde, war nicht gelungen; die Opposition gegen diese Richtung setzte bald genug ein. Ehe von dieser die Rede sein kann, muss noch eines weiteren Aufklärungsversuches gedacht werden, der von der Verwertung jenes Gegensatzes völlig absehend, selbständige Wege einschlägt, hin und wieder in scharfsinniger Auffassung die richtigen Einbruchspunkte berührt, einer vorgefassten Idee zu Liebe aber vom letzten Ziele abgelenkt wird.

Es ist der Versuch von **C. Christiansen.**[1]) Der Ausgangspunkt, einsetzend mit einer treffenden Kritik der über das positive Recht hinausgehenden Weberschen Tendenzen, ist vielversprechend: den Begriff einer Zwangsverbindlichkeit kann allein das positive Recht entstehen lassen; demnach soll versucht werden, die juristischen Wirkungen der naturalis obligatio lediglich aus Gründen des positiven Rechts zu erklären.

Aber schon das Ergebnis am Ende des ersten Teiles[2]) ist frappierend: die naturalis obligatio ist in gar keinem Grade eine juristische, also ist jede juristische Analogie zwischen ihr und der civilis obligatio ausgeschlossen. Zu dieser Ver-

[1]) In der bereits oben zit. Schrift: Zur Lehre von der naturalis obligatio u. condictio indebiti 1844.

[2]) S. 34.

bannung der naturalis obligatio war Ch. auf Grund folgender Deduktionen gelangt:

Nimmt man als durchstehende Wirkung derselben die soluti retentio an, so erscheint sie in dieser Beziehung als ein unverständliches Gemisch eines juristischen und nichtjuristischen Verhältnisses; es fehlt der die obligatio und solutio vermittelnde juristische, d. h. notwendige Zusammenhang, der nur durch Klage auf Erfüllung hergestellt werden kann, indem die naturalis obligatio als causa praeterita vor der solutio als Rechtsverhältnis gar nicht existiere. Demnach erscheint das Eintreten des habere beim Gläubiger auf Grund der naturalis obligatio als ein zufälliges, mithin als kein juristisches.[1])

Ist somit die naturalis obligatio keine Spezies der juristischen obligatio, was ist sie sonst? — Ch. erteilt hierauf zwar eine positive, aber keine juristische Antwort. Sollen naturalis obligatio und die juristische unter einen gemeinsamen (unjuristischen) Begriff gebracht werden (denn daraus allein werde die gemeinschaftliche Benennung erklärlich), so könne das kein anderer sein als der Wille des Verpflichteten; bei der civilis obligatio sei er juristisch gebunden, bei der naturalis nicht, sondern frei, aber wirklich. Diese freiwillige Anerkennung allein, nicht irgendeine causa naturalis sei der einzige Entscheidungsgrund für die Existenz einer Naturalobligation. — Merkwürdig, wie hier wieder dem menschlichen Willen, da doch zum mindesten auch nach Ch.s Auffassung die Leistung des Naturalschuldners als ein Akt mit gewisser rechtlicher Wirkung, der retentio soluti, erscheint, eine im letzten Grunde imaginäre rechtsbildende Kraft zugeschrieben wird, nämlich die Umwandlung des datum in ein solutum;[2])

---

[1]) Hinweis auf Ulpianus Ausspruch D. (50, 16) 143: Id apud se quis habere videtur, de quo habet actionem; habetur enim, quod peti potest.

[2]) Doch operiert mit ihr die Dogmatik an verschiedenen wichtigen Stellen des Rechtsystems: bei der Lehre von den juristischen Personen (bes. auch bei den Stiftungen, bei der früheren hereditas iacens), von den Rechtsgeschäften, im Vertragsrechte u. a. m. — Im allgemeinen kann man sagen, dass dieser

die Rechtsbildung selbst aber kann nach einfacher und darum richtiger Auffassung nur fliessen aus den Quellen des positiven Rechts, mag dieses auch bei einzelnen Instituten noch so sehr die Äusserungen menschlicher Willenstätigkeit berücksichtigen, woraus nur folgt, dass dann dieser psychische Vorgang auch zu einem rechtlich erheblichen, juristischen geworden ist. — Ch.s Prinzip wäre mit einem Stosse zu erschüttern: mit dieser Kraft des „freien und wirklichen Willens" ist doch nur dann zu operieren, wenn sie tatsächlich vorhanden ist, nicht aber, wenn der Wille zu zahlen gar nicht vorliegt; gleichwohl ist dem Rechte auch die irrtümliche solutio richtige solutio infolge der ausdrücklich verordneten Ausschliessung der condictio indebiti, woraus sich ergibt, dass die solutio unabhängig von dem — so für unerheblich erklärten — Willen des Zahlenden ist.[1]) — Aber Ch. kommt diesem doch zu nahe liegenden Einwande zuvor, indem er neben den (subjektiven) Einzelwillen noch einen die Verpflichtung bezweckenden „allgemeinen (objektiven) Willen" stellt, „welcher dem darunter fallenden Einzelwillen eine Verpflichtung auferlegt;"[2]) dann handele es sich bei der naturalis obligatio um „eine den Anforderungen einer objektiv anerkannten Moral entsprechenden Pflicht, die das Gesetz bloss als moralische Verbindlichkeit wahrnimmt, ohne sie in irgendeinem Grade in eine juristische zu verwandeln". — Hiermit ist Ch. auf einem Gebiete angelangt, bei welchem die juristische Diskussion schliesst; tatsächlich ist er unbewusst zu dem Weberschen Standpunkte gekommen, den er am Eingange seiner Arbeit so treffend bekämpft hatte.[3]) — Wesentliche

---

spiritus rector dann um Beihilfe angesprochen wird, wenn es sich darum handelt, bestimmten Erscheinungen des menschlichen Verkehrs, die den Folgerungen der Rechtslogik nicht gehorsam sind, eine hierdurch notwendig gewordene Begründung zu geben.

[1]) Vgl. Schwanert S. 64f. — Renaud im Arch. f. civ. Prax. Bd. 29, No. 4 und 14.

[2]) S. 87ff., 92.

[3]) Sintenis S. 9A. 9.

Fragen bleiben unbeantwortet: sind innerhalb des Rechtsystems unvermittelt moralische Wirkungen denkbar? — warum geht das Gesetz bei der „Wahrnehmung" von moralischen Pflichten so sparsam vor, indem es zu diesem Zwecke nur eine recht enge Auswahl trifft? — ist wirklich die Klage auf Erfüllung der einzig mögliche notwendige Zusammenhang zwischen obligatio und solutio?[1])

### III. Die spezifisch-juristische Theorie.

Eine neue, zunächst die Lehre von den Naturalobligationen zum Abschluss bringende Theorie wird von einer letzten Gruppe vertreten, in der zu nennen sind: Heimbach, Holtius, Brinz, Bekker und Schwanert.

Bisher hatte weder der Gegensatz zwischen ius civile und ius gentium, noch derjenige zwischen einer juristischen Obligation und einem eigentümlich unjuristischen Verhältnis moralischer Schattierung Aufklärung über das Wesen der Naturalobligationen bringen können. Die Grenzverwirrung zwischen Moral und Recht schien unlöslich, und die alte Lehre von der Zeit der Glossatoren an wie eine erbliche Belastung nachzuwirken. Denn auch die Ius gentium-Theorie, so sehr sie sich ein kritisches quellenmässiges Aussehen gab, überschritt ebenso wie alle früheren die positivrechtlichen Grenzen: vielfach war es „der Herren eigener Geist", der sich in dem unklaren, einer juristischen Präzisierung im letzten Grunde unzugänglichen, einem Idealrechte angenäherten Begriffe des ius gentium kundgab. Gleichwohl bahnten die Vertreter dieser Theorie mit ihrer historischen Behandlungsweise der römischen Quellen die letzte Erkenntnis an; diese lag nicht so fern, wenn man nur die zusammengetragenen Quellenstellen ohne besonderes Vorurteil, aber mit aller erforderlichen Beschränkung auf das positive Recht betrachtete.

---

[1]) Hierüber, wie im algemeinen über das eventuellle Begriffsmerkmal des Zwanges für das subjektive Recht, das nähere unten im V. Teile. Gewisse Anklänge an Christiansens Theorie findet man noch bei Windscheid und Scheurl, vgl. unten S. 151f.

Interessant genug, wie von nun an schrittweise, mit einer den Blick immer freier machenden Steigerung zur richtigen Auffassung emporgeschritten wird.

Der erste, der seine Blicke nicht nach jenem ius gentium wendet, ist **Heimbach.**[1]) Und als erster in der gesamten Literatur weist er auf den Fehler hin, der von Accursius' Zeiten an in der Theorie gemacht worden ist, dass man zwei ganz verschiedene Grundbedeutungen von „naturalis obligatio" in den römischen Quellen miteinander vermischte: diese Doppelbedeutung zeigt sich einmal in dem Gegensatze von ius proprium civum Romanorum und Peregrinenrecht, in welchem Sinne aber jedesmal klagbare Obligationen vorliegen; weiter in dem Gegensatze von Obligationsleistungen, die mit einer Klage bewehrt sind, und solcher, die einer Klage entbehren. Nur im letzteren Falle sind dann die eigentlichen (technischen) Naturalobligationen vorhanden. Diesen Gegensatz und diese Doppelbedeutung, die auseinanderzuhalten der erste Schritt für eine erforderliche Revision der ganzen Lehre war, bringt Heimbach auch schon äusserlich zu augenfälliger Darstellung, indem er beide Bedeutungen von naturalis obligatio an räumlich getrennten Stellen behandelt.[2]) — Näheres Eingehen und erforderliche Begründung für das eigentliche Wesen dieser unvollkommenen Verbindlichkeiten konnte bei dem Zwecke des Heimbachschen Artikels und seiner Stellung in einem Rechtslexikon nicht verlangt werden.

Das zu einer positiven Begründung der Lehre Erforder-

---

[1]) In dem Artikel „Obligatio" in Weiskes Rechtslexikon Bd. VII (1847), S. 402ff. — Vgl. ferner Heimbach, Lehre vom Creditum S. 477 A. 1. — Schwanert (S. 33) wird Heimbach in keiner Weise gerecht und rechnet ihn noch zu der Ius gentium-Gruppe.

[2]) Vgl. a. a. O. S. 418f. und 459f. — Wichtig ist, dass H. die bisher von der ius gentium-Theorie immer wieder verwerteten Stellen D. (44, 7) 10 und (46, 1) 16, 4 [unter Annahme der Konjectur „carum nomine"] nicht für einen einheitlichen Begriff der Naturalobligationen verwertet, sondern gerade für die von ihm behauptete Doppelbedeutung; nur im ersten Teile dieser Fragmente ist von klagbaren Obligationen die Rede.

liche wird schliesslich von dem Angehörigen eines Landes getan, in welchem schon in früheren Jahrhunderten die Lehre eine ausgiebige, aber nicht immer ganz präzise Behandlung erfahren hatte: von dem Niederländer **Holtius.**[1]) Er ist der Begründer der modernen Erkenntnis von Ursprung und Wesen dieser eigentümlichen obligatorischen Verhältnisse; ausgezeichnet durch eine ruhige und völlig klare Erörterung geht seine Gedankenentwicklung in folgenden Etappen vorwärts:

1. Vornweg stellt er das Urteil und Verdikt über die bisherige Behandlungsweise: die herrschenden philosophischen Begriffe der neueren Rechtswissenschaft haben eine eigentümliche Auffassung des römischen Rechts bewirkt; die naturalis obligatio ist kein philosophischer oder moralischer Begriff,[2]) sondern ein Teil des positiven Rechts von einer grösstenteils negativen Bedeutung, wie z. B. die naturalis possessio.

2. Auszuschliessen vom Thema ist jene pseudo-naturalis obligatio, die mit der technischen nur den Namen gemein hat und eigentlich keine naturalis, sondern eine civilis obligatio (sc. in der weiteren Bedeutung) ist: jene bekannte, vornehmlich auf Paulus' Ausspruch in D. (50, 17) 84, 1[3]) basierte natu-

---

[1]) In einer Abhandlung „Über die Lehre der Naturalis Obligatio im römischen Rechte", gelesen in der 3. Klasse des Kgl. niederl. Inst. am 29. 1. 1844, veröffentlicht 1845 in „Nederlandsche Jaarboeken voor Regtsgeleerdheid, door den Tex en van Hall, VII, 529—562". Übersetzt von Sutro in: Abhandlungen civilist. und handelsrechtl. Inh. (1852). — Heimbach konnte daher noch keine Kenntnis von Holtius' Ausführungen haben.

[2]) Man denke an Giphanius' Worte: sed de hac naturali et philosophica obligatione hic non agimus!

[3]) Endlich die zutreffende Exegese: aus dem technischen „dare oportere", einem formularen Ausdrucke ist ersichtlich, dass die Existenz und Hauptwirkung einer wahren mit civiler Kraft versehenen obligatio charakterisiert werden soll [z. B. mutui datio, commodatum, depositum im Sinne von Hermogenian D. (1, 1) 5]. Richtiger Hinweis auf das denselben Sprachgebrauch aufweisende Fragment von Paulus D. (45, 1) 126, 2. — Umgekehrt wird auch dem Julianischen Ausspruche D. (46, 1) 16, 4 endlich die Rettung zuteil. Nach H. will Julian sagen: man muss unter n. o. nicht bloss die verstehen, aus

ralis obligatio als ein besonders zu erwähnendes Produkt des ius gentium, die aber in ihrer Wirkung von einer civilis obligatio in nichts verschieden, mit der hier beabsichtigten naturalis obligatio nichts zu schaffen hat und den Gegenstand für eine besondere Untersuchung nicht abzugeben braucht.

3. Die Antithese von civilis und naturalis obligatio ist so zu fassen, dass bei der letzteren der Gedanke des Unvollkommenen, Mangelhaften, jedenfalls der geringeren Wirkung, das Fehlen des Rechtzwanges, mithin etwas Negatives ausgedrückt werden soll, zugleich aber auch etwas Positives, nämlich ein blosses factum. Von diesem Standpunkte aus ergeben sich die einzelnen Fälle der Naturalobligationen,[1]) wohin nicht das nudum pactum zu rechnen ist.[2])

4. Rechtliche Entstehungsgründe von Naturalobligationen sind nur diejenigen obligatorischen Handlungen, die nach römischem Rechte (das ius gentium einbegriffen!) eine obligatio bewirken, denen aber das bürgerliche Recht, nur diesem eigener Gründe wegen, die gewöhnliche Wirkung versagt. — Hiermit gibt H. die lange aufgeschobene positiv-rechtliche Lösung unseres Problems unter richtiger Verwertung von

---

welchen wohl noch eine actio gegeben wird, actio aliqua, z. B. de peculio (!), die einigermassen klagbare; auch die nicht klagbaren, uneigentlichen, mit geringerer Wirkung, heissen so. — Trotz mangelnder textkritischer Behandlung und der fehlenden dogmatischen Rechtfertigung wird doch der Stelle der erst 50 Jahre später von Gradenwitz endgültig festgestellte Sinn gegeben. So hat dieses Fragment ein eigentümliches Schicksal: von den Vertretern der Ius gentium-Theorie als wichtigste Grundlage für ihren einheitlichen (klagbare und unklagbare umfassenden) Begriff der naturales obligationes angeführt, wird es von Heimbach gerade zur Bezeichnung jenes Gegensatzes und der Doppelbedeutung verwandt, um von Holtius allein für die technischen n. o. reserviert zu werden.

[1]) Die freilich nicht erschöpfend aufgezählt sind, und unter denen sonderbarerweise die intercessio contra S. C. Vellejanum mit erscheint. Es ist angebracht, die Erörterung solcher Mängel und Fragen sekundärer Natur hier beiseite zu lassen, um die Übersicht über den dogmatischen Entwicklungsgang nicht zu stören.

[2]) Hiervon später im § 14. Gerade dieser Lehre gibt H. zutreffender Weise die Schuld an der bisherigen Verwirrung und Verirrung.

Pomponius' grundlegendem Ausspruche: ex causa civili computandum est.[1])

5. Die rechtsphilosophische Begründung des ganzen Vorganges bei den Naturalobligationen wird zwar keineswegs erschöpfend, aber in der allgemeinen Richtung doch zutreffend so gegeben, dass zunächst Umstände vorliegen, die, es sei iure civili, es sei iure gentium, die gewöhnliche juristische Wirkung verhindern. Weiter positiv gefasst, sind nationale Begriffe, römische Gewohnheiten und subjektive Anschauungsweise der römischen Rechtsgelehrten die organisch wirkenden Ursachen, denen die naturalis obligatio ihr Wesen und ihre Folgen zu verdanken hat.

6. Nicht alle dieser quasi-obligationes stehen auf einer Stufe, da nicht alle dieselben Wirkungen haben.[2])

7. Die römischen Naturalobligationen sind für das heutige Recht grösstenteils unbrauchbar geworden. Gleichwohl hat die Lehre auch für den modernen Rechtzustand ihre praktische Seite.[3]) —

Eigentümlich genug ist es zu bemerken, wie zu gleicher Zeit gleiche Ideen den Köpfen verschiedener, nicht im gegenseitigen Gedankenaustausch stehender Menschen entspringen. Ohne den Gedankengang von Holtius zu kennen, schlägt **Brinz** die gleiche Richtung ein.[4]) — In Form

---

1) Nämlich ob die Existenz einer naturalis obligatio anzunehmen sei oder nicht. — D. (15, 1) 49, 2.

2) Besonders sparsam geht H. mit der nur durch eine „einzige Beweisstelle" [D. (16, 2) 6] gedeckten Wirkung der compensatio um.

3) H. meint, dass die niederländische Praxis zu damaliger Zeit mehr negativ als unsicher gewesen sei, weshalb der Wissenschaft für diese Lehre noch viel zu tun übrig sei, bis sich eine allgemeine Überzeugung geltend machen könne.

4) Kritische Blätter 1852 No. 3, insbes. S. 12ff. — Lehrb. d. Pand. I 571ff. — Erst in der Nachschrift zu der Abhandlung in den Krit. Blätt. S. 53f. erklärt Brinz, dass er nachträglich auf die Schrift von Holtius aufmerksam geworden sei. Die Übereinstimmung in den Einzelheiten und der Auffassung des Ganzen geht so weit, dass Brinz selbst erklärt: „Kurz, wenn nicht anderweitige Lücken und Differenzen wären, möchte man sagen, der Anstoss zu vorstehendem Aufsatze datiere aus Utrecht."

einer tief angelegten Kritik des Savignyschen Obligationenrechts[1]) gibt Brinz seine selbständigen Auffassungen über die naturalis obligatio wieder.

Das angebliche Ursprungsgebiet der Naturalobligationen, das ius gentium, wird als juristisch unerforschliches Gebiet mit starken kritischen Bemerkungen gestrichen; jedenfalls kann das ius gentium, aus welchem die naturalis obligatio sich herleiten soll, sich nicht mehr rühmen, ein positives Recht zu sein.[2])

Zu positiver Auffassung wird Brinz durch die Frage nach dem Grunde gedrängt, weshalb die Römer in so verschiedenen Fällen zwischen einer blossen Pflicht und einer obligatio, oder zwischen einem entschiedenen Nichts und einem vollendeten Etwas ein Mittelding erkennen und festhalten zu müssen glaubten; und in diesem Grunde scheint, wo nicht ewige Brauchbarkeit, so doch unversiegliche Belehrung, und ein zu freier Nachbildung zugleich ermunterndes und befähigendes Vorbild liegen zu können. Von den sieben trefflichen Lehrsätzen, die Brinz gibt, sollen für unsere Zwecke nur die folgenden hervorgehoben werden:

1. Die naturales obligationes sind dieselben Obligationen wie die civiles (klagbaren). M. a. W.: es gibt kein Individuum einer naturalis obligatio, das nicht auch als civilis obli-

---

[1]) Der wir auch [S. 3—11] treffliche Ausführungen über den Begriff der Obligation überhaupt verdanken, die noch zu verwerten sein werden.

[2]) Dann gibt es aber auch keine Unterscheidung mehr von der alten lex naturalis, von moralischen Verbindlichkeiten und dem Naturrechte. — Brinz weist zur Illustrierung des unpräzisen Begriffs „ius gentium" auf die Uneinigkeit Savignys und Puchtas bezüglich der obligatio pupilli sine tutoris auctoritate hin; beide reklamieren — eigentlich mit gleichem Rechte — die Unterstützung der Sätze des ius gentium für ihre Ansicht, und Savigny kommt so zur Bejahung, Puchta zur Verneinung einer naturalis obligatio. — Ein ferneres die Ius gentium-Theorie treffendes Beispiel: auch die sponsio eines pupillus kann eine naturalis obligatio hervorbringen; soll sie deswegen, weil sie gewisser Umstände wegen klaglos ist, plötzlich als eine iuris gentium conventio aufgefasst werden? Ein und dieselbe causa müsste dann bald eine klagbare, bald eine klaglose Obligation hervorbringen können.

gatio vorkäme. — Hiermit ist endlich die Figur der n. o. selbst auf das positive Obligationenrecht zurückgeführt und auf die in diesem Teile des Rechtsystems allein zu findenden Entstehungsgründe von Obligationen.

2. Es gibt obligationes, welche als naturales, und solche, welche als civiles entstehen, aber als naturales übrig bleiben. Sofern naturales obligationes entstehen, entstehen sie wie die civiles; ihre Mangelhaftigkeit liegt auf seite der Person. — Hierin liegt besonders ein Fortschritt und eine Erweiterung gegenüber Holtius, der den Übergang von Zivilobligationen zu Naturalobligationen nicht ins Auge gefasst hat.

3. Die naturalis obligatio ist zahlbar (erfüllbar), nicht klagbar. Aus diesem einen Gedanken der Zahlbarkeit entspringt alle die juristische Bedeutsamkeit, welche der naturalis obligatio überhaupt innewohnt, und sie mit der obligatio schlechtweg vereinigt. —

Bei dieser Prägnanz in der Entwicklung und Formulierung der Gedanken erscheint es wie eine letzte Nachwirkung der allgemeinen Äquitätstheorie, wenn auch Brinz bei der Frage nach dem Grunde, weshalb unklagbare Obligationen bis auf ein gewisses (als naturales obligationes) denn doch noch aufrecht erhalten werden, überall Vernunft (ratio) oder Billigkeit (aequitas) als solchen Grund bezeichnet. Trotz aller Versuche, eine Präzisierung dieser weiten Begriffe herbeizuführen, ist auch Brinz bei dieser Ablenkung und Herleitung nicht weiter gekommen;[1]) es hätte genügt, wenn er bei seinen vortrefflichen Worten zur Begründung des ersten Leitsatzes stehen geblieben wäre, die ganz herzusetzen aller Anlass vorliegt, weil sie die Sache selbst, aber auch Brinzens Aequitas-Begründung an der empfindlichen Stelle treffen:

„Mögen die römischen Juristen bei Bildung oder Ausbildung der naturales obligationes naturalem rationem, oder aequitatem gebraucht haben: der Boden, auf dem sie stunden,

[1]) Vgl. Schwanert S. 54.

die Schranke, worüber sie nicht heraus konnten, waren die Obligationen eines schon vorhandenen Rechts. Hierin lag Mass und Ziel der klassischen Jurisprudenz. Naturalis ratio, aequitas können Werkzeuge gewesen sein, mit denen sie arbeitete, nicht aber die Quelle, woraus sie schöpfte. Es hätte vom Zufall abgehangen, was für Obligationen und wie viele man aus jenem unermesslichen Borne geschöpft hätte; diesem Zufall gaben sich die römischen Juristen nicht hin."

Wertvolle Hinweise gibt Brinz noch hinsichtlich des Entwicklungsganges der Naturalobligationen; er unterscheidet zwei Klassen: naturales obligationes, welche ohne die Jurisprudenz und vor ihr da sind, und naturales obligationes, welche durch die Jurisprudenz vermittelt, zum Teil sogar geschaffen werden. Zur ersten Klasse gehörig dünken ihm als die ältesten die naturales obligationes der Sklaven, sowie die innerhalb der dominica und patria potestas begründeten, die weder konstruiert noch deduziert wurden; zur zweiten Klasse rechnet er die anfänglich als klagbare entstandenen, nachträglich klaglos gewordenen Obligationen, bei denen man nur vermittelst Deduktion, nicht durch unmittelbare Wahrnehmung auf das Dasein einer naturalis obligatio gekommen ist. Diesen Andeutungen von Brinz entspricht der sich aus dem I. Teile vorliegender Abhandlung ergebende Entwicklungsgang der Naturalobligationen; die obligatio servi ist deren Grundform. Dass sich die übrigen Gestaltungen nicht nach einheitlichem Schema, sondern mit z. T. verschiedenen Wirkungen entwickelt haben, erklärt Brinz zutreffend für eine Erscheinung, die wohl nie aus einem allgemeinen Gesichtspunkte, sondern nur aus der Beschaffenheit des einzelnen Falles wird erklärt werden können.

Den Schluss dieser Gruppe bilden — auch wieder mit fast gleichzeitig erschienenen Abhandlungen — **Bekker**[3]) und

---

1) Über die Naturalobligationen im Jahrbuch des gemeinen Rechts Bd. IV (1860), S. 386ff. — Vgl. weiter in Zeitschr. f. Rgesch. Bd. IX, S. 366ff., insbes. S. 399f. — Zuletzt noch in Zeitschr. der Savigny-Stiftg. R. A. Bd. XXIV S. 351 A. 1. —

**Schwanert.**[1]) — Die Übereinstimmung zeigt sich in der Auffassung des Ganzen und in allen Hauptpunkten; Abweichungen betreffen nur minder wichtige Einzelheiten.

Bekkers Opposition gegen die Pfordten-Puchta-Savignysche Theorie ist niedergelegt in den vier Grundsätzen:

1. Nicht jedes Rechtsverhältnis, auf das wir in den Quellen den Ausdruck naturalis obligatio angewandt finden, steht mit dem ius naturale oder dem ius gentium im Zusammenhang.

2. Die positiven Wirkungen, welche die naturalis obligatio mit der obl. civilis gemein hat, beruhen auch bei der nat. obl. nicht auf einer Anerkennung seitens des ius naturale (i. gentium), sondern auf der des ius civile.

3. Es ist unzulässig, bei der Mehrzahl der klagbaren Obligationen eine Zerlegung derselben in je zwei Elemente, ein civiles und ein naturales, vorzunehmen, und die Gesamtheit der Wirkungen der Obligationen zum einen Teil aus jenem Elemente, zum anderen aus diesem herzuleiten.

4. Nicht allen mit dem Namen naturalis obligatio zu belegenden Verhältnissen kommt gleiche Wirksamkeit zu. —

Der historische Blick Bekkers zeigt sich darin, dass auch er, als er die Entstehungsgeschichte der Naturalobligationen berührt, auf die Sklavenobligationen als ursprüngliche Bildung hinweist, und diesen Obligationen eine den Vorgang juristisch-technisch beleuchtende Begründung gibt: man erkannte damit nur als Recht an, was im Leben tatsächlich täglich vorkam, und verstiess doch nicht so gröblich wider die Regeln des ius civile, wie dies geschehen sein würde, wenn man den Sklaven die persona standi zugebilligt hätte. — Diese Begründung bleibt auf rechtlichem Gebiete und befriedigt daher juristische Bedürfnisse; Anlass genug, dass sich Bekker gegen allgemeine Billigkeitsrücksichten als „in vielen Fällen nicht durchschlagend" ablehnend verhält, wie es ihm

[1]) Sein mehrfach zitiertes Werk „Die Naturalobligationen des römischen Rechts", erschienen 1861. —

überhaupt unmöglich erscheint, ein allgemeines Prinzip des Fortbestehens der Zahlbarkeit der Obligationen aufzufinden. „Darum bleibt einige Wirksamkeit übrig, weil was die Obligation betroffen, derselben nicht ihre ganze Wirksamkeit geraubt hat." Der Grund hierfür ist aber nach der Verschiedenheit der Fälle verschieden zu erklären. Diese Verschiedenheit bedingt weiter, dass nicht alle Naturalobligationen gleich umfängliche Wirksamkeit haben, und dass also nicht allgemein von dem Vorhandensein einer der möglichen Wirkungen auf die Statthaftigkeit auch all der anderen in demselben Falle geschlossen werden darf.[1]) — In dem Negativen aber, dem Mangel der Klagbarkeit, sind alle Naturalobligationen einander gleich; als positives Kriterium wird noch zu erfordern sein, dass doch irgendein, wenn auch nur indirekt und eventuell zu benutzendes Zwangsmittel existiere.[2])

Schwanerts umfassende Monographie verwertet die gesamte Dogmatik dieser Lehre in sichtender Weise und gibt den technischen Naturalobligationen ebenfalls die erforderliche juristische Begründung. Störend wirkt nur, dass er neben diesen technischen Naturalobligationen noch die in den römischen Quellen erwähnten klagbaren naturales obligationes und die „naturalia debita ohne obligatorische causa" mit behandelt, zwar bei diesen drei Gruppen kein Übergreifen zulassend, aber doch im Schlussergebnis erwähnend,[3]) dass

---

[1]) Jahrb. IV S. 402f. mit erschöpfenden Belegen.

[2]) Vgl. Zschr. f. Rgesch. l. c. S. 400. — Warum „Zwangsmittel"? Es genügt jede irgendwie geartete juristische „Anerkennung", nicht ein „Schutz" durch solche Zwangsmittel. — Bekker selbst macht diesen Unterschied in Aktionen I S. 11, um die Abgrenzung des Begriffspaares actio und Anspruch anzubahnen. „Wie steht es also mit dem, was das objektive Recht zwar anerkennt, aber nicht schützt?" — Auch in Savigny-Zeitschr. l. c. meint Bekker, dass wir im römischen Rechte, zumal im Obligationenrechte vielen Rechtsverhältnissen begegnen, bei denen ein gewisses Sollen ohne jede Zwangsmöglichkeit bestehe. Als Beispiel werden bald die Sklavenschulden gegeben, und als Bezeichnung wird „unerzwingbares Schuldverhältnis" vorgeschlagen. —

[3]) § 24, S. 481ff. — Bekker, Jahrb. IV S. 407 tadelt auch die Unterscheidung in debita naturalia und obligationes naturales, moralische und natürliche Verbindlichkeiten, als wenig Segen versprechend.

alle drei, wie die gleiche Benennung zeige, in einem Zusammenhange miteinander ständen. Dieser Zusammenhang reduziert sich tatsächlich auf die zufällig und verschiedenen Sinnes von den römischen Juristen gebrauchte Bezeichnung naturalis. — Die „eigentlichen naturales tantum obligationes" bewertet Schwanert treffend folgendermassen. Sie haben mit dem ius naturale, ius gentium, aequum und bonum usw. nichts zu tun, sie sind Obligationen als Produkte des positivrechtlichen Obligationsaktes. Sie entbehren der actio und damit überhaupt jeder unmittelbaren Rechtswirkung, weil, wenn auch die Bedingungen für die Begründung resp. Fortdauer eines obligatorischen Verhältnisses, doch nicht zugleich die weitgehenden für die Begründung resp. den Tatbestand der actio vorhanden sind. Sie haben eine rechtliche Bedeutung als Basis für diejenigen Rechtsakte, welche auf Grund einer rechtsgültigen Obligation vorkommen können. In welchem Umfange dieses aber möglich, hängt in jedem einzelnen Falle davon ab, ob und wieweit das der actio entgegenstehende Hindernis seinem Inhalt nach eine solche Betätigung der obligatio gestattet. Die Naturalobligationen sind das Produkt der Auseinanderfaltung des Begriffes von obligatio in die causa solvendi und die actio und die Anwendung dieser Zerlegung auf die Fälle, wo keine actio entstehen oder fortbestehen kann. — Sie könnten dem ius naturale nur in dem Sinne zugezählt werden, als es allerdings iuris naturalis sein würde, die obligatio nicht unter allen Umständen in der actio völlig aufgehen zu lassen. Allein diese Hinweisung auf das ius naturale finden wir im römischen Recht bei Gelegenheit der Naturalobligationen nirgends gemacht.

In dieser Auseinanderhaltung der Begriffe actio und obligatio, die ja Bekker zu allgemeinen Zwecken wirksam betrieben hat, und in der dann alsbald denkbaren Möglichkeit, unter bestimmten Verhältnissen auch ohne actio auskommen zu können, liegt der Schwerpunkt und das Hauptverdienst der Ausführungen Schwanerts; weniger darin, dass er im ganzen Verlaufe seines Werkes den Gesichtspunkt verfolgt, für jede Naturalobligation müsse ihr rechtlicher Gehalt besonders bestimmt werden.[1]) Diese Differenzierung der einzelnen Fälle ist schon vor Schwanert mehrfach hervorgehoben worden, mit aller Genauigkeit von Francke, Sintenis, Holtius und Bekker.

Hiermit schliesst die gemeinrechtliche Dogmatik.

## IV. Anhang.

Nur der Vollständigkeit halber soll anhangsweise auf die in der allgemeinen Richtung übereinstimmenden Anschauungen v. Scheurls und Windscheids eingegangen werden, die keine Fortentwicklung bringen, sondern eigentümliche wieder nach dem Ausserjuristischen hinneigende Schwankungen zeigen, und so z. T. auf die Theorie Christiansens zurückgehen.

v. Scheurl, der an drei Stellen seine Ansichten über die Naturalobligationen entwickelt hat (Heidelb. Krit. Zeitschrift I 504 f., Krit. Vierteljahrsschr. Bd. VI [1864] 489 ff.; Jher. Jahrb. für Dogm. VII 318 ff.), will ihnen lediglich historische Bedeutsamkeit zuerkennen. Einmal sollen als naturales obligationes nur diejenigen bezeichnet werden, welche nach römischer Auffassung der naturalis ratio und aequitas entsprechen, und als Inhalt dieser beiden Begriffe solle nur das angesehen werden, was die römischen Juristen dafür gehalten haben. Ferner soll die naturalis obligatio ein spezifisch römisches Institut sein, für welches im heutigen Rechte kein Platz mehr sei: Erzeugnisse einer unvollendet gebliebenen Entwicklung des römischen Rechts, deren Vollendung dazu geführt haben würde, sie als civiles obligationes gelten zu lassen, m. a. W.: den Gegensatz zwischen civiles und (tantum) naturales obligationes völlig aufzugeben. — Diese Auffassung ist willkürlich: vorurteilslose Betrachtung des Quellenmaterials führt zu der Feststellung, dass gerade die klassische Jurisprudenz, also doch wohl die Entwicklung zu freierem und

[1]) Was besonders Windscheid, Pand. II 164 A. 4 zugunsten Schwanerts hervorhebt.

ausgeglichenem Rechte, auch die Entwicklung der römischen Naturalobligationen — z. T. sogar allzu weitgreifend — gefördert hat. Weiter führt die Betrachtung moderner Verhältnisse zu der Erkenntnis, dass kein modernes Recht ohne diese eigentümliche Zwitterbildungen auskommen kann.

Unter Verwerfung der Ansicht, dass die Klagbarkeit etwas ausserhalb des Begriffes der Obligation Liegendes sei, und der Adoption einer „gesunden Rechtsanschauung", der die Klagbarkeit das wesentliche Kennzeichen eines wahren Rechts sei, kommt Scheurl zu folgender Auffassung vom Wesen der Naturalobligationen: Verhältnisse in Obligationsform ohne Forderungsrecht des Gläubigers und ohne rechtliche Verbindlichkeit des Schuldners, dem aber vom Rechte die Fähigkeit beigelegt ist, durch Anerkennung der darin enthaltenen Verbindlichkeit als einer rechtlichen, die von dem Klagerecht unabhängige rechtliche Wirksamkeit einer wahren Obligation zu gewinnen. — Hiergegen ist das im allgemeinen zu sagen, was an der Theorie Christiansens hinsichtlich der imaginären Kraft des menschlichen Willens tadelnswert erschien; denn es kann eine Verbindlichkeit zu einer rechtlichen immer nur durch den Spruch der Rechtsordnung werden, und die Verwertung des Anerkennungswillen ist dann unmöglich, wenn dieser durch Irrtum getrübt ist, während auch noch in diesem Falle eine richtige solutio der Naturalobligation eintritt. Solche subjektive Kriterien müssen auf Abwege führen.

Das Künstliche und Gezwungene in Scheurls Auffassung tritt deutlich zutage, wenn er z. B. die obligatio contra SC. Macedonianum „eine wirklich klagbare Obligation mit bloss gelähmtem (Forderungs- und) Klagerecht" bezeichnet (Jher. Jahrb. VII 327); das bekannte Messer ohne Klinge, welchem das Heft fehlt. — Als eigentlichen Sinn der Bezeichnung „naturalis obligatio" sieht Scheurl die Kennzeichnung eines Verhältnisses, das dem nicht juristisch gebildeten und insofern natürlichen Verstande als Obligation erscheint. —

Mit dieser „natürlichen Auffassung" operiert auch Windscheid. Ihm ist überhaupt die Naturalobligation — wie er gelegentlich bemerkt (vgl. Actio [1857] S. 22) — ein unorganischer Bestandteil des Rechtssystems, der nicht innerhalb, sondern ausserhalb desselben stehe. Um aber zu einer Würdigung dieses Rechtsgebildes, das freilich für einen Mann der rechtslogischen Konsequenz wie Windscheid etwas Systemloses an sich trägt, zu gelangen, geht er von dem Gegensatze „der juristischen und natürlichen Auffassung" aus. (Pand. II §§ 287, 288); die aus der letzteren hervorgehenden (bloss-)natürlichen Verbindlichkeiten sind zunächst dem Rechte durchaus gleichgültig, und viele derselben bleiben es auch. Es gibt aber bestimmte (bloss-)natürliche Verbindlichkeiten, zu denen das Recht sich nicht durchaus ablehnend verhält, sondern es lässt sie in dieser oder jener Beziehung als Verbindlichkeiten gelten; diese juristischen (bloss-)natürlichen Verbindlichkeiten sind es, um die es sich hier handelt. — Diese Ansicht soll nach Windscheid selbst alle Schwierigkeiten lösen: sie gehe von einer Vorstellung aus, welche unbestimmt genug sei, um alles in sich aufzunehmen, was die Quellen mit dem Ausdrucke naturalis obligatio nun einmal wirklich bezeichneten. — Hieran ist richtig, dass diese Auffassung wirklich zu unbestimmt ist, um zur Aufklärung über das Wesen der Naturalobligation verwandt werden zu können. Dass Gegensätze zwischen der „natürlichen und juristischen Auffassung" bestehen, ist bekannt genug; denn das ethische, konventionelle usw. Gebiet hat seine eigenen Grenzen und Gesetze. Dass es aber nicht streng abgeschlossen ist gegen das juristische, lehrt der Inhalt jeder Rechtsordnung; denn eine ganze Reihe von sittlichen Vorschriften werden zu rechtlichen Verbindlichkeiten erklärt, und zwar zu vollkommenen und klagbaren, ausgerüstet mit der Fülle des Rechts für den Gläubiger (man denke z. B. an die Alimentationspflicht unter Verwandten). Warum aber die Rechtsordnung gerade bei einzelnen Verbindlichkeiten sozusagen auf halbem Wege stehen bleibt und die Klagebefugnis nicht dem Gläubiger erteilt, sonstige Rechtswirkungen jedoch ausdrücklich verordnet, wird durch die unbestimmte Auffassung Windscheids nicht aufgeklärt.

In einem mehrere Jahrhunderte umspannenden Zeitraume war es schliesslich gelungen, die Theorie von den Naturalobligationen auf eine positive juristische Basis zu stellen. Die Schwankungen, die einen dauerhaften Aufbau unmöglich machten, gingen von der Zeit der Glossatoren an sämtlich nach einem ausserjuristischen Gebiete hin, mochte man als Grundlage und Wurzel das ius naturale, das naturale Element denken, oder die moralische Ordnung, oder das Naturrecht, oder das ius gentium oder schliesslich ein irgendwie geartetes, namentlich nicht näher bezeichnetes Gebiet. — Die führenden Geister drängen mehrfach, bewogen durch die Unklarheit und Unübersichtlichkeit der Lehre, nach juristischer Selbstbeschränkung; diese führt aber erst dann zu bleibenden Erfolgen, als einmal die erforderliche Einsicht in die historische Entwicklung des römischen Rechts, ferner die Erkenntnis von den rechtsbildenden Kräften des realen Lebens erreicht war.

## § 14. Einzelne Fälle.

Die Übersicht über die gemeinrechtliche Entwicklung kann nicht abgeschlossen werden, bevor nicht noch zwei Fälle von Naturalobligationen, die von der gemeinrechtlichen Doktrin mit auffälligem Interesse behandelt worden sind, die erforderliche Darstellung erhalten haben. Der eine Fall ist wichtig für die allgemeine Dogmenentwicklung des Rechts, der andere noch für das geltende deutsche bürgerliche Recht.

I. Nudum pactum.[1]

Lange Zeit, zuletzt noch getragen durch die Autorität Savignys, hatte die naturalis obligatio ex nudo pacto, d. h. die Auffassung, dass da, wo zu einer klagbaren obligatio eine stipulatio notwendig wäre, aus dem formlosen Akte eine

[1]) Vgl. oben im römischrechtl. Teil über das pactum usurarium Ulpians D. (46, 3) 5, 2 S. 59ff.

naturalis obligatio entspringe, unter allen Fällen der Naturalobligationen mit die erste Stelle inne. Die Dogmenentwicklung ist aber auch hier — je nach der Intensität des sich geltend machenden praktischen Bedürfnisses — nur langsam und allmählich fortgeschritten.

Anklänge finden wir bereits bei den Glossatoren, ohne dass sie sich klar und bestimmt genug über die Rechtswirkungen eines nudum pactum äusserten. Empfunden wird solche Rechtswirkung, wenn sie die obligatio nudi pacti der obligatio ad remunerandum gegenüberstellen: die letztere obligatio ex instinctu naturae procedit, und ihre „Erfüllung" gilt als donatio; et non est illa talis donatio, quae ex nudo pacto nascitur, nam illa est efficacior, utpote cum non sit donatio, si id quod per nudum pactum naturaliter debetur, solvatur.[1]) — Hiernach genügt wenigstens ein pactum nudum als Grundlage, um die Rückforderung des Geleisteten auszuschliessen. Sonst unterscheiden die Glossatoren zwischen einem solchen allgemeinen nudum pactum und einem besonderen pactum donationis. Letzteres wird auch unter die Fälle der naturales obligationes rangiert, aber unter die klagbaren.[2])

Überhaupt erschien den Glossatoren die Weiterentwicklung der in den pacta praetoria vorliegenden Einzelfälle zu allgemeinen Grundsätzen als die natürliche Rechtsentwicklung, als ius naturale.[3]) — Immerhin ist doch festzustellen, dass von den Glossatoren der Fall des nudum pactum nicht gerade in den Vordergrund gestellt wird; das geschieht erst später.

Zu Donellus' Zeiten ist die Entwicklung schon so weit, dass er als allgemeinen Satz hinstellen kann: ceterum

---

[1]) ad D. (5, 3) 25, 11 [Ulp.].

[2]) ad D. (46, 1) 16, 4 und (44, 7) 10 [cit. oben S. 108 A. 2], wo mehrfach hervorgehoben wird, dass aus dem pactum donationis, aber nur aus diesem, nicht dem nudum pactum im allgemeinen, eine actio entspringt.

[3]) ad Inst. (1, 2) pr., wo die vierfache Bedeutung von ius naturale gegeben wird: . . . 2. quandoque pro iure pactorum et sic pro iure praetorio.

eius (sc. nudae) pactionis hanc vim esse, ut pariat obligationem naturalem.[1]) — Aber freilich kann auch er dieses Dogma nicht unbestritten vortragen, wie es eigentlich zu keiner Zeit sich unangefochtener Herrschaft erfreut hat: . . . nonnulli dubitant, et hi quidem viri doctissimi; genannt werden Baro und Connanus.[2])

Auch Westenberg[3]) führt als hauptsächlich zu erwähnendes Beispiel der von ihm so benannten obligatio mere naturalis efficax s. plenior an die „obligatio, quae ex sola conventione seu nudo pacto nascitur, ex quo iure nostro Obligatio quidem oritur et exceptio, sed non etiam Actio.[4])

Der wirksamste Widerspruch gegen die naturalis obligatio ex nudo pacto wird wieder von Giphanius[5]) erhoben, der auch hier unzulässigen Erweiterungen in der Lehre von den Naturalobligationen mit kurzen, aber ebenso prägnanten Worten entgegentritt. Er kommt zu dem nach dem vorliegenden Quellenmaterial einzig möglichen Schlusse: fundamentum de pacto et nudo consensu est infirmum. Seine Zurückweisung stützt er auf vier einfache, dem römischen Vertragssystem gerecht werdende Gründe,[6]) die in ihrer knappen Formulierung nur um so überzeugender wirken: 1. quia

---

[1]) Comment. XII 2, 6.

[2]) Comment. XII 2, 7. Hilliger, Donell. enucleat. p. 957 n. H.

[3]) Diss. de caus. obl. cap. IV § 24.

[4]) Gut ist sonst die Einsicht Westenbergs in das römische Vertragsystem. Folgende Ausführung l. c. § 25: Licet enim Naturalis aequitas conventiones servandas esse iubeat, . . . non tamen praecise exigit, ut indistincte actio locum habeat; Romani . . . sive quod minus deliberatum crederent, quod tam simpliciter et nude fieret . . . noluerunt ex omni nuda promissione actionem nasci: Certosque contractus et praeprimis stipulationem constituerunt, quibus, si quis sibi serio aliquem obligare vellet, uti posset.

[5]) Lecturae Altorfinae p. 571 f.: ad Tit. Dig. (44, 4) 20—22. — Savigny, Obl. R. I S. 55 A. 1 ist der Meinung, dass Giphanius seine Auffassung mit „schwachen Gründen" verteidigt habe.

[6]) Die freilich von Hilliger l. c. einzeln und mit mehr subjektiver Sicherheit, als objektiver Überzeugungskraft abgetan werden; natürlich ohne erhebliche Gegenargumente, es genügt: quod falsum, alius sensus usw.

nulla lege id probetur; 2. quia in Dig. (19, 4) 1 ait Paulus, ut nudo consensu constituatur obligatio, in his dumtaxat receptum esse negotiis, quae nomen suum habent, ut in emptione; 3. quia ad omnem obligationem, et ad naturalem, requiritur causa civilis; 4. quia neque in Digest. neque in C. toto tit. de pactis aut de transact. usquam dicitur, ex pacto nudo nasci obligationem naturalem . . . At obligatio naturalis esset insignis effectus, et longe maior quam est exceptio. — Diese unwiderlegbaren Gründe, von denen der dritte wieder Giphanius' hervorragende dogmatische Einsicht in das Wesen der Naturalobligationen bekundet, hätten in der gemeinrechtlichen Entwicklung dauernd anerkannt werden müssen, wenn eben der Grund für Aufstellung einer besonderen naturalis obligatio ex nudo pacto allein ein dogmatisches Bedürfnis gewesen wäre, wovon gleich zu sprechen sein wird. Vielmehr ist schliesslich die Annahme einer Naturalobligation auf Grund des nudum pactum gegen Ende des 18. und Anfang des 19. Jahrhunderts herrschende Lehre geworden; sie wird durchgängig von den Vertretern der ius gentium-Theorie verfochten.[1])

Die Gründe werden von Savigny — unus pro omnibus — besonders ausführlich dargelegt. Sie sollen sich ergeben einmal von einem allgemeinen Standpunkte aus: nach der „Natur des ius gentium" könne man an dem Dasein einer solchen Obligation nicht zweifeln; denn der freie Wille des Schuldners, sich zu verpflichten, sei augenscheinlich vorhanden, und die fehlende Form der Stipulation, an sich willkürlich und auf bloss nationaler Sitte beruhend, sei dem ius gen-

[1]) Vgl. Reinhardt, Verm. Aufs. 3. Heft S. 44. — Thibaut, System[8] § 465. — Rosshirt in seiner Zeitschr. Bd. I Heft 2, S. 129. — Francke a. a. O. S. 69. — Büchel, Erört. II 65.ff. — Erxleben a. a. O. S. 123. — v. d. Pfordten l. c. p. 10f. und Abhandl. aus d. Pandektenr. S. 263ff. — Savigny, Obl. R. I 53ff., 126f. — Puchta, Pand. § 237 Anm. f. — Zuletzt noch Hellmann in Zeitschr. d. Sav.-St. XII 325ff., 356f., bes. wegen D. (23, 4) 22; (24, 1) 28, 7. Beide Stellen berühren aber die eine Ausnahmestellung einnehmenden pacta dotalia und können daher schwerlich Beweise für die hier zur Erörterung stehende allgemeine Frage erbringen.

tium völlig unbekannt. Als fernere Gründe werden einige mehr oder minder allgemein gehaltene Quellenstellen herangezogen, besonders: Papinian in D. (46, 3) 95, 4; Ulpian in D. (2, 14) 1 pr.[1]) und (46, 3) 5, 2; Paulus in D. (50, 17) 84, 1.

Die Opposition schwieg nicht; sie verstärkte sich gegen diese unrömische, nur gewaltsam mit römischen Quellenstellen zu belegende Anschauung immer mehr, so dass sie von den Vertretern der spezifisch-juristischen Theorie bereits vollständig verlassen ist.[2]) — Vermittelst einer Detaildarstellung auf diese — nunmehr jeder praktischen Bedeutung ermangelnde — Kontroverse einzugehen, ist für unsere Zwecke nicht erforderlich; es genügt auf folgendes hinzuweisen. Savignys Ausführungen über „die Natur des ius gentium" verraten deutlich seine vorgefasste Meinung über diesen eigentümlichen Teil des römischen Rechtsystems, dessen Wesen sich — so wie hier dargestellt — bedenklich einem Natur- oder sonstigen Idealrechte nähert.

Von den zur Unterstützung herangezogenen eben erwähnten Quellenstellen haben die beiden zuletzt genannten Fragmente von Ulpian und Paulus ihre erforderliche

---

[1]) Savigny a. a. O. S. 54 A. d zu dieser Stelle: „Deutlicher kann man nicht sagen, dass das ius gentium dem formlosen Vertrag verbindliche Kraft beilege."

[2]) An Giphanius knüpft erst wieder an v. Meyerfeld, Schenkungen I S. 344 ff. — Nach seiner Meinung begründet das pactum ohne das Hinzukommen einer Leistung (res) von der anderen Seite keine naturalis obligatio, selbst wenn es donationis causa erfolgt ist. Die Wertlosigkeit von Ulpians Ausspruch „nuda pactio obligationem non parit, sed parit exceptionem" für die Lehre von den Naturalobligationen wird dadurch nachgewiesen, dass es zum Schutze der naturalis obligatio eben keiner exceptio bedürfe, indem die condictio indebiti durch die naturalis obligatio schon ipso iure ausgeschlossen sei. — Weiter: Unterholzner, Schuldverh. Bd. I § 23. Liebe, Stipulation S. 79 und in Zeitschr. f. CR und Pr. XV 201. — Girtanner, Stipulation S. 401 ff. — Jhering, Geist des r. R. I 136 A. 45. — Prakt. Fall in Blätt. f. Rechtsanw. in Bayern Bd. 38, S. 204. — Holtius a. a. O. S. 6 ff. — Brinz S. 16 ff. — Schwanert S. 123 ff. — Kuntze, Exkurse S. 542, zu § 643. — Windscheid, Pand. II § 289 A. 1.

Interpretation im römischrechtlichen Teile erfahren, die freilich von einer naturalis obligatio auf Grund eines nudum pactum nichts finden konnte. Von den beiden zuerst genannten Fragmenten ist der Ausspruch Papinians D. (46, 3) 95, 4[1]) — nach Holtius' Deduktion — nicht für die Ansicht Savignys und seiner Gesinnungsgenossen zu verwenden, sondern vorzüglich gegen dieselbe, indem Holtius besonders den ersten Teil des Fragments genauer ins Auge fasst. Die Anwendung auf das pactum stimme nicht: legen wir der naturalis obligatio, von der Papinian allgemein spricht, den Spezialfall des nudum pactum (nach Savigny zugleich der wichtigste!) unter, so müsste dieses pactum durch ein entgegengesetztes pactum ipso iure aufgehoben werden. Diese Folge werde aber unzweideutig durch einen Ausspruch von Paulus[2]) ausgeschlossen, und die Aufhebung nur ope exceptionis zugelassen. — Diese Deduktion von Holtius ist doch nicht ganz schlüssig; das Paulus-Fragment spricht offenbar von keinem selbständigen konstitutiven pactum und einem zweiten jenes aufhebenden, sondern von einem zuerst abgeschlossenen pactum de non petendo und einem nachträglich abändernden pactum de petendo.[3]) — Es bedarf keiner besonderen Gegenargumente gegen die Papinianstelle, da sie selbst — voraussetzungslos und im Zusammenhange mit vor- und nachstehendem Text gelesen — von einem nudum pactum in keiner Weise spricht. Es ist nur die Rede von der Pupillenobligation, und es hindert nichts, die mit

[1]) Naturalis obligatio, ut pecuniae numeratione, ita iusto pacto vel iureiurando ipso iure tollitur: quod vinculum aequitatis, quo solo sustinebatur, conventionis aequitate dissolvitur. Ideoque fideiussor, quem pupillus dedit, ex istis causis liberari dicitur. — Savigny a. a. O.: „Hier wird von dem formlosen pactum ausdrücklich gesagt, dass, es vinculo aequitatis sustinetur, also gewiss (?) durch das ius gentium." — Vgl. oben S. 34f.

[2]) D. (2, 14) 27, 2: Pactus ne peteret, postea convenit ut peteret; prius pactum per posterius elidetur: non quidem ipso iure, sicut tollitur stipulatio per stipulationem, si hoc actum est; quia in stipulationibus ius continetur, in pactis factum versatur, et ideo replicatione exceptio elidetur.

[3]) Schwanert S. 137f. — Genauere Aufklärung bei Gaius IV 126.

„Naturalis obligatio" scheinbar etwas allgemein einsetzenden Worte nur auf diesen Spezialfall zu beziehen. Der Gedankengang Savignys: vinculum aequitatis, darin enthaltener Hinweis auf ius gentium, dieses wieder Ursprungsgebiet der obligatio ex nudo pacto, — ist doch zu sprunghaft und nur der ganzen ius gentium-Theorie zuliebe getan, so dass er bleibende Bedeutung nicht gewinnen konnte.

Ebenso wird von Savigny den Einleitungsworten Ulpians zu dem Ediktstitel „de pactis"[1]) eine falsche Richtung auf das ius gentium gegeben; sie enthalten keinerlei Andeutung von diesem, sondern die „aequitas naturalis" wird als kommentierende Einführung zu den einzelnen Titeln des Edikts von Ulpian häufig gebraucht, und das pacta servare, als congruum fidei humanae mehr moralisierend hingestellt, bezieht sich auf den Schutz, den das edictum praetoris den pacta conventa verliehen hatte.[2])

Nach alledem bleibt die eigentümliche Bevorzugung des nudum pactum von der Zeit der Glossatoren an bis in das 19. Jahrhundert auffällig, umsomehr als ihm noch bis zuletzt, trotz des Mangels von beglaubigenden Quellenstellen, führende Geister wie Savigny ihren energischen Schutz angedeihen liessen. — Diese auf-

---

[1]) D. (2, 14) 1 pr.: Huius edicti aequitas naturalis est. Quid enim tam congruum fidei humanae, quam ea, quae inter eos placuerunt, servare. —

[2]) Bes. Brinz a. a. O. S. 17ff. — v. d. Pfordten p. 10 u. 7 weist auf Pauli sent. I 1, 1 hin, wo von einer „pacti obligatio" gesprochen wird. Diese Wendung ist auffällig und kommt in dem ganzen römischen Quellenmaterial hier nur ein einziges Mal vor. Dem aufmerksamen Blick von Giphanius ist dies nicht entgangen, und da in Rücksicht auf die Gleichstellung mit der transactio ein pactum de non petendo offensichtlich gemeint zu sein scheint, hätte man exceptio statt obligatio als echten Text zu lesen. — Auch Schulting [Jurisprudentia vetus ad Dig. h. l.] kommt die Stelle verdächtig vor, trotzdem er grundsätzlich die Auffassung bezügl. der obligatio naturalis ex nudo pacto teilt: „Ceteroquin nec ego hanc sententiam puram putam Pauli esse praestare velim; est quoque insolita locutio pacti obligatio . . . forte hic nonnihil immutavit Anianus. — Schliesslich braucht obligatio — wie mehrfach obligare — hier nicht im technischen Sinne angewandt zu sein, sondern im allgemeinsten von Wirksamkeit überhaupt. —

fällige Erscheinung lässt sich nur so erklären, dass es sich bei dem Bemühen, dem pactum nudum schon nach römischem Rechte die Rechtswirkung einer naturalis obligatio zuzuerkennen, nicht um Bedürfnisse der Theorie gehandelt haben kann. Vielmehr waren es solche der Praxis und des geschäftlichen Verkehrs, die immer wieder von neuem durch Jahrhunderte hindurch das Verlangen nach irgendwelcher rechtlicher Anerkennung des sogenannten „pactum nudum“ wachriefen. Diese Bedürfnisse waren von der Zeit der Rezeption des römischen Rechts an unbefriedigt geblieben, da dessen Vertragsystem, schon an sich auf historischen Zufälligkeiten beruhend, auch nur teilweise rezipiert wurde, vor allem der allgemeine und praktikable Ergänzungskontrakt, die stipulatio mit ihren reichen Verzweigungen auf deutschem Boden abstarb. So entstand bald eine empfindliche Lücke im Vertragsysteme des gemeinen Rechts, die man durch mühsam herbeigeschaffte Quellenstellen oder gezwungene Deduktionen auszufüllen versuchte. Schon glaubte man Genügendes erreicht zu haben, wenn man wenigstens zugunsten der Sicherheit des Verkehrs auch die Erfüllung des nudum pactum sichern konnte; ein naheliegender Weg hierzu war die Anerkennung als römische naturalis obligatio. Und nur aus diesen praktischen Bedürfnissen heraus lässt es sich erklären, dass nach der Rezeption bei zunehmender Entwicklung von Handel und Verkehr auch dieses nudum pactum, das als Notbehelf einzig übrig blieb, immer mehr in den Vordergrund gedrängt wurde, bis schliesslich die Gesetzgebung durch Schaffung handelsrechtlicher Institute, die das „einfache Versprechen“ aufnahmen, genügend Vorsorge traf.

Man ist noch weiter gegangen. Liess sich die naturalis obligatio ex nudo pacto schon auf das reine römische Recht gründen, so lag schliesslich der Weg offen, das nudum pactum überhaupt als klagbaren Vertrag anzuerkennen. Die Rechtsentwicklung war über das geschlossene römische Vertragsystem hinausgegangen und war dazu gelangt, den allgemeinen Grundsatz der Vertragsfreiheit zu proklamieren.

Von diesem Standpunkte aus erschien es verwunderlich, weshalb der nackte Wille, Schuldner zu werden, nach Beseitigung der Stipulation zur Begründung einer Obligation nicht genügen solle; bestehe doch das einfache Versprechen lediglich durch den akzeptierten Willen desjenigen, der sich zum Schuldner machen wolle.[1]) Der Hinweis auf parallele deutschrechtliche Grundsätze[2]) und unterstützende Aussprüche des kanonischen Rechts[3]) musste diese Ausführungen vervollständigen. — Auch dieses Dogma vom „abstrakten Verpflichtungswillen" ist juristisch nicht haltbar, da die moderne Rechtsentwicklung zwar zum Grundsatze der allgemeinen Vertragsfreiheit, d. h. zu demjenigen der materiellen Typenfreiheit gelangt ist, welcher die Herbeiführung jedes erkennbaren wirtschaftlichen Erfolges anerkennt und schützt, aber hiermit nicht zugleich ohne weitere positivrechtliche Bestimmungen die Zulässigkeit eines allgemeinen das übrige Vertragsystem dann auflösenden abstrakten formlosen Versprechens ausspricht.[4]) — Dieses Dogma und seine energische Verteidigung erklärt sich gleichfalls nur aus dem Bestreben, die Lückenhaftigkeit des gemeinrechtlichen Vertragsystems — da positivrechtlich nicht möglich, durch dogmatische Hilfsmittel — zu beseitigen.

Jedenfalls ist es für die Lehre von den Naturalobligationen von bedeutendem Interesse zu beobachten, wie ein und

---

[1]) Vgl. Savigny, Obl. R. II 240f. — Rudorff in Puchta Pand. § 257. — Arndts in Krit. Überschau IV 1 ff.; 219 ff. — Fitting in Zeitschr. f. Handelsr. III 280f. — Windscheid, L. v. d. Vorauss. S. 198; Pand. II §§ 318 und 319. — Dernburg, Pand. II § 22 No. 3.

[2]) Bes. die farblose „Klage um Schuld": Gerber, D. Privatr. § 153. — Erxleben II 463f. — Siegel, Verspr. als Verpflichtungsgr. S. 48f.

[3]) „Pax servetur, pacta custodiantur": c. 1 X de pact. 1, 35; c. 3 X eod.; c. 12, c. 22, qu. 5.

[4]) Über dieses Dogma genauer: Klingmüller, Begriff des Rechtsgrundes § 11. — Wenn man das pactum nudum als eine Art gemeinrechtlicher Stipulation anerkennen will, dann bleibt als einzig mögliche Begründung die von Heimbach a. a. O. S. 472 gewählte übrig: „Dass es nach teutschrechtlicher Gewohnheit klagbar geworden sei."

derselbe Tatbestand des nudum pactum unter der Herrschaft der einen Rechtsordnung, des römischen Rechts, als unvollkommene klaglose Obligation, unter der Herrschaft einer anderen, wenn auch verwandten, des gemeinen Rechts, als vollkommene klagbare gelten kann. Die Möglichkeit, eine solche Divergenz oder — wenn man will — Fortentwicklung anzunehmen, ist an sich gegeben: die Klagbarkeit eines pactum nudum war nach römischem Rechte durch die Geschlossenheit seines Vertragsystems unmöglich, nach gemeinem Rechte insofern möglich, als der Klagbarkeit nicht mehr jener führende Grundsatz des römischen Vertragsrechtes hindernd entgegenstand.

Aus der Betrachtung dieses Falles ist schliesslich für das Wesen der Naturalobligationen folgende wichtige Lehre zu ziehen:

Der einer Naturalobligation zugrunde liegende Tatbestand könnte nach allgemeinen rechtslogischen Erwägungen mit der Klagbarkeit, d. h. mit voller obligatorischer Wirkung versehen werden, wenn dem nicht besondere Grundsätze der positivrechtlichen Gestaltung entgegenstünden.

II. Klagenverjährung.[1]) Mit der Frage, ob nach abgelaufener Verjährungsfrist die obligatio noch als eine naturalis bestehen bleibt, berühren wir eine der berühmtesten Kontroversen des gemeinen Rechts, die ihren Zwiespalt noch bis in die Kommissionen zur Beratung des Entwurfs eines Bürgerlichen Gesetzbuchs getragen hat.

---

[1]) Diese Ausführungen über Klagenverjährung erscheinen in erweiterter Form, besonders unter eingehender Berücksichtigung des römischen Rechts, als Beitrag in der Festgabe der Breslauer Juristenfakultät zum 50jährigen Doktorjubiläum von Felix Dahn. — Anstelle des Ausdrucks „Klagenverjährung" sind je nach Verschiedenheit der Anschauung über die Wirkung der Verjährung andere Ausdrücke vorgeschlagen worden: Linde in Zschr. f. Civilr. und Proz. Bd. II S. 153 „Rechtsverjährung"; Wächter, Württ. Privatr. Bd. II S. 806 „Schuldverjährung"; Windscheid, Actio S. 38f. „Anspruchsverjährung". Gegen eine Urgierung des Ausdrucks Demelius, Untersuchungen aus dem röm. Civilrecht, S. 7.

Der Verjährungsbegriff — so geläufig er auch uns modernen Juristen ist — hat erhebliche Wandlungen durchgemacht und steht auch jetzt noch nicht dogmatisch auf völlig sicherem Boden. Die ältere gemeinrechtliche Doktrin hat auch hier zu unheilvollen Erweiterungen geführt, indem man schliesslich unter „Verjähren" das im allgemeinsten Sinne verstand, was die Laienauffassung unter diesem Ausdrucke versteht. Man sprach nicht bloss von praescriptio extinctiva und praescriptio acquisitiva, sondern auch unbedenklich von einer praescriptio momentanea, indem man in letzterem Falle die Erscheinung bezeichnen wollte, dass ein Recht nur in einem bestimmten Augenblicke ausgeübt werden könne, wie z. B. das Recht der Notwehr im Augenblicke des Angriffs, und dass man diesen Zeitpunkt untätig vorüber gehen liess.

Die gemeinrechtliche Verjährungslehre hat nur scheinbar an die römischen Quellen angeknüpft, sie ist — wie manche andere Lehre des gemeinen Rechts — selbständiger Natur. Denn man kann für das römische Recht nicht von einer einheitlichen Verjährungslehre des materiellen Rechts sprechen, insofern es ein einheitliches Rechtsinstitut der Verjährung weder in der vorklassischen noch in der nachklassischen Periode gegeben hat. Mangelte doch schon ein allgemeiner Ausdruck für das, was wir jetzt als Verjährung zu bezeichnen pflegen; „praescriptio" im allgemeinen Sinne für Verjährung ist als technischer Ausdruck erst dem kanonischen Rechte geläufig, wenn es auch bereits hin und wieder in den Digesten und dem Codex in dieser Bedeutung vorkommt.[1]) Die hier interessierenden Fragen der Verjährungslehre sind folgende:

Was ist eigentlich unter Klagenverjährung zu verstehen? Wie ist der Vorgang des Verjährens juristisch zu denken? Welches ist die Wirkung der Verjährung auf das einem Fristenlaufe ausgesetzte Recht?

---

[1]) Vgl. näheres in der Festgabe für Dahn, II. Teil Röm. Rgesch. S. 35f. — Folgende Stellen kommen in Betracht: D. (49, 14) 1, 3, 5; (48, 17) 3. — Cod. Iust. (9, 35) 5; (5, 62) 3. — Summar. zu Cod. Theod. (10, 1) 15.

Wie an anderer Stelle[1]) gezeigt ist, ist das altrömische Zivilrecht arm an Fällen von zeitlicher Rechtsbegrenzung. Dieser Zustand ist nicht auffällig, sondern er tritt bei allen älteren Rechtsordnungen auf. Die einmal statuierten Rechte bleiben immer Rechte, sind also in diesem Sinne ewig: actiones perpetuae. Was Recht ist, soll Recht bleiben. Erst die prätorische Rechtsbildung lässt eine ganze Reihe Ausnahmen von diesem Grundsatze zu; in buntem Gemisch entstehen so eine grosse Anzahl von actiones temporales, die prätorischen Annalklagen, die noch kürzer befristeten actiones aediliciae. Die Bedürfnisse des Verkehrs machen sich in diesen Ausnahmefällen geltend: die baldige Entscheidung über streitige Rechte dient sowohl den öffentlichen Interessen wie denjenigen der beteiligten Personen. Bei allen Befristungen von Aktionen, welche das prätorische oder ädilicische Edikt verordnete, ist nun jedenfalls die prozessuale Lage so zu denken, dass die exceptio annua ohne besonderen Antrag des Beklagten in die Formel inseriert wurde, dass mithin die prätorische Temporalität von Amtswegen zu berücksichtigen war. Die zeitliche Beschränkung zahlreicher Aktionen ist somit offensichtlich ein Werk der positiven römischen Gesetzgebung. Hierbei ist gleichgültig, aus welchem Grunde der Prätor fast durchgängig die Frist von einem Jahr wählte; bei dem Mangel sonstiger glaubhafter Berichte ist anzunehmen, dass diese Frist deswegen gewählt wurde, weil sich — wie Karlowa[2]) bemerkt — der Kreislauf der Natur und so auch gewöhnlich des bürgerlichen Lebens in einem Jahre vollendet.

Der rechtliche Charakter dieser Frist und die Wirkung ihres Ablaufs ergibt sich aus einer vorurteilslosen Betrachtung der durch die zeitliche Begrenzung geschaffenen Rechtslage. Es hatte der Prätor in seinem Edikt für bestimmte, ihm des rechtlichen Schutzes für würdig erscheinende Verhältnisse einen Kondemnationsbefehl versprochen, aber nur intra an-

---

[1]) Festgabe S. 36f. —

[2]) Röm. Rgesch. Bd. II S. 979. — Näheres, besonders wegen der Beziehung des annus zu dem prätorischen Amtsjahre, vgl. Festgabe S. 39f. —

num. Wurde in dieser Frist nicht die experiundi potestas, die Klagemöglichkeit von dem durch die actio Geschützten ausgeübt, so waren nach ungenutztem Ablaufe der Frist nunmehr die Tatsachen, auf die er seine actio hätte gründen können, ebenso rechtlich unerheblich, als sie es gewesen waren, bevor das „iudicium dabo" im Edikte erschienen war. Der Prätor wollte das betreffende Recht nur ein Jahr lang gelten lassen und anerkannt wissen; nach Ablauf der Frist sollte es ohne weiteres erlöschen.

Es handelt sich also bei dem Institute der prätorischen Annalität um keine eigentliche Klagenverjährung, sondern um Fälle gesetzlicher Befristungen, um sogenannte Legalfristen. Ist dies aber der Fall, so ist für das Zurückbleiben einer Naturalobligation nach Ablauf der vom Prätor bewilligten Frist kein Raum; es ist auch in den Quellen keine Belegstelle aufzufinden, welche für eine derartige schwächere Wirkung der prätorischen Temporalität verwendbar wäre.[1])

Mehrfach ist nun in der Literatur die Meinung vertreten worden, dass das römische Recht von einer gesetzlichen Befristung der Aktionen zu einer blossen Verjährung der Klagen fortgeschritten sei; durch diese Mässigung in der Wirkung des Zeitablaufes sei doch schliesslich die Möglichkeit gegeben gewesen, das Übrigbleiben einer naturalis obligatio anzunehmen. Auf diese Weise hat man einen prinzipiellen Gegensatz zwischen der vortheodosianischen Legalbefristigung und der nachtheodosianischen Klagenverjährung zu konstruieren versucht, wie dies Fick und Demelius getan haben.[2])

[1]) Hierauf hat zuerst A. Fick in seiner Inauguraldissertation: „Quid intersit, quoad vim tempore in ius exercitam, inter exceptionem temporis actionibus perpetuis opponendum et alias quas dicunt temporis praescriptiones. — Marb. 1847" — aufmerksam gemacht. — Weiter ausbauend Demelius a. a. O. S. 12 ff.

[2]) Fick p. 46 squ. — Demelius §§ 11—13. — Demelius besonders sieht in der von Theodosius II. eingeführten allgemeinen Klagenverjährung [vgl. C. Theod. (4, 14) und C. Iust. (7, 39) 3] bezüglich ihrer Wirkung ein völlig neues Rechtsinstitut. Jetzt sei das passive Verhalten des Berechtigten der ent-

Die hier einschlägigen Konstitutionenstellen, ohne Vorurteil gelesen und ohne Zwang interpretiert, ergeben nichts für diese Ansicht, sondern alles für das Gegenteil.

Es kommen folgende Stellen in Betracht:

Theodosius II. l. c. (C. Theod. [4, 14]. — C. Just. [7, 39] 3);

Valentinian III. Novell. Valent. tit. XXVI § 3;

Anastasius C. Just. (7, 39) 4.[1])

Aus allen Stellen ergibt sich, dass nach Ablauf der Frist von 30 Jahren eine „extinctio" des Rechts eintreten, der Ausschluss jeder facultas ulterius vivendi für die betroffene actio die Folge sein soll; denn die alten exceptiones temporales bestehen in unverminderter Kraft fort, sie werden in ihrer Wirkung gleichgesetzt dem aus dem Kaiserrecht stammenden Verjährungseinwendungen. — So ist jedenfalls, was die Wirkung des Fristablaufs anbelangt, ein prinzipieller Gegensatz zwischen vor- und nachtheodosianischer Klagenverjährung nicht festzustellen. Auch hier ist die römische Rechtsentwicklung nicht sprunghaft vorwärts gegangen, noch ist sie von einem Extrem ins andere gelangt, sondern wir sehen nur ein allmähliches organisches Wachsen. Da ist es nicht verwunderlich, dass diejenigen Rechtsbegriffe, welche wir Modernen streng auseinander halten, wie z. B. gesetzliche Befristung und Verjährung, ineinander fliessen. Daher haben auch diejenigen, welche das Auseinanderhalten jener beiden Begriffe auch für das römische Recht anerkannt wissen wollen, mehr dogmatisch als historisch recht. Es kann in diesem Zusammenhange auf die Worte Bekkers[2]) verwiesen werden:

scheidende Umstand gewesen, auf welchen die Verjährungswirkung abgestellt worden sei; dieses Verhalten sei genügend bestraft, wenn dem Berechtigten nur die Klagebefugnis entzogen werde, im übrigen aber noch eine erfüllbare naturalis obligatio zurückbleibe. — Offensichtlich trägt Demelius wieder Erörterungen de lege ferenda in das Studium der Quellen. — Gegen Demelius auch Schwanert S. 467f. —

[1]) Über die genauere Interpretation dieser Stellen muss wieder auf Festgabe S. 46f. verwiesen werden.

[2]) Pand. I § 38 Beil. III.

Verjährung und Legalbefristung sind nur nachträglich erfundene Grundtypen, und es ist beinahe selbstverständlich, dass die in Angriff genommene Gruppenbildung sich nicht glatt durchführen lässt, manche Gebilde auf der Grenze stehen, manche die wir aus überwiegenden Gründen dem einen Typus zusprechen zu sollen glauben, doch zugleich charakteristische Merkmale des anderen zeigen.

Nun sind bisher ausserhalb der Diskussion geblieben drei Digestenstellen, die in der gemeinrechtlichen Literatur eingehend erörtert und besonders für die Auffassung von der schwächeren Wirkung des Zeitablaufs, das heisst für das Zurückbleiben einer Naturalobligation verwandt worden sind. Auf sie muss daher auch hier genauer eingegangen werden.

Die erste Stelle ist ein Fragment von Ulpian aus dem 27. Buche seines Ediktskommentars in D. (13, 5) 18, 1.[1]) — Ulpian trägt in dieser Stelle folgende Lehre vor:

1. Für die Begründung eines Konstitutum ist das Vorhandensein eines debitum unbedingtes Erfordernis;

2. für seine Fortdauer nicht, es kann auch ohne debitum weiter wirksam fortbestehen, z. B. post tempus obligationis.

An dem Satz zu 1 muss Ulpian unbedingt festhalten, er kann sich in einem Ediktskommentar nicht über die ausdrücklichen Worte des Prätors hinwegsetzen.[2]) Dagegen liegt die plenior interpretatio, deren sich Ulpian befleissigt, in dem Satze zu 2, der sowohl dem Wesen wie dem Zwecke des Konstitutum gerecht wird. Darüber besteht aber allgemeine Übereinstimmung sowohl bei den römischen wie bei den modernen Juristen: nach Ablauf des tempus obligationis besteht keine Möglichkeit mehr, ein gültiges Konstitutum zu begründen. Denn es bleibt nichts übrig, was als dessen — wenigstens theoretische — Grundlage hätte gedacht werden können; ausdrücklich wird von einem „nunc non debitum" ge-

---

[1]) Über die von Savigny, Syst. Bd. V S. 401 f. vorgeschlagene willkürliche Veränderung des Textes vgl. Festgabe S. 51.

[2]) „qui pecuniam debitam constituit." Lenel ed. perp. S. 197 f. —

sprochen. Deswegen kann dieses Fragment nur für die Annahme einer starken Wirkung des Zeitablaufs in Anspruch genommen werden. Hätten die römischen Juristen eine naturalis obligatio nach Fristablauf bei den Temporalklagen angenommen, es wäre ihnen, vor allem Julian, dem bedeutenden Förderer der Rechtsidee von den naturales obligationes, auf welchen Ulpian hier selbst Bezug nimmt, nicht schwer geworden, auch dieses „natura debitum" unter das debitum überhaupt einzurangieren.

Die zweite Stelle stammt von Paulus in D. (46, 1) 37.[1]) Die Ausführungen von Paulus decken sich grundsätzlich mit denjenigen Ulpians: nach dem Ablaufe der Verjährungsfristen bleibt kein zu denkendes obligatorisches Etwas zurück, und es kann zu diesem Nichts daher auch keine fidejussio hinzutreten, eine Sicherungsmöglichkeit, die sonst der naturalis obligatio von den römischen Juristen vor Paulus und von ihm selbst unbedenklich gewährt worden ist.

Aus etwas früherer Zeit stammt die dritte Stelle, nämlich von Africanus in D. (46, 3) 38, 4, entnommen aus dem 7. Buche seiner Quaestionen. Der Tatbestand dieser Stelle bleibt — wie häufig bei Africanus — dunkel, so dass die aus der Stelle zu ziehenden Folgerungen nicht völlig sicher sind.[2]) Es soll ein Schuldner von der actio liberiert worden sein, und zwar während seiner Abwesenheit in Staatsgeschäften; diese actio muss eine temporalis gewesen sein, da „actione liberari" ein gewöhnlicher Ausdruck für das Erlöschen des Klagerechts durch Fristablauf ist. Nach Rückkehr des Schuldners beginnt der annus zu laufen und läuft ungenutzt ab, d. h. der Gläubiger beantragt keine Restitution der Klage gegen den

---

[1]) [lib. 17 ad. Plaut.]. Auch hier ist Savignys (Syst. V S. 398) Interpretation einseitig und unrichtig. Gegen ihn bes. Bekker, Jahrbuch IV S. 429; Schwanert S. 459. —

[2]) Die Interpretation ist erst von Büchel, Zivilrechtl. Erört. Bd. I S. 68 f. auf richtige Grundlagen gestellt worden. — Nachweisung sonstiger Literatur in Festgabe S. 53 A. 3. —

zurückgekehrten Schuldner.[1]) Es entsteht die Frage: wird auch der Bürge durch diesen Zeitablauf ohne weiteres frei?

Diese Frage ist grundsätzlich zu bejahen; aber J u l i a n, welchen A f r i c a n u s als Gewährsmann anführt, nimmt den Fall aus, dass innerhalb des annus keine experiundi potestas in Hinsicht auf den Bürgen vorlag; dann gibt es noch Restitution gegen diesen wie im Falle schuldhafter Vernichtung des geschuldeten Gegenstandes durch den fidejussor. Durch diese Sachlage ist es allerdings möglich, dass die wiederhergestellte Verpflichtung des Bürgen die endgültig abgestorbene principalis obligatio noch eine Zeitlang überlebt, und dass auf diese Weise die Bürgschaftsverpflichtung als akzessorisches Rechtsverhältnis ohne den erforderlichen Stützpunkt der Hauptobligation verbleibt. Um diese Schwierigkeit zu vermeiden, hätten die römischen Juristen theoretisch eine naturalis obligatio — wie sonst in manchen Fällen — als erforderliche Grundlage konstruieren können; wir hören aber hiervon nicht einmal andeutungsweise etwas.[2]) — Im vorliegenden Falle ist das Überleben der Bürgschaftsverpflichtung nur möglich auxilio praetoris. An sich ist die actio ex stipulatu gegen den Bürgen durch Fristablauf erloschen, weshalb es eines besonderen und ausserordentlichen Rechtsmittels bedarf, um in diesem Ausnahmefalle die Folgen eines rechtlichen Grundsatzes wiederaufzuheben.

So ist jedenfalls aus der klassischen Periode kein Zeugnis dafür zu erbringen, dass die römischen Juristen nach dem Ablauf der Verjährungsfristen an das Zurückbleiben einer Naturalobligation gedacht hätten. Doch hat man noch zwei Codexstellen für diese Auffassung verwenden wollen; es handelt sich um eine constitutio von G o r d i a n aus dem Jahre 240 und von J u s t i n u s aus dem Jahre 525.[3])

---

[1]) D. h. restitutio in integrum ex capite absentiae innerhalb eines annus utilis. D. (4, 6) 1, 1. —

[2]) In D. (46, 1) 37 (vgl. vor. S.) weist P a u l u s sogar ausdrücklich die Möglichkeit ab, für eine bereits verjährte Schuld eine fidejussio einzugehen.

[3]) C. (8, 31) 2 u. (7, 39) 7, 1. —

In beiden Stellen wird mit ebenso kurzen wie unzweideutigen Worten der Fortbestand des Pfandrechts auch nach Erlöschen der Hauptklage durch Fristablauf anerkannt, und zwar sowohl für die Zeit vor wie nach Einführung der Theodosianischen Klagenverjährung. Gerade in Rücksicht hierauf sind beide Stellen die hauptsächlichsten Beweisstellen für diejenigen gewesen, welche die schwächere Wirkung der Verjährung verteidigten. Hierbei ist man dogmatisch nicht unrichtig vorgegangen; die Schwierigkeit, welche in der Fortdauer des akzessorischen Pfandrechts ohne Bestehenbleiben einer Hauptobligation zweifellos liegt, hätte sich so lösen lassen, dass man als Stützpunkt wieder eine naturalis obligatio annahm. Aber dieses Vorgehen und diese Ansicht ermangelt für das römische Recht der historischen Begründung. Die Lösung der Schwierigkeit ist in richtiger Weise zuerst durch Büchel[1]) erfolgt: der Prätor hatte in seinem Edikt die dingliche Pfandklage davon abhängig gemacht, dass die Forderung noch nicht durch Zahlung getilgt, oder der Gläubiger auf andere Weise zufrieden gestellt sei. In Rücksicht auf diese Ediktsworte haben die römischen Juristen und Kaiser die Fortdauer der Pfandklage nach abgelaufener Verjährung der Hauptschuld angenommen; denn weder ein „solvere" noch ein sonstiges „satisfacere" war dem Gläubiger gegenüber eingetreten. Diese Konservierung der Pfandklage geschah natürlich aus blossen Zweckmässigkeitsgründen und ohne Rücksicht darauf, wie wohl am besten die akzessorische Natur des Pfandrechts dem System zuliebe gewahrt werden könne.

So sind Ausgangspunkt und Endpunkt des römischen Rechts bei der gesetzlichen Ausgestaltung des Verjährungsproblems in der gleichen Wegrichtung geblieben; wir können keinerlei Abweichung von den Grundsätzen, die von Anfang bis zu Ende befolgt wurden, feststellen. Die Erklärung für

---

[1]) a. a. O. S. 55f. — Sonstige Literatur bei Windscheid Pand. I § 112 A. 5 u. Festgabe S. 56 A. 1. —

diese Gleichmässigkeit ist wohl darin zu finden, dass auch hier der Beginn der Entwicklung auf prozessualem Gebiete lag, und demnach die vom Prätor verordneten Fristen bei der langen Geltungsdauer des Formularverfahrens auch rein prozessuale, also sogenannte Legalfristen blieben, was sie von Anfang an waren. Auch hier ist die Entwicklung des römischen Rechts aus den erkennbaren Grundformen stetig und klar, der Ausbau einfach und klassisch.

Bei dem einfachen Entwicklungsgange des römischen Rechts bleibt der lebhafte Streit der Meinungen über die Wirkung der Klagenverjährung im gemeinen Rechte gewiss merkwürdig. Indessen liegt die Geschichte dieser berühmten Streitfrage kaum 1 Jahrhundert zurück; die ältere gemeinrechtliche Literatur ist von ihr unberührt geblieben. Nur Donellus[1]) beschäftigt sich gelegentlich etwas näher mit dem Gegensatze der actiones perpetuae und temporales, und er versucht auch für das Justinianische Recht nicht bloss einen quantitativen, sondern auch qualitativen Unterschied der älteren und neueren Verjährung nachzuweisen: die actiones temporales des älteren Rechts sollen mit Ablauf des tempus ipso iure erlöschen, dagegen nur ope exceptionis diejenigen actiones, für die erst durch spätere Gesetze die Verjährung eingeführt ist (Theodosianische Verjährung). Diese falsche Behauptung ist natürlich auf den Mangel in der Kenntnis des prätorischen Edikts, in welchem die exceptio temporis gerade für die honorarischen Temporalklagen ständig proponiert war, und des römischen Zivilprozesses zurückzuführen. Den weiteren Schritt, von diesem immer noch formellen Unterschiede zur Annahme einer Naturalobligation nach verjährten actiones perpetuae überzugehen, hat Donellus noch nicht getan; ihm liegt dieser Gedanke noch so fern, dass er den Text der vorhin erwähnten constitutio Gordians C. (8, 31) 2, so wie er vorliegt, für verdorben ansieht und ohne weiteres durch Einschiebung eines „non" verbessern will, was natürlich weder in Rücksicht auf die Handschriften, wie auf den

[1]) Comment. XVI, 8, 21 ff.

Sinn der Stelle zulässig ist. Das verjährte Recht ist ihm so sicher völlig vernichtet, dass auch alle Akzessionen hinfällig sein müssen.[1])

Besonders heftig entbrannte der Streit der Meinungen erst gegen Anfang des 19. Jahrhunderts; die Juristenwelt begann sich in zwei nach Qualität und Quantität etwa gleiche Lager zu teilen. Das Problem wurde so gestellt: entweder kann der Verjährung nur eine schwächere Wirkung zugeschrieben werden, indem sie noch eine Naturalobligation übrig lässt, oder eine stärkere Wirkung, welche dann das ganze obligatorische Verhältnis vernichtet.[2])

Nach der für das römische Recht gegebenen Übersicht ist die sogenannte relative Theorie nicht auf dem Boden der römischen Quellen erwachsen. Ihre Wurzeln liegen vielmehr einmal auf rechtspolitischem Gebiete mit der offensichtlichen Tendenz, die Interessen des Gläubigers so besser wahrnehmen

---

[1]) So Schwalbach in Jher. Jahrb. Bd. 20, S. 267f. — Der Wortlaut von Gordians constitutio C. (8, 31) 2: „Intellegere debes vincula pignoris — nach Donellus non! — durare personali actione submota."

[2]) Für die schwächere Wirkung: Weber l. c. § 92. — Glück XV S. 65. — Mühlenbruch II § 481. — Unterholzner, Schuldverhältn. I § 247; Verjährgslehre II §§ 248, 258. — Francke, Abh. I S. 73ff. — Guyet in Arch. f. civ. Pr. XI S. 62ff. — Böcking, Pand. Grdr. I § 160. — Göschen, Vorlesgen I, S. 445f. — Savigny, Syst. V §§ 248—251; Obl. R. I S. 96ff. — Puchta, Inst. II, S. 410f.; Pand. § 92. — Demelius, Untersuchen I S. 65ff. — Brinz, Pand. § 47. — Eisele in Jher. Jahrb. XXXI S. 379ff. — Regelsberger I § 186. — Dernburg, Kompensation S. 473f.; Pand. I § 150 und II § 5. — Hölder, Pand. S. 341f., 352f. — Für die stärkere Wirkung: Sommer, Rechtswiss. Abh. (1818) 8., S. 6f. — Büchel, Erört. I. 1. — Löhr in Arch. f. civ. Pr. X. S. 70f. — Sintenis I § 31 A. 57; gem. Pfandr. S. 579. — Kierulff, Theorie d. Civilr. I S. 210f. — Heimbach in Ztchr. f. Civilr. I 436f. — Vermehren ebend. II 319. — Wächter, Württ. Privatr. II §§ 119 und 68. — Vangerow I § 151 Anm. — Dahn, Wirkung der Klagverj. bei Obl. (1855). — Bekker Jahrb. IV 408f. — Schwanert § 22. — v. Scheurl in Jher. Jahrb. VII S. 346f. — Wendt § 95. — Windscheid, Pand. I § 112. — Kuntze in Schletters Jahrb. II S. 312f. — Motive z. BGB. I S. 341ff. — Thywissen, Wirkg. der Verjähr. bei Obl. [Erl. Diss. 1896]. — O. Fischer, Recht und Rechtschutz S. 124f. Anschliessend die Rechtsprechung des R. G. II 158; XXXIV 158.

zu können, ferner in der Verbindung der Verjährungsidee mit dem Rechtsgebilde der Naturalobligation, deren Ausbildung schon vollkommen genug im römischen Rechte erfolgt war. Die Verteidiger der schwächeren Wirkung mussten sich bei dem Mangel entscheidender Quellenzeugnisse entweder auf allgemeine Gesichtspunkte oder Analogien beschränken.

Allgemeine Gesichtspunkte suchte man zunächst darin zu finden, dass man die exceptio temporis für eine „odio creditoris" eingeführte erklärte, im Gegensatze zu den „in favorem debitoris" wirkenden Exzeptionen. Dieser Gegensatz kommt in den Quellen mehrfach vor, doch wird er mehr beiläufig als grundsätzlich erwähnt. Man legte ihm insofern unzulässige Wichtigkeit bei, als diese so begründete, sich gegen den Gläubiger richtende „Nachlässigkeitstheorie" allein auf dessen „desidia" Rücksicht nahm. Hierin lag zugleich die einseitige Verwertung eines rechtspolitischen Moments.[1]) —

Ein noch sonst geltend gemachter allgemeiner Gesichtspunkt, der zugunsten der relativen Theorie sprechen sollte, war folgender: die sich lediglich auf das ius civile gründenden Exzeptionen lassen Raum für eine fortwirkende naturalis obligatio, während die schon im ius gentium wurzelnden Exzeptionen auch die Zerstörung der naturalis obligatio mit sich führen.[2]) — Hierin liegt aber nur ein verunglückter und allgemein zurückgewiesener Versuch, der sogenannten ius gentium-Theorie praktische Folgerung zu geben.

Schliesslich wird noch zugunsten der schwächeren Wirkung, aber nur „als entferntere Bestätigung", die allgemeine Erwägung geltend gemacht: es sei grundlos und unnatürlich, denjenigen Gläubiger, welcher durch Verjährung seine Klage verloren hat, in eine nachteiligere Lage zu versetzen als den-

---

[1]) Folgende Quellenstellen gehören hierher: D. (12, 6) 19pr., (12, 6) 40 pr., (14, 6) 9, 4. — Für die Verwertung dieses Gegensatzes am beachtenswertesten Scheurl in Heidelb. Krit. Zsch. Bd. I S. 514. — Selbst Savigny widerspricht: Syst. Bd. V, S. 375 ff. — Festgabe S. 59 A. 1. —

[2]) Savigny a. a. O. auf Grund seiner bereits behandelten Ius gentium-Theorie. Vgl. oben S. 130 f., 135. —

jenigen, welcher niemals eine Klage hatte.[1]) Hierbei berücksichtigte man nicht, dass allgemeine rechtspolitische Erwägungen — und solche liegen bei der Verwertung dieses Gedankens allein vor — als praktische Folgerungen nicht de lege lata, sondern de lege ferenda anzustellen sind, und dass der Prätor bei der Aufstellung zeitlich beschränkter Aktionen nur ein intensives Mittel ergriff, um das Erlöschen eines Rechts mit dem Elemente der Zeit in juristischen Kausalzusammenhang zu bringen, und so also nichts Inkonsequentes tat.

Die Analogieen, auf die man als Unterstützung für die schwächere Wirkung hinwies, bezogen sich auf die Prozessverjährung und auf die Verjährung dinglicher Klagen,[2]) Rechtsinstitute, die nur in der Verwendung der Zeit, nicht aber in den verordneten Folgen des Zeitablaufs gemeinsame Punkte aufweisen.

Auf der andern Seite aber sind auch die Verteidiger der stärkeren Wirkung nicht schuldfrei; die Überspannung von rechtslogischen Folgerungen hat auch hier geschadet. So ist Windscheids[3]) Deduktion anfechtbar: ein besonderer Beweis für die von ihm verteidigte Ansicht brauche gar nicht geführt zu werden; denn es sei eine entschiedene Anomalie, wenn eine zerstörliche Einrede nicht die ganze Obligation wegnehme, weshalb diese Ansicht als die richtige anzunehmen sei, bis ein Gegenbeweis gegen dieselbe geführt sei. Nicht auf diese Dogmatik der exceptio[4]) kommt es an, sondern auf ihren Inhalt in jedem einzelnen Falle, ob und inwieweit eine Wirkung auf die actio und das bekämpfte obligatorische Recht zuzulassen sei, da die exceptio nicht notwendig einen Aufhebungsgrund auch für das letztere enthält.

---

[1]) Göschen, Vorl. III § 154. — Savigny a. a. O. S. 369, 380. — Dagegen wieder Demelius S. 66. — Bekker S. 412.

[2]) Savigny S. 368 ff. Puchta, Pand. § 92. — Dag. bes. Büchel S. 37. Dahn S. 41. Bekker S. 411.

[3]) Pand. I., § 112.

[4]) z. B. die exc. SC. Macedoniani als exceptio perpetua. Schwanert S. 452.

Schliesslich legte man in der gemeinrechtlichen Doktrin bezüglich dieser Frage von beiden Seiten das Bekenntnis ab, dass ein vollkommen entscheidender Beweis für die eine oder andere Ansicht durch Quellenzeugnisse nicht geführt werden könne. Hierdurch wurde das ganze Problem vom positiven Rechte losgelöst und so zu einem rechtspolitischen; das ist besonders deutlich sichtbar bei Dernburg, der, mit sicherem juristischen Takt die für den modernen Standpunkt erheblichen Gründe folgendermassen zusammenfasst: um des allgemeinen Nutzens und des sozialen Friedens willen tritt das Recht der zwangweisen Geltendmachung von Rechten entgegen, wenn deren Verjährungszeit abgelaufen ist; aber der Schuldner hat nicht erfüllt, der Gläubiger Befriedigung nicht erlangt — Gründe genug, um die Forderung desselben als unvollkommene sogenannte Naturalobligation weiter bestehen zu lassen, wenn ihm auch die Mittel fehlen, sie zwangsweise durchzusetzen.[1]) —

Das ganze Problem entstand im gemeinen Recht durch zwei widerstreitende Überlegungen, die in ihren absoluten Konsequenzen nicht zu vereinigen waren. Die Vertreter der stärkeren Wirkung verfochten mehr das öffentliche Interesse, insbesondere die Aufrechterhaltung des Rechtsfriedens, der weder durch vergilbte Forderungen noch durch Prozesse mit veralteten Tatbeständen beunruhigt werden soll; auf diese Weise gelangt man allerdings leichter zu klaren Rechtslagen, denn die befristeten Rechte sind nach Ablauf der verordneten Fristen in der rechtlichen Welt nicht mehr vorhanden. Aber die hier angewandten intensiven Mittel beeinträchtigen doch in erheblicher Weise die Interessen des Gläubigers: dieser muss eventuell die nach der Verjährung vom Schuldner geleistete Zahlung wieder herausgeben, falls etwa der Schuldner in Unkenntnis der Verjährung geleistet hat. Dieses Hin- und Herschieben von Vermögenswerten dient aber auch schliesslich recht wenig dem Rechtsfrieden. — Die Anhänger der

---

[1]) Pand. I § 150 sub nro. 2. —

relativen Theorie berücksichtigen mehr die Interessen der Beteiligten, hier insbesondere des Gläubigers: kann dieser auch nicht mehr nach abgelaufener Verjährung seine Forderung zwangsweise gegen den Schuldner geltend machen, so ist doch dessen freiwillige Leistung als richtige Erfüllung einer noch vorhandenen Schuld anzuerkennen, und sind weiter grundsätzlich alle Sicherungsmöglichkeiten für diese Schuld zuzulassen.

Mit diesem rein legislatorischen Problem endet die gemeinrechtliche Entwicklung und gibt den Faden weiter an das deutsche bürgerliche Recht. Aber festzuhalten und wichtig für die Erkenntnis des Wesens der Naturalobligationen ist auch hier die Erscheinung, dass das obligatorische Verhältnis der Einwirkung zweier Pole ausgesetzt ist; einmal der Einwirkung eines negativen Pols, welcher nach der zerstörenden Seite hin sich geltend macht und das Rechtsverhältnis unwirksam zu machen bestrebt ist; ferner der Einwirkung eines positiven Pols, welcher — soweit möglich — das Rechtsverhältnis in seinen sonstigen Wirkungen aufrecht zu erhalten sucht. Die endgültige Wirkung dieser negativen und positiven Tendenzen kommt auch hier in der mittleren Linie zustande: dem Einflusse der Zeit, den Zwecken der Verjährung ist ein genügendes Opfer gebracht, wenn der Gläubiger seiner Klage für verlustig erklärt wird; im übrigen verstösst das Zurückbleiben einer unvollkommenen oder natürlichen Verbindlichkeit mit Erfüllungs- und Sicherungsmöglichkeit gegen keinen leitenden Grundsatz des Rechtssystems.

III. Teil.

# Partikularrechte.

## § 15. Preussisches Recht.

Bei der örtlich und zeitlich beschränkten Geltung der Partikularrechte ist es natürlich, dass ihnen eine ebenso grosszügige Entwicklung der Rechtsideen über die Naturalobligationen wie dem gemeinen Recht nicht zuteil geworden ist. Teils werden partikularrechtlich die Ergebnisse der gemeinrechtlichen Entwicklung verwertet, teils wird nur für spezielle Bedürfnisse eine unvollkommene Verbindlichkeit mit bestimmten Wirkungen zugelassen. Schliesslich mag darauf hingewiesen werden, dass die positivistische und von den Leistungen der Gesetzgebungskunst stark überzeugte Richtung bei der Emanation der Partikularrechte einem wesentlich theoretischen Gebilde, wie es die Naturalobligationen waren und bleiben werden, nicht gerade günstig war.

Der Einfluss dieser Richtung lässt sich deutlich an den Bestimmungen des preussischen Allgemeinen Landrechts feststellen. Doch so sehr man auch bestrebt war, nur an dem einen genus der (vollkommenen) Obligation und an der einheitlichen Gestaltung der Obligationswirkungen festzuhalten, es kehrte doch die vertriebene Naturalobligation mit Hilfe der Theorie oder der Rechtsprechung wieder zurück. Gesetzesworte sind doch kein rocher de bronce gegen andringende wirtschaftliche Bedürfnisse des menschlichen Gemeinschaftslebens.

Scharf und klar werden in der Einleitung[1]) die vollkommenen Rechte, d. h. die allein durch die Gesetze bestimmten und anerkannten rechtlichen Befugnisse, von den unvollkommenen Rechten gesondert, „welche durch die Gesetze nicht unterstützt werden," und daher „keine gerichtliche Klage oder Einrede begründen". Verdienstlich erscheint ein derartiger positivrechtlicher Ausspruch insofern, als damit wenigstens die Grenzlinien zwischen rechtlichen und ethischen Pflichten, die in der gemeinrechtlichen Entwicklung mehr als einmal verwirrt worden waren, genügend klar gezogen sind. Nach dieser Richtung hin hat die Bestimmung ihre Berechtigung und hat heilsam gewirkt. — Doch hat man sie so verstanden, als ob damit die begriffliche Möglichkeit einer naturalis obligatio im preussischen Recht ein für allemal verneint werden sollte.[2]) Haben die Verfasser des Landrechts diesen Sinn mit den angegebenen Gesetzesworten ausdrücken wollen, so sind sie jedenfalls nicht imstande gewesen, ihr Wort zu halten.[3])

So bezeichnet Förster[4]) als ein — offenbar nicht gern gesehenes — „Überbleibsel der gemeinrechtlichen Naturalobligation" den Satz, dass eine Leistung, die einer „bloss moralischen Verbindlichkeit"[5]) oder einer unvollkommenen Pflicht[6]) entsprungen ist, nicht zurückgefordert werden kann, wenn auch der Leistende wegen eines vorhandenen positiven Ge-

---

[1]) §§ 85, 86.

[2]) So Förster-Eccius I⁷ § 50 A. 1. Vgl. auch Entsch. des Ob.-Trib. [Rehbein] III 64.

[3]) Dernburg, Preuss. Privatr. II § 3: „Es gibt eben auch bei uns Ansprüche, denen das Recht Klagbarkeit nicht gewähren konnte oder wollte, und die sich gleichwohl nicht ganz ignorieren lassen, da das Rechtsgefühl eine, wenn auch beschränkte Wirksamkeit gebieterisch fordert, sodass sie sich gleichsam mit elementarer Kraft zur Geltung bringen".

[4]) I § 61 S. 346ff.

[5]) § 178, I, 16. In § 23 II 3 ist von einer „natürlichen Pflicht" die Rede; ihr handeln diejenigen zuwider, die ihre unvermögenden Verwandten hilflos lassen, weshalb sie zur Strafe das gesetzliche Erbrecht verlieren.

[6]) § 179, I, 16. Anklingend an § 86 Einl. — Parallel § 814 BGB.

setzes zur Zahlung wider seinen Willen nicht hätte angehalten werden können, und wenn er auch irrtümlich im Glauben, zur Leistung zwangsmässig verpflichtet zu sein, geleistet hat. —

Mit dem Ausschlusse der condictio indebiti sind aber derartige unvollkommene Verbindlichkeiten für erfüllbar erklärt, und eine bedeutsame obligationsmässige Wirkung ist ihnen hiermit zuerkannt.

Das ALR. hat sich auch nicht mit diesem allgemeinen Ausspruche begnügt, sondern noch mehrere gesetzliche Anwendungsfälle dieser Regel ausdrücklich hervorgehoben. Es kommen folgende in Betracht:

I. Die Zahlung auf eine — wegen mangelnder Form — unwirksame Frauenbürgschaft oder Expromission kann bei gleichem Sachverhalt und aus gleichem Grunde nicht zurückgefordert werden.[1])

II. Wenn auch wegen Spielschulden keine gerichtliche Klage stattfindet, so kann das, was jemand in erlaubten Spielen verloren und wirklich bezahlt hat, nicht zurückgefordert werden.[2]) — Praktisch wichtig und mehrfach verhandelt ist hierbei die Frage, ob die Wirkung dieser „Naturalobligation" so intensiv ist, dass sie auch zur Kompensation benutzt, also eventuell doch gegen den Willen des Naturalschuldners und Verlierers getilgt werden kann. Diese Kompensation — trotz Ulpians allgemein gefasstem Ausspruch wenig mit dem Wesen der Naturalobligationen im Einklang stehend — wird in guter Unterscheidung und Begründung von dem Preussischen Obertribunal[3]) für unzulässig erklärt: so wenig die Zahlung einer Spielschuld durch Klage erzwungen werden kann, so wenig kann die Kompensation einer Spielschuld im Wege der Einrede erzwungen werden. Aber freiwillige Kompensation — unter Zu-

---

[1]) §§ 243. 411, I, 14. — Beide aufgehoben durch das die Interzessionsbeschränkungen der Frauen beseitigende Gesetz vom 1. Dezember 1869.

[2]) §§ 577, 578, I, 11.

[3]) Entsch. Bd. 71, S. 25f. [25. IX. 1873].

stimmung des Verlierers — ist möglich: das Gesetz versagt nur die Klage, aber keine Art der freiwilligen Tilgung, also auch nicht die freiwillige Kompensation. — Indessen hat doch das Reichsgericht[1]) in einem gleichen Falle dieser wohl nicht als ganz zweckmässig empfundenen Möglichkeit der freiwilligen Kompensation eine erhebliche Schranke gesetzt. Es tritt gegen die Auffassung des Obertribunals auf, das den freien Willen, eine Spielschuld zu tilgen, anscheinend auch dann für wirksam erklärt habe, wenn sich dieser Wille in der formlos bewilligten Abrechnung der Spielschuld auf eine anderweite Forderung des Verlierers an den Gewinner manifestiert habe. Energischer als das Obertribunal betont das Reichsgericht den Grundsatz: die Spielschuld ist nicht klagbar und deshalb an sich auch nicht kompensabel.[2]) Soll eine wirkliche Tilgung durch vertragsmässige Kompensation erfolgen, so ist hierzu ein bündiger, also auch formell rechtsbeständiger Vertrag erforderlich, der bei einem Gegenstande über 50 Taler der Schriftlichkeit bedarf.

III. Ähnlich ist die rechtliche Lage bei einem ferneren Falle, mit dessen Erwähnung und Erörterung wir bereits das Gebiet des z. Z. in Preussen geltenden Rechts beschreiten: bei den nicht konsentierten Darlehensschulden von Angehörigen des königlichen Hauses.[3])

Diese Bestimmung ist richtiger Ansicht nach noch geltendes Recht, wenn auch bereits § 5 EG. z. CPO. verordnet hatte: für vermögensrechtliche Ansprüche Dritter darf jedoch die Zulässigkeit des Rechtsweges nicht von der Einwilligung des Landesherrn abhängig gemacht werden. Es handelt sich bei

---

[1]) Entsch. in Civils. Bd. I S. 130f. [19. XII. 1879].

[2]) Bornemann, Syst. III § 127. — Koch Komm. zu § 577. — Förster-Eccius II § 133. — Dernburg II § 158 A. 14 und 16.

[3]) § 676, I, 11: „Aus Darlehen an Prinzen und Prinzessinnen, welche durch Geburt oder Heirat zum königlichen Hause gehören, soll, solange die Einwilligung des regierenden Oberhauptes der Familie nicht hinzugekommen ist, bei hiesigen Gerichten keine Klage angenommen werden." Art. 57 EG. BGB., Art. 89 Pr. AG.

der landrechtlichen Bestimmung nicht um die landesherrliche Genehmigung zum Rechtsstreit, sondern zum Geschäft, das ohne diese unklagbar bleibt; dagegen bei der Bestimmung des EG. z. CPO. um Ansprüche, die schon an sich und von vornherein klagbar sind, und als solche zu ihrer gerichtlichen Geltendmachung keiner besonderen Genehmigung des Landesherrn mehr bedürfen sollen. Demnach wird § 676, I, 11 durch § 5 cit. nicht berührt.[1]) — Die Angehörigen des kgl. Hauses sind an sich darlehensfähig; nur soll der gerichtliche Zwang bei nichtkonsentierten Darlehensgeschäften ausgeschlossen sein,[2]) um das Einwilligungsrecht des Königs als Ausfluss seiner quasivormundschaftlichen Stellung unangetastet zu lassen. Wie die Klage, so muss auch die Kompensation mit solchen unkonsentierten Darlehensforderungen als ausgeschlossen gelten, und es kann im preussischen Rechte als Grundsatz, den auch in dem vorigen Falle sub II übereinstimmend Obertribunal und Reichsgericht ohne Einschränkung anerkannt haben, der aufgestellt werden: wenn die Zahlung einer Schuld nicht durch Klage erzwungen werden kann, so kann der Zwang gegen den Schuldner auch nicht im Wege der Einrede durch Kompensation ausgeübt werden. — Ist somit derartigen unvollkommenen Verbindlichkeiten jeder Schutz im Wege des gerichtlichen Zwanges entzogen, so bleibt dem Gläubiger nur die Erwartung freiwilliger Leistung durch den Schuldner.[3])

---

[1]) Koch, Komment. zu § 676, I, 11, A. 33. — Dernburg, Pr. Pr. R. II § 177 No. 1. — Förster-Eccius II S. 291 A. 74.

[2]) Nach einem Edikt vom 15. Juli 1769 — n. c. c. de 1769 S. 5595 — waren solche Darlehen ungültig.

[3]) Dernburg II § 5 A. 10 u. Kompensation[2], S. 472 ist der Meinung, dass nach § 676 cit. nur die Klage, nicht die Kompensation ausgeschlossen sei. — Dagegen Koch, Komm. zu § 676 cit. und Förster-Eccius I § 61 S. 348 A. 31. Letzterer schliesst bei „unvollkommenen Pflichten“ überhaupt jede Gegenrechnung aus, verweisend auf den Gesetzestext § 342, I, 16: „Schulden, welche gegen einander abgerechnet werden sollen, müssen so beschaffen sein, dass der, welchem die. Kompensation entgegengesetzt wird, an dem, was er mit Recht zu fordern hat, nichts verliere.“ — Diese Ausdrucksweise ist zwar

IV. Grossjährige Hauskinder sind im preussischen Rechte nur beschränkt verpflichtungsfähig, die Rechtsbeständigkeit ihrer Handlungen, durch die sie Lasten und Verbindlichkeiten übernehmen, hängt von der vorhergehenden oder hinzukommenden Einwilligung des Vaters ab.[1]) — Doch das, was ein grossjähriges Hauskind auf eine ohne solche Einwilligung eingegangene, also „an sich ungültige" Schuld gezahlt hat, kann nicht zurückgefordert werden.[2]) — Das nach den Gesetzesworten nicht ohne weiteres klare Verhältnis des letzterwähnten § 138, II, 2 zu der Bestimmung des § 170, I, 16[3]) ist von der Rechtsprechung bald klar gestellt worden: Grundsatz (§ 170 cit.) ist, dass die Zahlung einer verpflichtungsunfähigen Person, also auch eines minderjährigen Hauskindes, nicht zurückgefordert werden kann; Ausnahme (§ 138 cit.): die der Rückforderung nicht unterliegende Zahlung eines grossjährigen Hauskindes.[4]) — Diese Rechtslage erinnert lebhaft an die durch das SC. Macedonianum im römischen Rechte gegebene und folgt nicht den intensiven Wirkungen, die sonst das ALR. der Hauskindeigenschaft beilegt. Deswegen will auch Koch[5]) die Bestimmung des § 138 cit. als „eine mit der römischen Lehre vom SC. Macedonianum herübergenommene und mit der landrechtlichen Theorie nicht im Einklange stehende Anomalie" betrachtet wissen. — Das ist ganz zutreffend, und gewiss haben die Ver-

ziemlich allgemein, aber nach der ganzen Ausgestaltung der Kompensation im ALR. muss die Möglichkeit, Naturalobligationen zur Aufrechnung zu benutzen, als ausgeschlossen gelten; denn dem Schuldner und Naturalgläubiger steht keine Gegenforderung zu, sondern nur das Recht, eine in Höhe der Naturalschuld tatsächlich erfolgte Wertbewegung bei sich zurückzuhalten.

[1]) § 125, II, 2.

[2]) § 138, II, 2.

[3]) „Was aus einem Geschäfte, das wegen der Unfähigkeit des einen Teils nach den Gesetzen für ihn unverbindlich war, vor gehobener Unfähigkeit gezahlt worden, das kann soweit, als der Unfähige auch nicht wegen geschehener Verwendung in seinen Nutzen verpflichtet war, zurückgefordert werden."

[4]) OTrib. Bd. 72, S. 243f. 254 [26. VI. 1874].

[5]) Recht der Ford. III S. 370. — Förster-Eccius II S. 477 A. 51.

fasser des Landrechts unter der gewollten oder — nach der Verkündung des grossen Grundsatzes in § 86 Einl. — mehr ungewollten Einwirkung römischrechtlicher Bestimmungen gestanden. Denn im römischen Rechte blieben doch die Vorschriften des erwähnten SC. eine Spezialität und somit die Hauskinder grundsätzlich vertragsfähig, während das preussische Recht den entgegengesetzten Grundsatz annahm, dass sich Hauskinder durch Verträge nicht verpflichten können. —

Neben diese gesetzlich bestimmten Fälle von unvollkommenen Pflichten hat die preussische Rechtsprechung des Obertribunals und anschliessend das Reichsoberhandelsgericht in häufig hervorgetretener feiner Empfindung für die Bewegung des Rechts noch zwei weitere Fälle gestellt, den einen iuris civilis supplendi gratia, den anderen sogar iuris civilis corrigendi gratia. Nämlich:

V. Die konstante Praxis des ROHG.[1]) hat die Rückforderung ausgeschlossen, wenn der durch Akkordschluss befreite Gemeinschuldner den Ausfall an seine Gläubiger — gleich ob wissentlich oder irrtümlich — zahlt. Die Begründung ist interessant genug. Zwar bestimme § 198 der preuss. KO. v. 8. Mai 1855, dass der Akkord den Gemeinschuldner von der Verpflichtung befreit, den Ausfall zu ersetzen; aber damit habe man nicht sagen wollen, dass die Schuld schlechthin erloschen sei, da der Gemeinschuldner zwar von seiner „juristischen Verbindlichkeit", nicht aber von seiner „moralischen Verpflichtung" zu dem Ersatze habe befreit werden sollen; diese sei vielmehr anerkannt und aufrecht erhalten worden, wie sich auch aus den Bestimmungen über die Rehabilitation ergebe. (Mot. z. preuss. KO. zu § 313 Entw. S. 132.) — Natürlich wird diese bloss moralische Verbindlichkeit durch Anerkennung seitens des objektiven Rechts auch zu einer „juris-

---

[1]) Bes. Entsch. Bd. 8, S. 279 [20. XII. 1872]. Ferner Bd. 7 S. 163; 20, S. 40. — Plenarbeschl. des OTrib. Entsch. Bd. 6, S. 399.

tischen"; die Art dieser Anerkennung, die Ausgestaltung der einzelnen Wirkungen ist rein positivrechtlich. Unter Zuhilfenahme von § 178, I, 16 ist jedenfalls so eine weitere unvollkommene Verbindlichkeit durch die Rechtsprechung anerkannt worden.

VI. In der Verjährungsfrage ist — ähnlich wie die gemeinrechtliche Doktrin — die preussische Judikatur und Theorie in grosse Bedrängnisse gekommen. Schuld hieran war in erster Linie der Zustand des positiven Rechts, der erhebliche Schwierigkeiten für die Gesetzesanwendung und gewisse Schwankungen aufwies. Mehrfach wird es vom ALR. ausgesprochen, dass der Ablauf der Verjährungsfristen das völlige Erlöschen, den gänzlichen Verlust des Rechts herbeiführen soll.[1]) Damit schien genügend klar die stärkere Wirkung der Verjährung angenommen zu sein. Schwierigkeiten aber brachten schon die eigentümlichen, „wie ein fremder Körper eingeschobenen" §§ 568, 569, I, 9: die vollendete Verjährung begründet die Vermutung von der Tilgung der Schuld; doch kann diese Vermutung durch den vollständigen Beweis entkräftet werden, dass der Schuldner wider besseres Wissen von seiner noch fortwährenden Verbindlichkeit sich der Erfüllung derselben dennoch entziehen wolle.[2]) Diese blosse

---

[1]) §§ 501. 564, I, 9. — 7, I, 16. —

[2]) Der gedruckte Entwurf des Gesetzbuches enthielt diese verunglückten Bestimmungen nicht. Suarez war von klaren und bestimmt gedachten Sätzen ausgegangen: die Verjährung durch Nichtgebrauch ist blosse Strafe der Nachlässigkeit des Berechtigten; daher kommt es auf das Verhalten des Schuldners, also auf dessen bona fides, gar nicht an. Noch ausdrücklich wollte Suarez diesen Standpunkt präzisiert wissen, indem er bei dem Vortrage vor dem Grosskanzler Carmer wegen der endgültigen Redaktion des Gesetzbuches folgende Fassung der betreffenden Bestimmungen vorschlug: „Die vollendete Verjährung durch Nichtgebrauch wirkt eine gänzliche Befreiung des Verpflichteten von seiner bisherigen Verbindlichkeit. Diese Wirkung wird durch den Einwand, dass der Verpflichtete seine Verbindlichkeit gewusst habe, nicht gehindert." — [Aus den handschriftl. Materialien Vol. 71 num. 42 f. 71 v.] — „Unglücklicherweise" muss Carmer eine sonst völlig bedeutungslose Schrift von Rave, De praescriptionibus, gelesen haben, welche folgenden Standpunkt vertrat: bei allen persönlichen Klagen ohne Unterschied ist die mala fides ein Hindernis

Vermutung und der gegen sie für zulässig erklärte Gegenbeweis, eine unhaltbare Mischung von absoluten und von relativen, auf das Verhalten der Parteien abgestellten Rechtssätzen, schienen wieder die intensive Wirkung der Verjährung zu paralysieren; indessen ist die preussische Praxis mit diesen Bestimmungen verhältnismässig leicht fertig geworden, so dass sie re vera nur tote Buchstaben geblieben sind.[1])

Direkt aber für die schwächere Wirkung schien weiter § 564, I, 9 zu sprechen, nach welchem trotz vollendeter Verjährung noch ein Anerkenntnis des verloschenen Rechts möglich ist, so dass durch dasselbe — falls aus ihm nach den Gesetzen „ein neuer Rechtsgrund" entsteht — wieder die Wirkung der Verjährung aufgehoben werden kann. Dieser Bestimmung mochte doch der Gedanke zugrunde liegen, dass der Verpflichtete — eigentlich gegen die sonst erklärten Grundsätze der Rechtsordnung — seine Verpflichtung freiwillig als nicht getilgt behandeln kann.[2])

Es lag nahe, nur einen Schritt in der inkonsequenten Richtung weiterzugehen, diesen unnötigen Umweg des Aner-

---

der Verjährung; die Klageverjährung selbst bewirkt nur eine sehr starke Präsumtion der Tilgung, die jedoch durch den die mala fides des Schuldners feststellenden Gegenbeweis entkräftet werden kann. — Vgl. Simon und Strampff, Zeitschr. des Preuss. R. Bd. 3, S. 421 ff., 482 f., 527 f. — Savigny, Syst. V § 246. —

[1]) Ältere Lit. bei Koch, Recht der Ford. I S. 27 ff. — „§ 568 ist so weit gefasst, und der Gegenbeweis in § 569 so schwer gestellt, dass sie beide sich fast von selbst neutralisieren" . . . — Förster-Eccius I S. 329 A. 89. Ferner: Dernburg a. a. O. A. 4. — Präjudiz des OTrib. Entsch. Bd. 10 S. 107. — Strieth. Arch. Bd. 17 S. 166.

[2]) Dernburg I § 169. — Förster-Eccius I S. 320 A. 53. — OTrib. Entsch. Bd. 55 S. 34. — RG. 30 S. 264. — Bähr, Anerk. als Verpfl.grund §§ 19, 20. — Dieses Anerkennen von etwas nicht Vorhandenem machte natürlich der theoretischen Formulierung Schwierigkeiten. Da es mit der Novation in Rücksicht auf den Untergang des früheren Rechtsgrundes nicht anging, half man sich so: das Gesetz erkennt den erklärten Willen, trotz Verjährung aus der alten Schuld zu haften, als Verpflichtungsgrund an; dass der Erklärende hierbei das sichere (!) Bewusstsein hat, die Schuld sei bereits durch Verjährung untergegangen, ist keine Voraussetzung der Wirksamkeit des Anerkenntnisses. [So RG.] — Man sieht, zu welchen subjektiven, ev. die juristischen Kennt-

kenntnisses zu vermeiden, und überhaupt die direkte freiwillige Erfüllung der verjährten Schuld zuzulassen; womit man freilich gerade bei der gegenteiligen Meinung, als von welcher man dem Grundsatze nach ausgegangen, angelangt war. — Diesen Schritt hat das Obertribunal[1]) getan, indem es strikt erklärt: das auf Grund einer verjährten Schuld Gezahlte kann nicht kondiziert werden. Und das in keinem Falle, auch wenn der Zahlende in dem irrtümlichen Glauben befangen war, zur Zahlung verpflichtet zu sein. — Damit war die Erfüllbarkeit dieser unvollkommenen Pflicht auf eine sichere objektive Basis gestellt, und das preussische Ober-Tribunal hat auch hier die Rechte und Pflichten eines höchsten Gerichtshofes vollkommen und erfolgreich ausgeübt, nämlich aus der Inkonsequenz der Rechtsordnung und den subjektivistischen Bestrebungen der Theorie die allein mögliche praktische Konsequenz gezogen.[2])

Dies die Einzelfälle.

Im übrigen hat die Lehre von sogenannten Naturalobligationen im preussichen Rechte, was deren abzugrenzendes

---

nisse des Erklärenden berücksichtigenden Untersuchungen man auf diesem Wege gelangte. Es konnte einfach zugestanden und darauf hingewiesen werden, dass das positive Recht sich schwankend und inkonsequent verhält.

[1]) [v. 8. VI. 1853] Strieth. Arch. Bd. 9, S. 255. —

[2]) Recht interessant ist, was der [oder die] Herausgeber des Archivs zu der Entscheidung des Ober-Tribunals bemerken:

„Die Richtigkeit dieses Satzes müssen wir in Zweifel ziehen. Bekanntlich (?) weicht darin unser Gesetzbuch von dem Römischen Rechte ab, dass nicht der naturale Bestandteil [Savigny!] verbleibt, sondern das Recht selbst durch Verjährung aufgehoben wird (§§ 501. 502. 508. 564, I, 9. — § 377, I, 16. — 29, I, 19). Auch lässt sich nicht behaupten, dass der Schuldner nach eingetretener Verjährung eine moralische Verbindlichkeit im Sinne des § 178, I, 16 habe ... Zwar widerstrebt die Zulassung der Rückforderung dem Rechtsgefühl; allein es beweist dies nur, wie bedenklich es ist, von den Grundsätzen des römischen Rechts, der ratio scripta, abzugehen." (!) — So wohltuend für einen Romanisten auch diese Verbeugung vor dem römischen Rechte ist, so ist doch in dieser Frage die „ratio scripta" gerade einen anderen Weg gegangen. — Von der Aufstellung solcher unabänderlicher oder ewiger Rechtsgrundsätze ist die moderne evolutionistische Rechtsanschauung in weiser Beschränkung weit entfernt.

Gebiet und ihre möglichen Wirkungen betrifft, eine allgemein umfassende wissenschaftliche Behandlung nicht erfahren.[1])

## § 16. Französisches Recht.

Noch weniger positivrechtliche Vorschriften als das preussiche ALR. enthält der Code civil über Fälle und Wirkungen von Naturalobligationen. Nichtsdestoweniger haben auch hier diese illegitimen Rechtsgebilde ausserhalb der Paragraphen des Gesetzbuchs ein verhältnismässig reges Leben geführt; die Theorie und vor allem auch die Praxis wurde bei einzelnen Spezialfällen gezwungen, zu dieser Lehre grundsätzlich und ihren praktischen Folgerungen nach Stellung zu nehmen.

I. Nur an einer einzigen Stelle erwähnt der C. c. die „obligations naturelles" mit ausdrücklichen Worten, nämlich art. 1235:

Tout paiement suppose une dette; ce qui a été payé sans être dû est sujet à répétition. La répétition n'est pas admise à l'égard des obligations naturelles, qui ont été volontairement acquittées.

Werden so die „obligations naturelles" als bekannt vorausgesetzt, aber an keiner Stelle des Gesetzbuches ihrem Inhalte oder ihren Wirkungen nach bestimmt, so ist eine derartige Lücke doch kein der Gesetzgebungstechnik zuzurechnender Fehler, da es — trotz aller Neigung der modernen

---

[1]) Koch, Recht d. Ford. I S. 15—31, im allgem. auf der gemeinrechtl. Doktrin fussend. — Kurz Daniels, Lehrb. d. gem. Preuss. Pr. R. II 295f. Von besonderen Wirkungen der Naturalobligation erwähnt Koch Preuss. Pr. R. II § 453 S. 6 folgende:

a) Zur reinen Bürgschaft nicht tauglich; nur bei selbstschuldnerischer Bürgschaft kommt es auf die Beschaffenheit der Hauptschuld in der Regel nicht an. [§§ 254—256. 391. 393, I, 14.]

b) Pfandrecht nicht möglich, nur ein Retentionsrecht für den Pfandnehmer. [§§ 97—98, I, 20.]

c) Zur Novation tauglich in allen den Fällen, in welchen die soluti retentio zulässig und die condictio indebiti unstatthaft sein würde. [§§ 467. 468, I, 16.]

Wissenschaft zur Deduktion — nicht Aufgabe eines Gesetzbuches sein darf, Definitionen zu geben; ausreichend, aber auch erforderlich ist es, die konkreten Folgen der allgemeinen Sätze und Begriffe zu geben. Eine Formulierung des Begriffes der Naturalobligationen, wie daraus abzuleitende Sätze über generelle Wirkungen wäre bei dem mosaikartigen Charakter dieser Gebilde und der Verschiedenheit der Einzelfälle zum Teil unmöglich, zum Teil unheilvoll gewesen.[1])

Die französische Doktrin hat zu dem Problem Stellung genommen, und sie ist erfolgreicher darin gewesen, über einzelne Fragen Aufklärung zu bringen, als die allgemeine Lage des Rechts in diesem Gebiete zu erkunden.[2]) — Erklärlich ist es, dass der Wissenschaft vor und nach der Emanation des C. c. die Abgrenzung dieser juristischen Verbindlichkeiten gegen die ethischen nicht gelungen ist: naturrechtliche und naturphilosophische Tendenzen täuschten über die juristischen Grenzen, die leichte Eleganz der französischen Ausdrucksweise über die Untiefen dieses Problems hinweg. Immerhin ist bei dieser Grenzregulierung eine bemerkenswerte Erscheinung, die doch wieder die technisch-präzise Begabung des französischen Geistes aufweist, festzustellen. Während die naturrechtliche Schule in Deutschland den Einbruch der sittlichen Pflichten in das rechtliche Gebiet ohne

[1]) Demolombe, Cours de code Nap. XXVII n. 34: „Le législateur du Code ne l'a pas défini; et malgré les controverses que son silence a pu soulever, notre avis est qu'il a fait preuve, en ceci, de sens pratique et de sagesse . . . nous éprouvons combien elle est difficile et tout ce qu'une définition législative aurait pu avoir de périls." —

[2]) Crome, Grundlehren d. französ. Obl.-R. (1894) S. 19, fällt ein zu hartes Urteil: die französische Doktrin habe für die Erkenntnis des Wesens der natürlichen Verbindlichkeiten nichts Befriedigendes geleistet. — Ferner S. 15 A. 1: die französische Literatur vor Laurent sei nur teilweise und mit Vorsicht zu benutzen; . . . dasselbe gelte von den deutschen Abhandlungen über diesen Gegenstand im französischen Recht (cit. Dreyer in Zeitschr. f. franz. Zivilr. III 223f., Lippold ebenda IV 334ff., Schneider XIX 132ff.). — Die unten noch zu verwertenden Aufsätze von Dreyer und besonders von Schneider, die wissenschaftlich sehr wertvolle Arbeit eines klar urteilenden Praktikers, werden noch lange lesenswert bleiben. —

Bedenken, daher mit unklarem Ergebnisse zuliess, werden von der französischen Doktrin, um zur Präzision zu gelangen, nicht nur die „devoirs", sondern auch die „obligations naturelles" völlig aus dem rechtlichen Gebiete verwiesen; wobei man freilich feste Grenzen zog, aber natürlich den Fehler beging, dieses rechtliche Gebiet, auf welchem die obligations naturelles unverkennbare Wirkungen äusserten, zu eng zu fassen, und man schliesslich bei demselben widerspruchsvollen Ergebnisse anlangte: unjuristische Verbindlichkeiten mit juristischen Wirkungen.[1])

Beachtenswert sind die Ausführungen Pothiers, dessen bedeutender Einfluss auf einzelne Bestimmungen wie ganze Materien des C. c. bekannt ist.[2]) — Er knüpft an die

[1]) So mehrfach die Redaktoren des C. c. — Z. B. Bigot-Préameneu [Exposé des motifs N. 113 Locré VI 168; Fenet, récueil compl. XIII 263]: . . . on ne regarde comme obligations purement naturelles que celles qui, par des motifs particuliers sont considérées comme nulle par la loi civile. — Unter Angabe einzelner Klassen wird weiter fortgefahren: „Telles sont les obligations dont la cause est trop défavorable pour que l'action soit admise et les obligations qui ont été formées pas des personnes auxquelles la loi ne permet pas de contracter. Telles sont mêmes les obligations civiles, lorsque l'autorité de la chose jugée, le serment décisoire, la préscription ou toute autre exception péremptoire rendraient sans effet l'action du créaucier." — Man hätte nicht bloss den Untergang der Klagebefugnis betrachten und so zu kurzsichtig den Untergang des ganzen obligatorischen Verhältnisses feststellen sollen, sondern noch das Zurückbleiben sonstiger obligatorischer Wirkungen untersuchen sollen. — Ähnlich Jaubert, rapport au tribunat N. 5 [Loccé VI 206] „in wortreicher Ausführung" [Crome S. 16 A. 3]: . . . „Il faut savoir, si placé entre la loi civile et sa conscience, le débiteur a refusé de se prévaloir du secours de la loi civile pour obéir à une loi plus impérieuse, celle de la conscience." Und anknüpfend an Paulus' vinculum aequitatis: „L'obligation naturelle consiste dans le lien, qui dérive de l'équité; différente en cela de l'obligation civile, qui dérive uniquement du lien de droit.

[2]) Dupin, Dissert. sur la vie et les ouvrages de Pothier, S. 114 gibt an, dass mehr als drei Vierteile des ganzen Gesetzbuches wörtlich aus den Werken P.s herübergenommen seien; insbesondere stelle der Titel „des obligations" eine fortgesetzte Analyse von Pothiers „traité des obligations" dar. — Vgl. den Aufsatz von Schneider a. a. O., wo die Ansichten Pothiers übersichtlich wiedergegeben werden. Oeuvres de Pothier [ed. Dupin 1827] I: Traité des obligations. N. 1 ff. —

gemeinrechtliche Einteilung von obligationes perfectae und imperfectae an und stellt so „obligations parfaites" = „engagements personels" und „obligations imparfaites" = „devoirs" gegenüber. Er benutzt aber nur die Nomenklatur der gemeinrechtlichen Doktrin und versieht die Einteilung mit anderem Inhalt: unter die Rubrik der obligations imparfaites stellt er nur ethische Pflichten, z. B. der Barmherzigkeit und Dankbarkeit; unter diejenige der obligations parfaites die beiden Gattungen der obligations civiles und naturelles. Auch schon bei dieser Einteilung ist die klarere Abgrenzung gegen das ethische Gebiet vielversprechend, da doch juristisch Zusammengehöriges miteinander vereinigt wird, und die obligation naturelle als wirkliche obligation, und zwar parfaite, erscheint. Aber das Ende entspricht nicht dem Anfange; bei der näheren Begriffsbestimmung der obligation naturelle gleitet Pothier merkbar ab. Sie ist ihm diejenige obligation parfaite, qui donne à celui envers qui elle est contractée le droit d'en exiger l'accomplissement, sinon dans le for extérieur, au moins dans le for de la conscience; weiter ein vinculum aequitatis, eine Verbindlichkeit im uneigentlichen Sinne. Mit dem „for de la conscience" ist Pothier in leichter französischer Phraseologie bereits zu den obligations imparfaites übergegangen, womit allerdings — wie Schneider[1]) zutreffend hervorhebt — die ursprüngliche Scheidung ihres Wertes beraubt ist.

Auch die nachfolgende französische Jurisprudenz brachte keine Klarheiten. Man bewegte sich in allgemeinen moralisierenden[2]) oder negativen Wendungen,[3]) ohne sich positiv

---

[1]) a. a. O. S. 152.

[2]) Z. B. Duranton X n. 34. — Larombière ad Art. 1235 n. 6. —

[3]) Z. B. Demolombe XXIV n. 6: . . . obligations naturelles qui existent bien entre une personne determinée et une autre personne determinée, mais qui n'imposent pas à ceux qui en sont tenus [durch welche Kraft?] la nécessité légale de les accomplir. XXVII n. 34, 42. — Ähnlich Aubry-Rau IV § 297 n. 1 ff.: [obligation], que le législateur refuse de reconnaître, en ne donnant pas d'action au créancier.

die Frage nach dem „Warum?" einer klaglosen Verbindlichkeit vorzulegen. Um aus den Bedrängnissen der theoretischen Formulierungen herauszukommen, schlug man schliesslich ein Mittel vor, das bei den sonstigen souveränen Tendenzen der französischen Rechtsprechung nicht so fern lag und so „monströs" erscheint, wie Crome will: nämlich die Entscheidung darüber, ob im einzelnen Falle eine natürliche Verbindlichkeit anzunehmen sei, dem richterlichen Ermessen anheimstellen.[1]) Natürlich ist dieses radikale Mittel ein Verzicht auf die Lösung des Problems, eine unzulässige Lücke in der Rechtsordnung, insofern die Wirkungen der Obligationen und deren eventuelle Differenzierungen nur positivrechtlich bestimmt werden können.

Weniger in Frankreich selbst als in Belgien ist das Problem in moderner Weise erfasst worden, und zwar von dem bedeutendsten Vertreter der belgischen Jurisprudenz, François Laurent, dessen selbständiger und kritischer Geist die Unhaltbarkeit der herrschenden Auffassungen auch in dieser Frage empfand.[2]) — Den natürlichen Verbindlichkeiten wird der ihnen gebührende Platz innerhalb des juristischen Gebietes zuerkannt; es sind im Gegensatz zu den „devoirs", aber in Zusammengehörigkeit mit den obligations civiles „obligations juridiques". Zwar durch die Klaglosigkeit von den letzteren unterschieden, aber nicht wesentlich, denn sie zeigen „tous les caractères d'une obligation civile". „L'obligation naturelle est identique au fond avec l'obligation civile, elle n'en differt que sous un

---

[1]) Dalloz s. v. „obligations" n. 1058 mit Cit. — Zachariae-Crome § 297 n. 15. — Crome a. a. O. S. 19 A. 20. — Ähnlich auch Dreyer a. a. O. S. 235: „Natürliche Verbindlichkeit im Geiste des französischen Civilgesetzbuches ist also: eine einer bestimmten Person gegenüber bestehende, aus einer bestimmten Tatsache hervorgegangene, auf der vom Richter zu bemessenden Billigkeit beruhende Verbindlichkeit. — Wo die französische Judikatur Begründungen für die Annahme bestimmter Naturalobligationen gibt, kommt sie über allgemeine Ausdrücke, wie „délicatesse", „sentiments d'honneur et de conscience" nicht hinaus.

[2]) Principes XVII n. 1 ff. — Auch diesem Schriftsteller wird Crome in keiner Weise gerecht. Vgl. andererseits Schneider a. a. O. S. 137 ff.

rapport, c'est qu'elle n'est pas munie d'une action." — Und mehrfach wird im Gegensatze zu der gesamten älteren französischen Jurisprudenz hervorgehoben, dass die obligation naturelle nicht etwa bloss ein lien d'équité, sondern genau so wie die klagbare Verbindlichkeit ein lien de droit um Gläubiger und Schuldner schlinge. — Hiermit ist der einzig mögliche Standpunkt erreicht: die wesentliche Zusammengehörigkeit von klagbaren und klaglosen Obligationen unter dem übergeordneten Begriffe einer wahren juristischen Verbindlichkeit, und hieraus folgend der für diese Zusammengehörigkeit unwesentliche Mangel der Klagebefugnis bei den Naturalobligationen. Aber nicht in allen Teilen hält Laurent — worüber noch weiter unten — diesen umfassenden und klaren Standpunkt fest; bei der Erörterung einzelner Wirkungen der natürlichen Verbindlichkeiten finden wir auch bei ihm das im allgemeinen bei der französischen Rechtsprechung und Theorie festzustellende merkwürdige Bestreben, diese Wirkungen in oft doktrinärer, den praktischen Bedürfnissen nicht entsprechender Weise zu begrenzen.

Verdienstvoll ist der Hinweis Schneiders auf diese selbständige Auffassung Laurents innerhalb der französisch-belgischen Jurisprudenz; noch verdienstvoller sein eigener selbständiger Weiterbau auf der Grundlage Laurents, ein erheblicher Beitrag zur Erkenntnis des Problems.[1]) — Klagbare und klaglose Verbindlichkeiten werden noch insofern miteinander verbunden, als ihnen beiden — was bisher unerhört gewesen ist — Zwangsbefugnis zuerkannt wird. Das geschieht durch folgende, nicht anfechtbare Sätze. Die Zwangsbefugnis braucht nicht absolut zu wirken, und es gehört nicht zu ihrem Wesen, dass sie sofort und jeden Augenblick verwirklicht werden kann; vielmehr kann das Klagerecht in der weitestgehenden Weise beschränkt sein (z. B. beim bedingten oder betagten Anspruche), ohne dass man während der Zeit der Beschränkung die

[1]) a. a. O. S. 141f.

Zwangsbefugnis selbst leugnen dürfe. Ferner ist das Klagerecht nicht das einzige aus der Haftung des Schuldners entspringende Zwangsmittel für den Gläubiger, sondern weiter auch die Möglichkeit, mittels Einrede die Abweisung der gegen ihn erhobenen Klage (Rückforderung des auf die natürliche Verbindlichkeit Geleisteten) durchzusetzen: in beiden Fällen wird bewirkt, dass gegen den Willen des Verpflichteten ein Vermögenswert dem Berechtigten zugesprochen wird; und gerade darin liegt das Entscheidende, dass die Vermögenszuwendung gegen den Willen des Verpflichteten durchgesetzt wird; denn dadurch offenbart sich der obligatorische Charakter der Zuwendung, welche hierdurch in begrifflichen Gegensatz zu der Schenkung tritt. — Diese Wesensgleichheit der klagbaren und klaglosen Verbindlichkeiten wird bei der rechtsphilosophischen Begründung noch näher gewürdigt werden müssen. —

II. Wenig Übereinstimmung herrscht in der französischen Jurisprudenz über die einzelnen Fälle der natürlichen Verbindlichkeiten. Unterabteilungen unter allgemeiner Bezeichnung versucht Pothier[1]) aufzustellen, indem er zwei Arten von obligations naturelles unterscheidet:

1. celles pour lesquelles la loi dénie l'action par rapport à la défaveur de la cause d'ou elles procèdent;

2. celles qui naissent des contrats de personnes qui ayant un jugement et un discernement suffisant pour contracter, sont néanmoins par la loi civile inhabiles pour contracter.

Als Beispiel zu 1 unter Berufung auf art. 128 der coutume von Paris die Zechschuld bei einem Wirte, als Beispiel zu 2 Vertrag einer Ehefrau ohne Ermächtigung des Ehemannes.[2]) — Aubry-Rau[3]) teilen unter Aufzählung von insgesamt 17 — z. T. ebenfalls nicht zugehörigen — Fällen folgendermassen ein:

[1]) a. a. O. n. 192.

[2]) Als nicht passend von Dreyer a. a. O. S. 227 u. Schneider S. 153 abgelehnt.

[3]) IV § 297 n. 1 u. 2.

1. Fälle, in denen das Gesetz eine natürliche Verbindlichkeit „virtuellement“ anerkennt;

2. solche Verpflichtungen, die der Gesetzgeber als klagbar hätte anerkennen können, ohne deshalb aus dem Gebiete des Rechts herauszutreten und in dasjenige der Moral überzugreifen.

Eine sinngemässe Beschränkung auf einzelne Fälle gibt Crome[1]) nach dem allgemeinen Stande der französischen Jurisprudenz:

1. Die Verpflichtung des natürlichen Vaters zur Unterhaltung des von ihm nicht anerkannten Kindes;[2])

2. Bestellung einer dos durch die Eltern für die Kinder;[3])

3. Spielschulden aus nicht verbotenem Spiele;[4])

4. Zahlung des nicht gedeckten Schuldenrestes nach stattgefundenem Zwangsvergleich;[5])

5. gewisse von der bürgerlichen Gesellschaftsordnung anerkannte Anstandspflichten.[6])

Dieser Aufzählung ist noch hinzuzufügen:

6. Verjährte Forderungen.

Bezüglich dieses letzten Punktes, in der Verjährungsfrage, ähnelt der Zustand des französischen Rechts stark demjenigen des preussischen. Mehrfach wird mit grundsätzlicher Betonung im C. c. verkündet, dass Folge der Klagverjährung

---

[1]) S. 26ff.

[2]) art. 340 C. c. — Laurent XVII n. 17. — RG. v. 10. V. 1889 [Zschr. franz. CR. XX 494ff.].

[3]) Art. 204 C. c. — Laurent XVII n. 18.

[4]) art. 1965, 1967, 1235. — Laurent a. a. O. u. 19. Genauere Angaben über Literatur und Judikatur bei Dreyer a. a. O. S. 240ff. — Börsenspiel und Differenzgeschäfte: Sirey LXI, 2, 87. 89 und ROHG. XIV S. 273. — Z. T. a. M. Demolombe XXVII n. 44, 45.

[5]) Art. 605 C. d. commerce. — RG. v. 22. IX. 1885 in Rhein. Arch. Bd. 76 III, S. 96; Bd. 91 I, S. 261. — Bad. Annal. Bd. 63, S. 295. — Scherer, Rhein. R. II S. 148f. Demolombe n. 40.

[6]) Nicht gestützt durch irgendwelche positive Vorschrift, sondern gemäss dem „zugrunde liegenden allgemeinen Prinzip u. der weitgehenden Auffassung der Redaktoren“.

das Erlöschen des subjektiven Rechtes sei. So in der Aufzählung der Erlöschungsgründe in art. 1234:

Les obligations s'éteignent ... et par prescription, qui fera l'objet d'un titre particulier.

Ferner in dem Einleitungsartikel der Lehre von der Verjährung selbst, art. 2219:

La prescription est un moyen d'aquérir ou de se libérer par un certain laps de temps.

Aber die nachfolgenden artt. 2220 und 2221 haben entgegen dieser zugrunde gelegten stärkeren Wirkung der Verjährung die bald in Theorie und Praxis sich geltend machende Auffassung erleichtert, dass die verjährte Forderung als richtige Naturalobligation auch erfüllbar sei. Die erwähnten Artikel gestatten nämlich „une renonciation à la prescription expresse ou tacite", und „la renonciation tacite résulte d'un fait qui suppose l'abandon du droit acquis". — Sehr naheliegend, diese renonciation tacite in der Zahlung des Schuldners auf eine dette prescrite zu finden, und damit deren Erfüllbarkeit, also die schwächere Wirkung der Verjährung anzuerkennen.[1]) — Diese Verwendung der positivrechtlichen Bestimmungen machte dann keine Schwierigkeiten, wenn der Zahlende den Ablauf der Verjährungsfrist und damit das Erlöschen des Gläubigerrechts wie seine Befreiung von der Verbindlichkeit kannte. Anders, wenn er hiervon keine Kenntnis hatte, also irrtümlich ein indebitum zahlte; dann war doch der Verzichtswille durch den entgegenstehenden Irrtum ausgeschlossen und damit der Fall der condictio indebiti gegeben. Gleichwohl hat man die Rückforderung des Gezahlten nicht für zulässig erklärt, freilich bei dieser an sich klaren Rechtslage nur mit Hilfe gezwungener Deduktionen.[2])

[1]) Bigot-Préameneu im Exposé des motifs [Locré VI S. 168 und XII S. 264]. — Pothier, traité des obl. n. 196. — Le Roux, nouveau traité de la prescription n. 59. — Troplong, prescript. n. 29, 63ff. — Crome, Allgem. Teil der modernen französ. Privatrechtswiss. S. 410 A. 4.

[2]) Troplong a. a. O. n. 30ff.: Il faut applaudir à sa délicatesse [des Schuldners] et à ses nobles scrupules, mais ne lui sera qu'en vertu d'une simple

III. Am eingehendsten sind in den Gebieten des französischen Rechts, besonders auch innerhalb der badischen und rheinpreussischen Jurisprudenz, die Wirkungen der obligations naturelles erörtert worden, wie diese Erörterungen wegen bestimmter Erscheinungen im Rechtsleben und wegen gewisser Reaktionen des Rechtsbewusstseins gegen eine spezielle Vorschrift des C. c. notwendig wurden.

Zunächst im allgemeinen. Wie schon erwähnt, ist innerhalb der französischen Jurisprudenz eine eigentümliche Tendenz zu beobachten, die konkreten Folgen der Naturalobligationen möglichst zu beschränken. Diese Erscheinung ist wohl so zu erklären, dass man an den knappen Bestimmungen des Gesetzbuchs keinen Anhalt fand, das Rechtsinstitut der Naturalobligationen selbst seinem Wesen und Grunde nach nicht genügend erkannt war, und man schliesslich dagegen opponierte, die Lehren des römischen Rechts mit seinen z. T. unpraktisch gewordenen Fällen in ihrer ganzen Ausdehnung in das französische Recht zu übertragen.[1])

So wird der natürlichen Verbindlichkeit mehrfach als einzige rechtliche Wirkung nur die zuerkannt, dass das zur

obligation naturelle que se fasse ce paiement nullement; c'est l'obligation civile qui subsistera dans toute sa force, dans toute son intégrité primitive. Dreyer a. a. O. S. 256 meint, ein tatsächlicher Verzicht liege in 2 Fällen in der Zahlung: einmal wenn der Zahlende bestimmt wusste, dass die Verjährung abgelaufen ist; sodann aber auch, wenn er sich gegen diese Tatsache gleichgültig verhalten, bezahlt hat, ohne zu prüfen, ob ihn die Verjährung schütze. — Das sind natürlich nur Notbehelfe und Ausflüchte.

[1]) Vgl. Zachariae-Crome, Handbuch II § 277 S. 223: Mit dem Wegfall der bedeutendsten Fälle der römischen Naturalobligationen sind auch die verhältnismässig starken Wirkungen wegfällig geworden (?), welche das römische Recht denselben beilegte. — Crome, Allg. Teil S. 410 A. 5 meint, die römische Naturalobligation umfasste ein viel weiteres Gebiet als die moderne, was mit dem Rigorismus des römischen Kontraktsystems zusammengehangen habe. — Aus dem römischrechtlichen Teile dieser Abhandlung ergibt sich dieser Entstehungsgrund nicht, eher könnte man als solchen gewisse strikte Grundsätze des römischen Personenrechts hinstellen. Crome scheint an die unrömische naturalis obligatio ex nudo pacto zu denken. — Vgl. auch Dreyer a. a. O. S. 223.

Erfüllung freiwillig Geleistete nicht zurückgefordert werden kann. Zwar sei diese Wirkung in dem (eingangs zitierten) art. 1235 nicht ausdrücklich als einzige bezeichnet, was in Rücksicht auf die in jener „section" behandelte Materie „Du Paiement" aus redaktionellen Gründen nicht wohl anging; aber in den Motiven der Berichterstatter sei die Auffassung von dieser beschränkten Wirksamkeit genügend klar ausgesprochen.[1])

Je stärker und isolierter man nun diese Einzelwirkung von obligations naturelles hinstellte und sie unabhängig von der Grundlage eines bereits bestehenden obligatorischen Bandes betrachtete, desto mehr verflüchtigte sich wieder der Begriff der natürlichen Verbindlichkeit. Und gerade Laurent, der selbständig zur Erkenntnis einer obligation juridique vorgedrungen war, hätte die errungene Position jetzt leicht halten können. Anstelle dessen stellt er als Folgerung des art. 1235 den Satz auf: „L'obligation n'existe pas tant qu'elle n'est pas payée; elle n'existe pas, puisqu'elle ne produit aucun effet.[2]) — Die Ausdrucksweise des C. c. hätte andere richtigere Wege weisen können. Art. 1235 beginnt durchaus logisch: „Tout paiement suppose une dette;" man hätte nach dieser dette auch bei den obligations naturelles suchen sollen. Der Art. endet mit dem sehr bezeichnenden Ausdrucke „acquitter": eine vorhandene Schuld abtragen, er-

---

[1]) Bigot-Préameneu bei Locré VI 168: L'obligation naturelle ne devenant au lien civil que par induction tirée du paiement, cette obligation ne peut avoir d'autre effet que celui d'empêcher la répétition de ce qui a été payé. Zachariae-Crome a. a. O. S. 224. — Crome Obl. R. S. 21. — Dreyer a. a. O. S. 261 sub. 1 u. 2. — Mehrfach wird als Zeuge auch Pothier angerufen mit seinem Ausspruche n. 195: „Le seul effet de nos obligations purement naturelles est que lorsque le débiteur a payé volontairement, le paiement est valable et n'est pas sujet à répétition. Darüber, dass aber Pothier noch anderweitige Wirkungen zulässt, weiter unten.

[2]) XII n. 355. Ähnlich Crome, Obl. R. S. 21: „Die Naturalobligation tritt erst als eine durch die Erfüllung anerkannte in den Bereich der Rechtssphäre". — In Deutschland ist dieser Gedanke sonst nur vorübergehend und isoliert von Christiansen vertreten worden. Vgl. oben S. 137ff.

füllen; auch dieses bei obligations naturelles mögliche acquittement-paiement deutet auf die bereits rechtlich vorhandene und vorausgesetzte Schuld. — Aber die abwegige Entwicklung ging noch weiter. Wenn der Naturalobligation nur bewilligt wurde, lediglich im Augenblicke der Zahlung ein ephemeres rechtliches Dasein zu führen, und bei der Geburt schon wieder zu sterben, war dieses „paiement" keine genügend sichere „cause" für die eingetretene Wertbewegung. Man suchte nach anderen Stützpunkten und fand sie in dem Element der Anerkennung, das in der Zahlung des Naturalschuldners liege.[1]) Zuzugeben ist, dass der Gedanke der Anerkennung juristisch nahe liegt: ähnlich etwa wie bei einem tatsächlich nicht beweisbaren Anspruche erkennt der Schuldner durch sein „acquitter volontairement" diejenige Verbindlichkeit an, zu deren Erfüllung er nicht gezwungen werden kann; die Wertbewegung zugunsten des Gläubigers erscheint durch das Anerkenntnis des Schuldners, dessen Interessen bei dieser Frage von der Rechtsordnung allein wahrzunehmen wären, genügend gesichert. Volenti non fit iniuria. Auch weiter zuzugeben, dass dieses Element der Anerkennung wohl in den meisten Fällen in der Psyche des Schuldners vorhanden sein wird und so auf normale Verhältnisse passt. Aber ein Rechtsatz besteht am besten die Probe seiner Richtigkeit, wenn er sich auch für anormale Verhältnisse bewährt.

Solche können erstens einmal eintreten, wenn der Naturalschuldner nicht das Ganze, sondern nur einen Teil leistet. Es entsteht die Frage: liegt in der Teilleistung die Anerken-

---

[1]) Bigot-Préameneu bei Locré a. a. O. drückt sich negativ aus: Ce paiement est une renonciation de fait aux exceptions, sans lesquelles l'action [en répétition] eût été admis; renonciation que la bonne foi seule et le cri de la conscience sont présumés avoir provoquée; renonciation qui forme un lien civil que le débiteur ne doit plus être le maître de rompre. — Genügend wortreich, um über die Schwächen dieser Auffassung hinwegzukommen. Ähnlich Jaubert, rapport au tribunat n. 5 Locré VI 206. — Crome S. 21. Demolombe XXVII n. 34 a. E. u. n. 46. — Das Element der Anerkennung ist auch sonst im französ. Recht zur Ausfüllung dogmatischer Lücken verwandt worden: vgl. Klingmüller, Schuldverspr. u. Schuldanerk. S. 39ff.

nung der ganzen Schuld oder nur des betreffenden Teiles? Rechtslogische Erwägungen könnten für die eine oder andere Auffassung geltend gemacht werden; alles liegt letztenfalls subjektiv in dem auf das Ganze oder den Teil gerichteten Anerkenntniswillen des Schuldners. Deswegen ist objektiv diese Frage in der französischen Jurisprudenz verschieden beantwortet worden.[1])

Eine zweite Schwierigkeit kann entstehen, wenn der Schuldner in dem irrtümlichen Glauben gezahlt hat, zur Leistung rechtlich d. h. eventuell zwangsmässig verpflichtet zu sein. Dann kann von einem acquittement volontaire nicht mehr die Rede sein, da der Anerkennungswille durch den Irrtum ausgeschlossen ist. Die Schwierigkeit war aber verhältnismässig leicht zu lösen; die communis opinio in Frankreich vertrat die Anschauung: die Rückforderung des so irrtümlich Geleisteten ist zulässig.[2]) — Eine üble Konsequenz! Das Verhältnis zwischen dem Berechtigten und Verpflichteten bei der obligation naturelle kommt nicht zur Ruhe; die eingetretene Wertbewegung wird wieder rückgängig gemacht. Das ginge noch an, mehrfach muss die juristische Technik solche Umwege machen. Aber Voraussetzung des ganzen Rückforderungsanspruches ist der psychische Zustand des Naturalschuldners, von dem sogar juristische Kenntnisse darüber verlangt werden, ob er rechtlich zur Leistung verpflichtet war. Das ist tatsächlich ein Verzicht des objektiven Rechts auf eine Regelung dieser Frage. —

---

[1]) Zachariae-Crome II S. 224 A. 12 kommt zu dem Ergebnis: teilweise Erfüllung ist nur teilweise Anerkennung; der Rest kann nicht gefordert werden, da die Erfüllung nicht den Charakter der Bestätigung, die bei natürlichen Verbindlichkeiten unmöglich ist, hat. — Gestützt auf Larombière III n. 9 zu art. 1235; IV n. 6 zu art. 1338. — Aubry-Rau IV § 297 A. 22. — Sirey 19, I, 126. — Dazu noch Demolombe n. 49 mit den Cit. Entgegengesetzter Ansicht bes. Laurent XVII n. 31.

[2]) Larombière ad art. 1235 n. 8. Colmet de Sauterre V n. 174. — Laurent XVII n. 26. — Demolombe n. 46. — Crome S. 21 ff. — A. M.: Aubry-Rau III S. 531. — Dreyer a. a. O. S. 255 u. zu Zachariae II § 297 n. 4.

Wir gehen einen Schritt weiter auf dem von der Anerkennungstheorie eingeschlagenen Wege und erlangen so einen doppelten Vorteil für unsere Darstellung: nämlich weitere Prüfung der Haltbarkeit jener Theorie, indem deren Konsequenzen gezogen werden, und Feststellung weiterer Rechtswirkungen der obligations naturelles. — Es handelt sich um die Entscheidung der Frage, welche in sehr ausgedehnter Weise die französische Theorie und besonders auch die Praxis beschäftigt hat: ob ein blosses Versprechen, eine natürliche Verbindlichkeit erfüllen zu wollen, rechtswirksam ist? Dieselbe Frage also, die bereits von den römischen Juristen der klassischen Periode in bejahendem Sinne durch den möglichen Hinzutritt eines constitutum und ebenso von der preussischen Gesetzgebung durch die Möglichkeit eines ausdrücklichen Anerkenntnisses entschieden worden ist. — Nach dem Dogma von der Anerkennung könnte kaum ein erstes Bedenken bei der Beantwortung der Frage, geschweige denn ein endgültiger Zweifel entstehen. Unanfechtbar ist die logische Deduktion: wenn in der Zahlung des Naturalschuldners, also in einer konkludenten Handlung, aus der erst der entsprechende Wille gefolgert werden muss, eine Anerkennung zu finden ist, um so mehr muss dies der Fall sein bei der ausdrücklichen Erklärung des Schuldners, die Schuld zahlen, also anerkennen zu wollen. Derselbe Gedankengang bei Laurent:[1]) „La loi n'admet que le paiement des dettes naturelles, mais si on peut les reconnaître et leur donner effet en les payant, pourquoi ne pourrait-on pas les reconnaître en promettant de les payer?" — Und dieselbe Frage bei Zachariae in der 7. Auflage: „Warum sollte es nicht eine iusta causa promittendi sein, wenn man zu zahlen verspricht, was man, wenn auch nur naturaliter, schuldet?" — Mit diesen einfachen Erwägungen war die Rechtswirksamkeit, d. h. die Klagbarkeit des Erfüllungsversprechens bei den natürlichen Verbindlichkeiten anerkannt und scheinbar endgültig festgestellt. Das

[1]) XVII 30.

war auch die nirgendwo bestrittene Auffassung der Wissenschaft und der Praxis bis in die 80er Jahre des vorigen Jahrhunderts.[1]) —

Allmählich bereitete sich ein Umschwung vor; den Anstoss dazu gab Laurent, was man nach seiner eben mitgeteilten Fragestellung kaum anzunehmen geneigt sein würde. Der Grund seiner Opposition gegen die herrschende Meinung lag in seiner einseitigen Anschauung, dass die obligation naturelle erst rechtliches Leben bei ihrer Erfüllung erlange, eine Anschauung, die auch Laurent von der Anerkennungstheorie fernhielt, da man nur etwas anerkennen kann, was schon vorhanden ist. In dieser Einseitigkeit blieb keine Wahl mehr; die Leistung, die doch beim „Gläubiger" bleiben soll, kann dann nur als Schenkung gerechtfertigt werden.[2]) Ist das richtig, dann ist das Erfüllungsversprechen auch nur als Schenkungsversprechen möglich, damit gebunden an die vom Gesetz für freigebige Verfügungen im allgemeinen verordneten Formen. Damit kommt Laurent zu einer nicht erwarteten Verneinung seiner (oben S. 201) mitgeteilten Frage; er schiebt alle Schuld dieses unlogischen — und wie bald zu zeigen — unsachgemässen Ergebnisses auf den Gesetzgeber, indem er fortfährt: „La jurisprudence est plus rationelle que le code, mais il n'appartient pas au juge d'être plus sage que

[1]) Aubry-Rau IV § 297 u. § 345 n. 5. — Demolombe XXIV n. 351. — Larombière zu art. 1131 n. 11 u. zu art. 1135 n. 9. — Marcadé zu art. 1138 n. 11. — Dalloz s. v. „obligation" n. 503ff.—1049ff. — Dreyer a. a. O S. 250—253. Die konstante Praxis des Pariser Kassationshofes bei Schneider a. a. O. S. 133; der belgischen Gerichte bei Laurent XVII n. 30; des preuss. Ober-Tribunals und der rheinpreussischen Gerichte in Zschr. f. franz. CR. XVI S. 570. — Vgl. auch Entsch. des Ob. LG. München Bd. VIII S. 669. — Schliessl. die von Lippold in Zschr. f. franz. Civilr. IV 321—342 mitgeteilten Erkenntnisse.

[2]) Laurent lässt sich durch die nur gelegentlich gemachte Äusserung Papinians verleiten [D. (39, 5) 29: Donari videtur, quod nullo iure cogente conceditur.] und erklärt: „Il y a donation quand on donne ce que l'on ne peut pas être forcé à donner. Donc celui qui donne en acquit d'une dette naturelle, fait une donation; car il ne pourrait pas être forcé à donner ce qu'il donne, les dettes naturelles ne produisant pas d'action. — XII n. 355; XVII 23 u. 30.

le législateur!" — Wie oft muss der vielzitierte „Gesetzgeber" dazu herhalten, um eine subjektive Ansicht des Zitierenden zu stützen! Wenig scheint Laurents Meinung in seinem eigenen Vaterlande und in Frankreich gegolten zu haben; sie erlangte leider erst Lebensfähigkeit durch ihren Import nach Deutschland. Und zwar war es der höchste deutsche Gerichtshof, der zuerst in einem Urteile von 27. II. 1883[1]) die Auffassung vertreten hat, die Zusage der Erfüllung einer natürlichen Verbindlichkeit begründe keine klagbare Verbindlichkeit, und sich in einer weiteren Entscheidung vom 5. III. 1886 noch mehr dem Standpunkte Laurents zugeneigt hat, indem es für die Klagbarkeit einer derartigen Zusage die für Schenkungen vorgeschriebenen Formen erforderte.[2])

Die deutschen Gerichte opponierten mehrfach gegen diesen Standpunkt des Reichsgerichts durch entgegengesetzte Entscheidungen, die aber immer wieder der Aufhebung verfielen, da das Reichsgericht erklärte, dass wiederholte Prüfung keine Veranlassung zu anderer Entscheidung gegeben habe.[3]) — Dagegen wird nichts darüber berichtet, dass die höheren französischen Gerichtshöfe ihre frühere konstante Praxis aufgegeben haben; noch in den letzten über diese Frage ergangenen Entscheidungen wird die Leistung des Natural-

---

1) Entsch. VIII 314 ff. — Zschr. f. franz. CR. XIV S. 564.

2) art. 931 C. c.

3) Entsch. v. 11. XII. 1883 u. 1. XI. 1884 [Jur. Wschr. 1884, S. 137; Blum, Urteile u. Annalen I 5. 159.] v. 22. IX. 1885 u. v. 5. III. 1886 [Zschr. f. franz. C. R. XVII S. 28]. — Angeschlossen hat sich nachweislich das O. L. G. Cöln [v. 10. XII. 1884, v. 18. VI. 1889, bestätigt v. R. G. v. 10. XII. 1889, Zschr. XXI S. 52 f.] u. angeblich die rheinpreussischen Landgerichte. Am längsten haben die Opposition gehalten das L. G. Zweibrücken [v. 24. XII. 1885; Schneider war damals in Zw. Landgerichtsrat!] u. das O. L. G. Darmstadt in den Urteilen v. 3. VII. 1887 [Ztschr. XVIII S. 278] u. v. 22. II. 1889 [Zschr. XX. S. 492 ff.], letztere Entscheidung wieder aufgehoben vom R. G. v. 10. V. 1889. — Auch die Theorie folgte z. T. dieser energischen Rechtsprechung. Zachariae-Crome II S. 224 A. 14 in der 8. Aufl. zieht die richtige Ansicht der 7. Aufl. mit folgender petitio principii zurück: der Naturalschuldner . . . schuldet eben nicht (!) und daraus ergibt sich die Ungültigkeit des Erfüllungsversprechens. — Crome, Obl. R. S. 22 ff.

schuldners als „un acquit d'une obligation naturelle, non une libéralité" bezeichnet, und die Klagbarkeit eines hinzugetretenen Erfüllungsversprechens („engagement") anerkannt.[1])

Aus den gesamten vorstehenden Ausführungen ergibt sich die Unhaltbarkeit der Auffassung des Reichsgerichts im allgemeinen; im einzelnen hat noch Schneider[2]) die völlig ungenügende Begründung der ersten Entscheidung v. 27. II. 1883 nachgewiesen. Einmal unter Zuhilfenahme des richtig erkannten Wesens der Naturalobligation, indem er ausführt: die Frage, ob eine Obligation z. B. durch Novation in eine andere umgewandelt werden, oder ob sie als cause für ein Erfüllungsversprechen dienen könne, habe mit der Frage nach der Wirkung dieser Obligation nichts gemein; denn das sei ein Ausfluss des Wesens der Obligation, eine der Obligation innewohnende Fähigkeit, welche unabhängig davon bestehen könne, in welchem Umfange das Gesetz der Obligation die sonstigen obligatorischen Wirkungen beilegte. Im besonderen entzieht noch Schneider jenem Erkenntnisse die unrichtigerweise dafür angerufene Zeugenschaft Pothiers, dass in dem paiement der obligations naturelles le seul effet derselben zu finden sei. Hatte Pothier in der angezogenen Stelle diesen beschränkenden Ausdruck gebraucht, so bezog er sich nur auf die gesetzlichen Wirkungen der Obligationen; an anderer Stelle spricht Pothier[3]) ganz klar die rechtliche Möglichkeit eines Erfüllungsversprechens für Naturalobligationen aus:

„Il n'importe de quelle manière soit dû ce qu'on promet de vous payer par le pacte constitutae pecuniae: car de quelque manière que vous soit dû ce que je promets de vous payer, ne fût-ce que par une obligation purement naturelle, ce n'est pas une donation, que je vous fais; c'est un paiement, que je promets de vous faire et

[1]) Vgl. Sirey 61, I, 370; 77, I, 69. Dalloz 73, I, 181. —
[2]) a. a. O. bes. S. 154 ff. —
[3]) Traité des obl. n. 464.

par conséquence c'est la vraie espècc du pacte constitutae pecuniae." —

Soviel über den theoretischen Stand der Frage. Inhaltlich handelte es sich bei diesen Erfüllungszusagen neben dem Versprechen des Erben, ein in nicht gehöriger Form hinterlassenes Legat zu zahlen, oder des Falliten, den Gläubigern die beim Akkord erlittene Einbusse zu ersetzen, vor allem um das bloss schriftliche[1]) Versprechen des natürlichen Vaters, für sein nicht authentisch anerkanntes aussereheliches Kind bestimmte Alimente zu zahlen. Solche schriftliche Versprechen zugunsten der unehelichen Kinder auszustellen, war bereits in dem Gebiete des rheinischen Rechts zu einer Rechtsübung geworden, bestätigt durch die ständige Praxis der rheinischen Gerichte;[2]) das Reichsgericht ist dieser Rechtsübung gegenübergetreten, welche doch „der Ausdruck der gegen art. 340 C. c.[3]) sich auflehnenden sittlich-sozialen Rechtsüberzeugung" war.[4])

Ein tieferer Grund für die Praxis des Reichsgerichts lässt sich nicht auffinden, so dass ihm der Vorwurf eines gewissen Doktrinarismus nicht erspart werden kann, um so mehr als wichtige ökonomische wie ethische Interessen des Volkes von dieser Frage berührt wurden. In dem ersten Urteile vom 27. Februar 1883 konnte immerhin der Zweifel, ob eine natürliche Verbindlichkeit des Erben zur Zahlung eines in nicht gehöriger Form hinterlassenen Legats anzuerkennen sei, die

---

[1]) Wenn Schenkung, dann Errichtung vor dem Notar erforderlich, sonst nichtig: art. 931 C. c.

[2]) Deswegen will Endemann, Lehrb. des bürgerl. R.[8] I § 9 A. 8, schon die Bildung von Gewohnheitsrecht annehmen.

[3]) „La recherche de la paternité est interdite."

[4]) Endemann a. a. O. Schliessend: „Damit stellte das Reichsgericht die eigene formalistische [nein: einfach unrichtige] Auslegung des Gesetzes über die rechtserzeugende Macht der Gewohnheit; in zahlreichen Urteilen versuchten die rheinischen Gerichte für das Volksrecht zu kämpfen, bis schliessich nicht die Gründe des R. G., sondern die Macht der Kostenfrage die alterprobte Praxis niederzwangen." — Es handelt sich hier gar nicht um „Volksrecht", sondern um richtiges Juristenrecht! —

causa remota für die negative Entscheidung des Reichsgerichts gewesen sein; aber in dem letzten Urteile vom 10. Mai 1889 erkennt es die Verpflichtung des natürlichen Vaters zur Unterhaltung und Erziehung des ausserehelich geborenen Kindes als eine natürliche an. Gleichwohl verweist es auf seinen früher vertretenen Standpunkt: nirgends sage das Gesetz, dass die natürliche Verbindlichkeit durch Anerkennung und die Zusage der Erfüllung zu einer klagbaren werde, sondern es erwähne nur die eine Wirkung derselben in art. 1235, dass das zur Erfüllung freiwillig Bezahlte nicht zurückgefordert werden könne. Diese vom Reichsgericht gewünschte Bestimmung hatte der C. c. kaum nötig zu treffen, war auch bei dem knappen, fast fragmentarischen Charakter seiner Sätze über das Obligationenrecht nicht zu erwarten. Sondern a maiori minus: gestattet die Rechtsordnung durch die Möglichkeit des acquitter volontairement bei der Erfüllung der Naturalobligationen eventuell die Herstellung eines sachenrechtlichen Ergebnisses unter Ausschluss der répétition, so hat sie wohl keinen Grund, die Herstellung eines wirtschaftlich weniger intensiv wirkenden Ergebnisses, nämlich eines bloss obligationsrechtlichen, zu verbieten.[1]) Von dieser Erwägung aus ergibt sich auch sofort die richtige Abmessung für den Einfluss, den vielleicht die Verbotsbestimmung des art. 340 auf die Entscheidung der Frage haben könnte. Das Reichsgericht[2]) schätzt diesen Einfluss offenbar ziemlich hoch ein: der gerichtlichen Erzwingung der Anerkennung (sc. der natürlichen Vaterschaft) steht die Verbotsbestimmung des art. 340 entgegen. Das ist gewiss, aber das steht hier gar nicht zur Verhandlung, und die besonderen Rechte, insbesondere bezüglich des Nachlasses des unehelichen Vaters, sind für enfants naturels reconnus in den art. 756 ff. geregelt. Demnach bleibt die Frage: ob eine natürliche Verbindlichkeit des unehelichen Vaters auch gegenüber

---

[1]) Denn: minus est actionem habere quam rem. — Pompon. D. (50, 17) 204.

[2]) Zschr. f. franz. C. R. XX 495. —

einem enfant naturel non reconnu besteht? Wird diese Frage bejaht, wie auch das Reichsgericht tut, dann gibt es keinen Ausweg, als die Herstellung eines bloss obligationsrechtlichen, nicht familien- oder erbrechtlichen, aber auch vollkommen obligationsrechtlichen, eventuell gerichtlich geltend zu machenden Verhältnisses durch ein derartiges Erfüllungsversprechen zuzulassen.

Wie wenig doktrinär erscheint demgegenüber das Verhalten der klassischen römischen Juristen! Die Worte des SC. Macedonianum und Vellejanum fast gleichlautend so: ne . . . actio petitioque daretur, oder ne . . . petitio neve . . . actio detur,[1]) ähnlich art. 340 C. c.: la recherche . . . est interdite. Aber mit feinem rechtspolitischen discernement, das uns Modernen ebenso rätselhaft erscheint wie etwa die an der Venus von Milo bereits künstlerisch vorhandene, aber erst durch moderne Untersuchungen wissenschaftlich festgestellte Ungleichheit der beiden menschlichen Gesichtshälften, sonderten die römischen Juristen die mehr oder minder intensiven Folgen beider Senatusconsulta, „ut senatus voluntas servetur“: beim SC. Macedonianum wird die reprobierte obligatio noch als naturalis aufrecht erhalten, beim Vellejanum tota obligatio als extincta angesehen. Die alte Kunst der römischen interpretatio, die — wie ersichtlich — auch für moderne Rechtsbedürfnisse von den Juristen, als richtige Vermittler, interpretes zwischen den Anforderungen einer rechtlichen systematischen Ordnung und zwischen denjenigen des sozialen Lebens, immer von neuem noch zu lernen ist! —

Sonstige Wirkungen der obligations naturelles sind von der französischen Jurisprudenz wenig sicher und wenig übereinstimmend anerkannt worden. Auszuschliessen ist von vornherein die Möglichkeit, mit einer Naturalobligation zu kompensieren, und zwar auf Grund der strikten Ausdrucksweise des art. 1291: „La compensation n'a lieu qu'entre deux dettes, qui . . . et qui sont également liquides et exigibles.“

[1]) Vgl. D. (14, 6) 1 u. (15, 1) 2. —

Die Sicherung durch Bürgschaft kann kaum auf art. 2012 basiert werden, da dieser Artikel nur Verbürgung zulässt für eine obligation valable oder annullée par une exception purement personelle (par exemple dans le cas de minorité), wodurch das Gebiet der Naturalobligationen nicht berührt wird.[1]) — Zu helfen ist und geholfen hat man durch art. 1120 und sein sogenanntes Porte-fort, d. h. ein Dritter kann in bürgerlich gültigem Vertrage mit dem Naturalgläubiger die Leistung des Naturalschuldners zum Gegenstande seiner eigenen vollwirksamen kontraktlichen Verpflichtung machen.

Schliesslich kann auch die Sicherung durch Pfandbestellung nicht direkt behauptet werden. Aber es ist zutreffend darauf aufmerksam gemacht worden,[2]) dass die Pfandbestellung seitens des Schuldners wohl stets von einem Zahlungsversprechen begleitet sein wird; dann würde das Pfand nicht mehr für die obligation naturelle, sondern für die aus dem Erfüllungsversprechen sich ergebende obligation civile bestellt sein.

---

[1]) Gleichwohl ist mehrfach die allgemeine Möglichkeit von Bürgschaften für Naturalobligationen als feststehender Satz von der französischen Jurisprudenz behauptet worden: Toullier VI n. 393f.; Troploug, cautionnement n. 53. 73. 83. Dagg. Dreyer a. a. O. S. 258. — Crome S. 25.

[2]) von Dreyer a. a. O. S. 260. —

IV. Teil.

# Bürgerliches Recht.

## § 17. Allgemeine Fragen.

Ein allgemeiner Überblick über die bisher behandelten Rechtsgebiete gibt der Betrachtung wenig Ruhepunkte; es lässt sich nicht leugnen, dass die Lehre von den Naturalobligationen den Eindruck eines einigermassen zersplitterten Rechtszustandes hervorruft, ein Umstand, der in der immerhin anormalen Erscheinung klagloser Rechte seinen Grund hat. Hieraus ist weiterhin erklärlich, dass die von der Leistungsfähigkeit der positiven Gesetzgebung durchdrungenen Rechtsordnungen, wie die preussische und französische, dieser Erscheinung, die manche Lücke für die Judikatur offen lässt, nicht günstig gesonnen sind.

Doch auch in der Theorie, und noch in der gemeinrechtlichen, sind derartige Tendenzen im vorigen Jahrhundert mehrfach hervorgetreten.

Savigny[1]) kommt am Schlusse seiner eingehenden Untersuchung über die naturalis obligatio zu dem Ergebnis: Es ist kein Bedürfnis vorhanden, in den Bestand unseres gemeinen Rechts von dieser Seite durch Gesetzgebung abändernd einzugreifen, es ist aber auch ebensowenig von der Anwendung dieses Rechtsinstituts eine erhebliche und heilsame Einwirkung auf das wirkliche Leben zu erwarten. Da,

---

[1]) Obl.-R. I 126. — Vgl. auch Sintenis, Civilr. II S. 18.

wo ohnehin eine neue Gesetzgebung, namentlich über das Prozessrecht, nötig oder rätlich gefunden wird, ist die Aufnahme oder Erhaltung gerade dieses Instituts aus dem römischen Rechte kaum zu erwarten, da man ohne Zweifel vorziehen wird, durch einfachere, leichter erkennbare Regeln die gleichförmige Anwendung zu sichern.

Einem ähnlichen Gedankengange folgt Scheurl.[1]) — Ihm sind die Naturalobligationen Erzeugnisse einer unvollendet gebliebenen Entwicklung des römischen Rechts, deren Vollendung dazu geführt haben würde, sie als civiles obligationes gelten zu lassen, m. a. W.: den Gegensatz zwischen civiles und (tantum) naturales obligationes völlig aufzugeben. Die naturalis obligatio als eigenes Rechtsinstitut habe nur die Bestimmung gehabt, beim Zusammenstoss eines im Absterben und eines im Werden begriffenen Rechts zwischen den entgegengesetzten Ansprüchen dieser beiden Rechte zu vermitteln; der vollständige Sieg des werdenden Rechts über das absterbende musste also jenes Rechtsinstitut zwecklos machen. „Für uns ist es in der Tat zwecklos." — Man könne es nicht als eine Vollkommenheit des Rechts bezeichnen, wenn Obligationen anerkannt würden, welche Mitteldinge zwischen klagbaren und nichtigen Obligationen seien, nämlich nur klaglose, aber doch sonst rechtswirksame Obligationen. Der Hauptgrund des römischen Rechtsinstituts der Naturalobligationen sei in der den Römern eigentümlichen Neigung zu finden, der natürlichen organischen Entwicklung des Rechts (durch „stillwirkende Kräfte" nach Savignys klassischem Ausdruck) nicht vorzugreifen, und doch dem dazu vorhandenen Triebe entgegenzukommen. —

Es entsteht hiernach die Frage, ob das neue Privatrecht des deutschen Reiches jenen Erwartungen entsprochen hat, ob es die von Savigny gewünschte Gleichförmigkeit in den Bildungen des Obligationenrechts, oder gegenüber dem römischen Rechte den von Scheurl vorgezeichneten einheit-

---

[1]) In Jher. Jahrb. Bd. VII S. 318 ff.

lichen Abschluss in der Entwicklung gebracht hat. Die Frage ist zu verneinen, da auch im Bürgerlichen Gesetzbuch solche „Mitteldinge“ zwischen klagbaren und nichtigen Obligationen anzutreffen sind.[1]) Hieraus entsteht nun entweder ein Vorwurf gegen die Verfasser des BGB., nicht lebensfähige Institute aufrecht erhalten zu haben, oder gegen die Vertreter der erwähnten Anschauungen der Einwurf, dass sie ihre Ansprüche an die Leistungen neuerer Gesetzgebungen zu hoch oder zu einseitig gestellt haben. Die nachfolgende Erörterung, insbesondere im letzten Teile, wird zeigen, dass weniger jener Vorwurf als dieser Einwurf berechtigt ist.

Das BGB. enthält weder allgemeine Bestimmungen über sogenannte Naturalobligationen, noch verwendet es eine technische Bezeichnung für diesen Begriff; die Motive operieren aber an mehreren Stellen, wo ähnliche Erscheinungen besprochen werden, mit diesem Begriffe, aber ohne feststehende Bezeichnung, indem sie von „unvollkommenen Rechtspflichten“, „natürlichen Verbindlichkeiten“ oder „Naturalobligationen“ sprechen.[2]) — Ist somit dieser Begriff nicht in allgemeiner Ausgestaltung, sondern nur in der Normierung von bestimmten Einzelfällen im Gesetzbuche zu finden, so ist gegen dieses korrekte Verhalten einer positiven Gesetzgebung, welche nur die konkreten Rechtsfolgen, nicht abstrakte Begriffe aufzustellen hat, ebensowenig etwas einzuwenden wie gegen das gleiche Verhalten des C. c.[3])

Die Motive[4]) verhalten sich sehr reserviert. Sie erklären, dass grundsätzlich unter „Schuldverhältnis“ die klagbare Obligation verstanden wird, ein Schuldverhältnis, bei welchem die Erfüllung der Verbindlichkeit erzwingbar ist; nur

1) Immerhin ging die Tendenz des Entwurfs I auf eine Reprobierung der Naturalobligationen. Recht apodiktisch Mot. II 106: der Entw. kenne keine Naturalobligationen. Dazu Gierke, Entw. S. 103: „Doch sieht er sich gleichwohl gezwungen, tatsächlich eine Anzahl von Naturalobligationen anzuerkennen“.

2) Vgl. I S. 343 u. 370; II S. 3f. u. S. 106.

3) S. oben S. 188f.

4) II S. 3 u. 4.

ausnahmsweise erkenne das Gesetzbuch das Bestehen einer unvollkommenen Obligation an, indem durch positive Bestimmung eine Obligation, welche nach allgemeinen Grundsätzen begründet sein würde, nur in unvollkommener Weise reprobiert ist. Mit einem sehr richtigen Schlusssatze wird geendet: „Insbesondere ist der Grundsatz, dass aus der Ethik, dem Naturrechte oder dem allgemeinen Rechtsbewusstsein eine unvollkommene Obligation (mit soluti retentio) herzuleiten sei, nicht anerkannt." — Damit ist von vornherein eine positive juristische Behandlung dieser Lehre gewährleistet.

Die allgemeine Meinung in der Literatur des bürgerlichen Rechts knüpft an den überkommenen Begriff der Naturalobligation an und ist bereit, diesen Begriff auch auf gleiche oder ähnliche Erscheinungen des neuen Rechts zu übertragen.[1])

Dieser Standpunkt ist aber nicht unangefochten gebliebeblieben. So folgt Landsberg[2]) den erwähnten Gedankengängen Savignys und Scheurls und sucht diese „eigentümliche anormale Erscheinung" möglichst zu beseiti-

---

[1]) Ubbelohde in Jher. Jahrb. Bd. 38, S. 216f. — Stammler, Recht der Schuldverh. S. 26f. — Matthiass, Lehrb. I § 72 II S. 320. — Kipp bei Windscheid II S. 174f. — Crome, System II § 140 II S. 15. — Cosack, Lehrb. I § 80 S. 284f. — Enneccerus, Bürg. R.² I § 148 S. 374f. — Dernburg, Bürg. R. II § 3 S. 9f. — Hachenburg, Vortr. S. 52f. — Kuhlenbeck, Von d. Pand. z. BGB. II S. 7f. — Krückmann, Inst. des BGB. S. 159. — Eck-Leonhard, Vortr. I S. 231f. — Endemann, Lehrb. I § 99 No. 2. — Örtmann, Komment. z. R. d. Schuldverh., Vorbem. 5 S. 2, u. in Allg. öster. Gerichtsztg. 1902, S. 1f. — Die Frage ist auch in einer Reihe von Dissertationen behandelt worden: E. Meyer, Der römisch-rechtliche Begriff der Naturalobligationen im Schweizer Obl.-R., Zürich 1892. — Levy, Die naturalis obligatio im BGB. 1901. — Badt, Die Naturalobligation im BGB., Freiburg 1903. — Kuhn, Welche Erscheinungen kennt das BGB., die den gemeinrechtl. Naturalobligationen gleichartig oder ähnlich sind? Rostock 1903. Allendorf, Die natürl. Verbindlichkeiten des BGB., Rostock 1904. — Mahler, Die natürl. Verbindl. im BGB. 1904. — Selbständigen Wert haben nur die beiden zuletzt Genannten und E. Meyer.

[2]) Recht des BGB. I § 14 S. 60.

gen. Nach seiner Meinung begegnen wir ihr in unserem bürgerlichen Recht nicht mehr. „Wo Verbindlichkeit, da auch Klagerecht. Dadurch hat für uns die Unterscheidung zwischen klagbaren und klaglosen Rechten ihre wesentliche Bedeutung verloren.“

Der Vordersatz entspricht zum mindesten nicht der gesamten bisherigen Rechtsentwicklung, in deren Verlaufe wir eine ganze Reihe von Verbindlichkeiten ohne Klagerecht haben feststellen müssen; kaum glaubhaft, dass das BGB. an den einzelnen Fällen ohne weiteres vorübergegangen sein soll, die sonst in der „Mittelstellung einer Naturalobligation“[1]) anerkannt worden sind. — Dogmatisch liegt offensichtlich bei Landsberg eine Überschätzung der Klagebefugnis als Begriffsmerkmal eines subjektiven Rechts vor; voraussichtlich wird dieses Merkmal in dem für die allgemeine Rechtslehre bestimmten Teile als wesentliches geleugnet werden müssen.

Von anderer Seite wird der Begriff der Naturalobligationen als materiell rechtliche Besonderheit für das neue Recht geleugnet, namentlich wegen der abweichenden Gestaltung der Einzelfälle, und der ganzen Erscheinung nur Bedeutung für das Gebiet des Prozessrechts zuerkannt.[2])

Schliesslich wird den Naturalobligationen die ihnen lange gewährte Unterkunft im Obligationenrechte verweigert. Wenn auch das BGB. selbst von „Erfüllung“ und „Schuld“ bei gewissen unjuristischen Verbindlichkeiten rede, so brauche

[1]) Stammler a. a. O.

[2]) So Hellwig, Anspr. u. Klagr. S. 13 A. 22; S. 125 A. 13a; S. 405 A. 15 u. 16. — Ähnlich, nur im einzelnen abweichend Langheineken, Anspr. u. Einrede, S. 183ff., bes. 185, 190. Letzterer führt auch als Gegner Cosack, [Lehrb. I § 80 No. 5 S. 287] an, der den Begriff für das neue Recht ablehne. Das ist nicht richtig; denn Cosack spricht im Hinblick auf die verjährte Forderung ausdrücklich von einer „unvollkommenen“ Forderung. C. tritt nur dagegen auf, mit den verjährten Forderungen die „rein sittlichen Ansprüche“ zu einer Gruppe zusammenzuschliessen, da diese überhaupt keine Forderungen im Rechtssinne seien.

das nicht technisch aufgefasst zu werden; wolle man aber doch an dem „wegen des Fehlens übereinstimmender Grundsätze höchst vagen Begriffe der Naturalobligation als einer unvollkommenen Rechtspflicht festhalten, so dürfe man diese doch nicht zu den Schuldverhältnissen im Sinne des Gesetzes zählen und den Begriff der letzteren nicht so zu bestimmen suchen, dass er die Naturalobligation mit umfasse".[1])

Zu sicheren Ergebnissen über einen in das System des bürgerlichen Rechts einzustellenden allgemeinen Begriff der natürlichen Verbindlichkeiten kann nur die induktive Methode, der Betrachtung der hier in Frage kommenden Einzelfälle, führen. —

Ehe dazu übergegangen wird, mag noch hinsichtlich der technischen Bezeichnung darauf hingewiesen werden, dass eine solche mit allgemeiner Gültigkeit nicht zur Verfügung steht. Dann liegt derselbe Zustand wie im römischen Recht vor, wo auch eine konstante und einheitliche Namengebung nicht erfolgt war. So sind auch jetzt eine ganze Reihe von Bezeichnungen im Gebrauch, von denen eine jede gewisse Vorzüge wie Nachteile besitzt. Mehrfach wird von „klaglosen" Verbindlichkeiten gesprochen, um den auffälligsten Gegensatz zu der grundsätzlichen Ausgestaltung des Schuldverhältnisses zu bezeichnen; immerhin geschieht dies nicht mit völliger Präzision, insofern auch derartige Schuldverhältnisse — abgesehen von ihrer formellen Klagbarkeit — durch Feststellungsklage klagbar werden können.[2]) Dann ist Bekkers[3]) beiläufiger Vorschlag genauer, von „unerzwingbaren Schuldverhältnissen" zu reden, eine Bezeichnung, die das Wesen der Sache deckt, nicht aber besonders handlich ist.

In allgemeinem Gebrauche sind „unvollkommene" (so besonders Stammler, Dernburg, Crome) oder

[1]) Siber, Rechtszwang im Schuldverh. S. 48ff., 63.

[2]) Vgl. Endemann a. a. O. A. 20. — Z. T. and. Meinung Hellwig, Anspr. u. Klagr. S. 405 bes. A. 15 u. 16 und Siber S. 63 sub V.

[3]) Vgl. Zschr. d. Sav.-St. Bd. XXIV S. 351 A. 1.

in Anlehnung an den überlieferten römischen Sprachgebrauch „natürliche" Verbindlichkeiten (Endemann, Enneccerus, Matthiass).[1]) Dieser allgemeinen Übung soll auch im folgenden entsprochen werden, da ein technischer Ausdruck nicht ohne weiteres eigenmächtig geprägt werden kann. Bei der Zusammensetzung „unvollkommene Verbindlichkeiten" mag das Augenmerk mehr negativ auf den Hauptmangel in der Wirkung solcher Obligationen, nämlich den Mangel der Klagebefugnis gerichtet werden; bei der Zusammensetzung „natürliche Verbindlichkeiten" mehr positiv auf die Tatsache, dass auch solche Verbindlichkeiten „von Natur" wirkliche Verbindlichkeiten sind, insofern sie einen „natürlichen Rechtsstoff"[2]) an sich tragen und im Verkehr in der weitaus grössten Zahl der Fälle dem normalen Ende, d. h. der Erfüllung zugeführt werden.[3])

## § 18. Die einzelnen Fälle.

Zu einer Gruppe von „natürlichen Verbindlichkeiten" lassen sich folgende Fälle des BGB. zusammenschliessen:

### I. Die Forderung nach abgelaufener Verjährung.[4])

Als Wirkung des Ablaufs der Verjährungsfrist tritt nach der Fassung des § 222 I ein, dass der Verpflichtete berechtigt

---

[1]) Hierfür besonders auch Mahler S. 23.

[2]) Mitteis in Jher. Jahrb. Bd. 28 S. 160. -- Brinz, Pand.[1] S. 1631 § 376 spricht von dem Gegensatze der rechtlichen Existenz, die den Naturalobligationen nicht ganz zukomme, und ihres faktischen Daseins.

[3]) Levy a. a. O. S. 24 spricht von „Erfolgsverbindlichkeiten", u. zwar mit Hilfe eines Bildes: „Die Verbindlichkeit ist latent, erst durch die Erfüllung wird sie frei." Das ist sowohl technisch wie dogmatisch unzureichend. Der Ausdruck ist selbst Juristen nicht verständlich; ferner beruht er auf der bereits überwundenen Anschauung, als ob diese Verbindlichkeiten erst mit der Erfüllung als rechtliche sich betätigten.

[4]) Als Hauptfall der Naturalobligation im BGB. von den meisten Schriftstellern hervorgehoben; vgl. die Zusammenstellung bei Langheineken S. 189 A. 1. — Dagegen Mahler S. 62ff.

ist, die Leistung zu verweigern. So die Ausdrucksweise des Gesetzes nach erheblichen Schwankungen in den einzelnen Stadien der Beratung. Noch der Entwurf I § 182 I in seiner ohne nähere Erklärung kaum verständlichen Fassung[1]) und die Motive,[2]) weiteren Aufschluss gebend, stehen grundsätzlich auf dem Boden der sog. absoluten Theorie des gemeinen Rechts. Wenn dem verjährten Anspruch — so führen die Motive aus — eine Einrede entgegensteht, durch welche dessen Geltendmachung dauernd ausgeschlossen wird, so ist damit zugleich die sog. stärkere Wirkung der Verjährung anerkannt. Für die im gemeinen, französischen und österreichischen Rechte mehrfach hervorgetretene . . . Ansicht, dass die Verjährung der Forderung dieser nur die Klagbarkeit entzieht, ist auf dem Gebiete der Anspruchsverjährung[3]) schon an sich kein Raum. Der Zweck der Verjährung wird auch nur erreicht, der Rechtsfriede nur gewahrt, wenn der verjährten Forderung sowohl die klageweise als die einredeweise Geltendmachung versagt ist. —

Von diesem Grundsatze der sogenannten stärkeren Wirkung blieb allmählich weiter nichts als seine ehemalige Proklamierung übrig. Schon die Motive selbst lassen die Frage, ob in Rücksicht auf den verordneten Ausschluss der

---

[1]) „Nach Vollendung der Verjährung steht dem Anspruche eine Einrede entgegen, durch welche die Geltendmachung des Anspruchs dauernd ausgeschlossen wird." — Heymann S. 161: „Ohne zu übertreiben, kann man sagen, dass ein gebildeter Nicht-Jurist bei unbefangener Lektüre der Bestimmung niemals aus derselben das herauslesen wird, was sie nach den Motiven ausdrücken soll." Juristisch tadelt H. besonders die Verwendung des ungeklärten Ausdrucks „Einrede". — Fischer, Recht u. Rechtschutz S. 121 kritisiert den Inhalt und Ausdruck als doktrinär, unpraktisch und unklar.

[2]) I, S. 342.

[3]) Das ist natürlich doktrinär und lediglich eine Wiederholung der Windscheidschen Lehre. Vgl. dessen Pand. I § 112 Anm. 5 a. Anf.: „Man sagt: es verjährt ja nur die Klage; also bleibt das Recht, insoweit es ohne Klage bestehen kann, unberührt. Dieses Argument trifft uns nicht (!), da wir in der actio nicht die Klage, sondern den Anspruch sehen." [Windscheid, Actio S. 31 ff. —] — Im übrigen wäre der Ausdruck „Klagenverjährung" besser gewesen. Vgl. Gierke, Entw. S. 175. — Eck, Vorträge I S. 78.

condictio indebiti (Entw. I § 182 II) theoretisch das Zurückbleiben einer „unvollkommenen Rechtspflicht“ anzunehmen sei, auf sich beruhen.

Weiter bedeutet die an sich nur redaktionell gemeinte, in der Revisionslesung[1]) vorgenommene Änderung in der Fassung der Bestimmung eine Abschwächung; zum mindesten wurde gegenüber der früheren Ausdrucksweise klargestellt, dass der Anspruch keineswegs ipso iure und unter allen Umständen durch die Verjährung vernichtet wird, sondern es lediglich bei dem Verpflichteten steht, sein Leistungsverweigerungsrecht geltend zu machen oder nicht. Schliesslich wurde auch von der II. Kommission[2]) der Standpunkt der Motive in der Frage, ob eine verjährte Forderung noch zur Aufrechnung benutzt werden kann, verlassen und diese Möglichkeit unter bestimmter Voraussetzung zugelassen. Die Minderheit in der II. Kommission wies ganz zutreffend darauf hin, dass durch die Zulassung der Aufrechnung mit einer verjährten Forderung das Rechtsinstitut der Verjährung eine — mit seinem Zwecke nicht wohl vereinbare — Abschwächung erleiden würde.

Dies ist nun in dieser Frage und auch sonst ausreichend geschehen. Die verjährte Forderung ist so wenig erloschen, dass sie vielmehr ein sehr wirksames rechtliches Dasein führt.

1. Die Forderung ist nach wie vor erfüllbar. Es ist richtige solutio, und keine Schenkung; der Akt unterliegt also nicht den Vorschriften über Abschluss und Wirkung einer Schenkung, noch etwa dem Schenkungsstempel.[3]) Diesen Solutionscharakter erhält der Akt rein objektiv; das subjektive Verhalten des leistenden Schuldners, sei es, dass er in Kenntnis oder in Unkenntnis der Verjährung zahlte, ist un-

---

[1]) Protok. VI 142. — Bundesrats- und Reichstagsvorlage § 217 = § 222 BGB.: „Nach der Vollendung der Verjährung ist der Verpflichtete berechtigt, die Leistung zu verweigern“.

[2]) Protok. I S. 361 ff. — Entw. II § 334. Bundesrats- und Reichstagsvorlage § 384 = § 390 B. G. B.

[3]) Stammler S. 28.

erheblich: die Leistung bleibt Erfüllung und kann in keinem Falle zurückgefordert werden.[1])

2. Die verjährte Forderung ist ausreichende Unterlage für ein vertragsmässiges Anerkenntnis, sowie für eine Sicherheitsleistung des Verpflichteten.[2])

3. Dingliche Sicherungsrechte, wie Pfandrecht, Hypothek, Grund- und Rentenschuld bleiben trotz Verjährung des Hauptanspruchs erhalten.[3])

4. Nicht bloss freiwillige Erfüllung der verjährten Forderung wird dem Schuldner ermöglicht, sondern er kann auch zur Erfüllung wider seinen Willen durch den Umweg der Aufrechnung mit der verjährten Forderung genötigt werden, wenn sie nur damals nicht verjährt war, als ihr die Gegenforderung gegenübertrat.[4])

Zweifel können entstehen und sind in der Literatur entstanden, ob der Rechtsschutz der positiven Feststellungsklage der verjährten Forderung zugebilligt werden soll. Verlangt der klagende Gläubiger die Feststellung des Rechtsverhältnisses, ohne die Verjährung seinerseits hervorzuheben, so greift natürlich auch gegen die Feststellungsklage, wie gegen die Leistungsklage der Verjährungseinwand, wenn er vom beklagten Schuldner erhoben wird, durch.[5]) Weiter ist aber zu fragen, ob ausdrücklich und von vornherein auf Feststellung der verjährten Forderung geklagt werden kann; was grundsätzlich zu bejahen sein wird, da ja auch blosse

---

[1]) § 222 II S. 1.

[2]) § 222 II S. 2. — Vgl. bes. Endemann § 93b A. 8. — Man wird ein rechtsgültiges, demnach grundsätzlich schriftliches Schuldanerkenntnis nach § 781 verlangen müssen. Ebenso Fischer-Henle N. 3 zu § 222. — Crome I S. 521 A. 10. — Enneccerus-Lehmann I S. 352 A. 5. — A. M.: Dernburg I S. 535 A. 7. — Rehbein I S. 333. — Scherer, Allg. T. S. 469.

[3]) § 223.

[4]) § 390. — Modifikationen sind durch die §§ 479 u. 490 III bei Schadensersatzansprüchen gegen einen Verkäufer wegen Mängel der Kaufsache gegeben.

[5]) Dann richtig Crome I S. 520 A. 2.

„Befugnisse" Gegenstand der Feststellungsklage sein können.[1]) Schwierigkeiten aber entstehen dem Kläger bei der Darlegung seines rechtlichen Interesses an der alsbaldigen Feststellung; die Verneinung dieser Voraussetzung wird häufig zur Abweisung führen. Aber keineswegs immer, besonders in Rücksicht auf die Möglichkeit der Aufrechnung gemäss § 390 BGB.[2]) Der Fall wäre denkbar, dass der Gläubiger der verjährten Forderung die Aufrechnungserklärung aus rechtlichen oder tatsächlichen Hinderungsgründen gegenüber seinem Gegner nicht abgeben und so die gegen ihn bestehende Forderung nicht zur Tilgung bringen kann; wegen der Verpflichtung, ein Inventar seines Vermögens einzureichen, oder aus sonstigen Gründen, kann aber der Gläubiger der verjährten Forderung das in § 256 CPO. erforderte Interesse haben, damit endgültig eine klare Rechtslage geschaffen werde.

Alle diese Wirkungen, die eine verjährte Forderung haben kann, sind uns aus der römischen und gemeinrechtlichen Entwicklung als allgemeine bei Naturalobligationen überhaupt mögliche Rechtswirkungen bekannt. Rechtspolitisch stellt sich diese Regelung der Verjährungsfrage und die offensichtliche Abschwächung der Verjährungswirkung als ein Kompromiss dar zwischen dem allgemeinen öffentlichen Interesse, das zur Verminderung der Prozesse und Erhaltung des Rechtsfriedens eine möglichst intensive Ausgestaltung des Verjährungsinstituts verlangen würde, und zwischen den privaten Interessen der beteiligten Personen: die Affektion des Forderungsrechts zu ungunsten des Gläubigers geht nicht weiter, als dass es nach Ablauf der Frist einredebehaftet wird;

---

[1]) Gaupp-Stein Komment. zu § 256 CPO. Anm. II. 1. a. — RG. Bd. 5, S. 171.

[2]) Worauf zutreffend Kuhn S. 57 A. 2 aufmerksam macht. Nicht ausreichend zur Begründung des rechtlichen Interesses ist es aber, wenn Kläger lediglich für die Zukunft ein Beweismittel für Bestehen der verjährten Forderung in den Händen haben will. Dann müsste Sicherung des Beweises gemäss §§ 485 f. CPO. beantragt werden.

der Willensbestimmung des Schuldners allein ist es anheimgegeben, ob er diese Schwächung des Forderungsrechts, seine Unerzwingbarkeit durch Erhebung des Verjährungseinwandes herbeiführen will. — Dogmatisch ist hier von einer natürlichen Verbindlichkeit mit starken — von allen Einzelfällen sind es die stärksten — rechtlichen Wirkungen zu reden; wobei von vornherein zu betonen ist, dass bei anderen Fällen mehrere der Wirkungen zu streichen sein werden. Mehrfach wird nun darauf hingewiesen, dass in dieser Erscheinung des verjährten Forderungsanspruches keine materiellrechtliche Besonderheit vorliege, da ein einredebehafteter Anspruch immerhin ein Anspruch sei, und dessen Existenz durch eine peremtorische Einrede nicht tangiert werde.[1]) — Das ist doch nur formell richtig; die ganze Frage ist eine solche der juristischen Konstruktion. Bereits Heymann[2]) hat auf die beiden allein möglichen Bewertungen in dieser Frage hingewiesen: soll man die verjährte Forderung bis zu dem Vorschützen der Verjährung durchaus als vollgültige Forderung betrachten, oder soll man sie als eine rechtlich gehemmte juristisch minder bewerten? — Heymann ist geneigt, sich der ersteren Auffassung anzuschliessen, da doch die verjährte Forderung bis zu dem Augenblicke, in welchem die Verjährung vorgeschützt werde, vollen staatlichen Rechtsschutz geniesse, ohne jedoch hierdurch der anderen Anschauungsweise präjudizieren zu wollen; im Sinne der letzteren könne dann von einem Rechte mit dauernden Einschränkungen, richtiger von einem geschwächten Rechte, ohne Bild aber von einem partiell unwirksamen Rechte gesprochen werden. — Richtig ist, dass der Anspruch ohne Erhebung des Verjährungseinwandes im Prozesse keinerlei Schwächungen erfährt: Feststellungsklage wie Leistungsklage führen beide ohne Hindernis zu demselben Ziele, zu rechtskräftiger Entscheidung; und richtig ist, dass damit die verjährte Forderung in einen immer-

---

[1]) Hellwig S. 13 A. 22. — Langheineken S. 189. — Anschliessend Chr. Weiss, Verjährung u. gesetzl. Befristg. S. 87.

[2]) a. a. O. S. 154ff.

hin auffälligen Gegensatz zu anderen mehr unvollkommenen Verbindlichkeiten tritt, die wir gleichwohl mit ihr hier zu einer Gruppe zusammenschliessen. Der Grund für diese Erscheinung aber liegt nur in dem erwähnten kompromissartigen Charakter des modernrechtlichen Verjährungsinstitutes, vor allem in dem „Prinzip der Disponibilität des Verjährungsschutzes",[1]) d. h. in dem Selbstbestimmungsrechte des Verpflichteten über die Geltendmachung der Verjährung. Um dieses Prinzip zu verwirklichen, musste man zunächst alle sonst möglichen Wirkungen des verjährten Forderungsrechtes wie bei einem vollwirksamen Rechte eintreten lassen, so lange dies nur der Verpflichtete will; wenn er es aber nicht mehr will, so widerfährt nunmehr der verjährten Forderung dieselbe Schwächung, als ob sie von vornherein — wie etwa beim Ehemaklerlohn — von der Rechtsordnung verordnet worden wäre. Also nur ein Pendenzverhältnis wegen der Dispositionsfreiheit des Schuldners, keine dauernd gesicherte vollwirksame Existenz des Anspruchs.[2])

Nicht ohne Wirkung blieb übrigens bei der Ausgestaltung des Verjährungsinstitutes im modernen Recht der Umstand, dass einmal im Laufe des vorigen Jahrhunderts sich im Wege gewohnheitsrechtlicher Bildung durch Theorie und Praxis für die erlöschende Verjährung das Erfordernis ihres Vorschützens feststellte, und dass man ferner in derselben Periode die Lehre von den Naturalobligationen näher zu untersuchen begann und neu begründete. Ging die Entwicklung des Verjährungsinstituts mehr auf eine Berücksichtigung der privaten Interessen der beteiligten Personen aus, so lag es nahe, dieses verjährte Recht als ein „geschwächtes" oder „partiell unwirksames" mit in die allgemeine Gruppe der Naturalobligationen einzurangieren. War das einmal erfolgt,

---

[1]) Heymann S. 159 meint, dass es der Anschauungsweise des modernen Menschen und dem Bedürfnis des modernen Verkehrs entspricht.

[2]) Das gegen Mahler S. 67f., der meint, dass die starken Rechtsfolgen der verjährten Forderung mit der Annahme einer bloss natürlichen Verbindlichkeit unvereinbar seien.

so waren weitere Übertragungen von Wirkungen dieser Naturalobligationen auf die neue species, wie Sicherungs- und Aufrechnungsmöglichkeit, Ausschluss der condictio indebiti u. a., möglich, wie dies denn auch geschah. Unangebracht ist es, diese Entwicklung und Assoziation der Ideen ohne Not zu stören. Wenn man die „Naturalgültigkeit" überhaupt — worüber noch zu reden ist — als ein „Mittelding zwischen juristischer Gültigkeit und juristischer Nichtigkeit" bezeichnet hat,[1]) so passt dies auch durchaus auf die verjährte Forderung, die man also mit gutem Recht als eine natürliche oder unvollkommene Verbindlichkeit auffassen kann.

### II. Die Ehemaklergebühr.

Noch die Motive[2]) hatten ein legislatorisches Vorgehen gegen die Gültigkeit des Versprechens einer Ehemaklergebühr abgelehnt im Hinblick auf die Praxis des gemeinen und französischen Rechts in Deutschland.[3]) Den Auffassungen, welche die Rechtsprechung besonders in England und in Frankreich[4]) im Sinne einer völligen Unwirksamkeit des Ehemaklervertrages beherrschten, war das Reichsgericht noch in einer für das Gebiet des französischen Rechts gegebenen Entscheidung vom 8. Januar 1892[5]) entgegengetreten: der Maklervertrag ist nur dann nichtig, wenn eine Maklergebühr nicht für die aufgewandten Bemühungen, sondern für den Fall der Herbeiführung der Ehe versprochen worden ist, insbesondere also wenn die Gebühr in einem Prozentsatz der Mitgift bestehen soll.

---

[1]) Mitteis a. a. O. S. 160.

[2]) II S. 511f.

[3]) Seuff. Arch. Bd. 13 S. 14; Bd. 14 S. 124; Bd. 33 S. 125.

[4]) Grundlegend die Entsch. des Kassationshofes v. 1. V. 1855: Sirey, Recueil 1855, I, 347.

[5]) Bad. Anal. Bd. 59, S. 8. Ferner: Seuff. Arch. Bd. 48 No. 23 und Blum, Urt. u. Annal. Bd. 2 S. 217. — Auch das OLG. Karlsruhe [Urt. v. 13. XII. 1895 in Bad. Annal. Bd. 62 S. 161f.] spricht sich ohne weiteres für die Gültigkeit des Geschäftes aus. Dageg. bes. Kohler im Arch. f. bürg. R. Bd. V S. 161f. u. Bd. XII S. 317f., jetzt Zwölf Studien z. BGB. S. 89ff.

Erst die Reichstagskommission[1]) schob in den Abschnitt über den Mäklervertrag einen § 643 c ein, der dem jetzigen § 656 entspricht. Sie hat mit dieser Bestimmung erziehlich wirken wollen und hat ihrem Vorgehen eine legislatorische Begründung gegeben: das Nehmen und Geben eines Lohnes für Heiratsvermittlung werde unzweifelhaft von der grossen Mehrheit der Bevölkerung als unsittlich, mindestens als unanständig betrachtet; die Prozesse wegen Heiratsvermittlung geben zu den allergrössten Ärgernissen Anlass, weshalb es sich empfehle, nicht nur die Klage auf Zahlung der vereinbarten Leistungen, sondern ebenso die Rückforderung des etwa aus diesem Grunde Geleisteten auszuschliessen.[2]) — Jedenfalls ist nun durch § 656 BGB. ausgesprochen, dass durch das Versprechen eines Lohnes für den Nachweis der Gelegenheit zur Eingehung einer Ehe oder für die Vermittlung des Zustandekommens einer Ehe „eine Verbindlichkeit nicht begründet wird“. Dasselbe gilt für ein zu diesem Zwecke abgeschlossenes Schuldanerkenntnis.[3]) Doch die Rückforderung desjenigen, was auf Grund solcher Versprechen geleistet ist, bleibt unter allen Umständen ausgeschlossen. — Kohler[4]) geht in seiner mit beredten Worten vorgetragenen Antipathie gegen den Ehemakelvertrag, der überhaupt dem Wesen und der Würde der Ehe widersprechen soll, soweit zu erklären: die Bestimmung des § 656 trage die Signatur an sich, dass ein Ehemakelvertrag vollständig nichtig sei. Er ist es doch eben nicht, sonst hätte man ihn einfach, wie etwa das wucherische Geschäft, für nichtig erklärt. Aber offenbar wollte der Reichstag nicht so intensiv erzieherisch

---

1) Bericht S. 53.

2) Kohler a. a. O. nennt diese Begründung „vortrefflich“ [was wohl nur für den Gedanken des letzten Satzes passt] und die Vorschrift selbst einen „Ruhmestitel“ des Gesetzbuches.

3) Stammler, S. 29 hat § 656 II missverstanden, wenn er meint, dass das Anerkenntnis der aus der Heiratsvermittlung beabsichtigten Schuld gültig sei.

4) Zwölf Studien, S. 105. — Anschliessend: Meissner, Komment. Bd. II S. 203.

wirken; denn der Eingriff in den tatsächlichen Zustand, sowie der Abstand zwischen diesem, der sich nicht ohne weiteres durch einen Gesetzesparagraphen hätte beseitigen lassen, und dem gesetzlichen Zustande wäre zu gross gewesen. Wenn der Gesetzestext scheinbar die Nichtigkeit feststellend sagt, dass eine Verbindlichkeit nicht begründet werde, so ist das dieselbe Ausdrucksweise, wie wenn die römischen Juristen die obligatio servi als nulla und ähnlich bezeichneten.[1]) In beiden Fällen wird bei dem Begriffe „Verbindlichkeit" oder „obligatio" nur an dessen grundsätzliche Ausgestaltung als klagbares Rechtsverhältnis gedacht, ohne dass bei dieser negativen Ausdrucksweise die vorhandenen positiven Wirkungen des halbrechtlichen Verhältnisses hervorgehoben würden; in beiden Fällen geschah und geschieht es aber, dass entgegen dem strikten Recht fortwährend im natürlichen Verkehr der Menschen solche rechtliche Nichtverbindlichkeiten als natürliche Verbindlichkeiten begründet, aufrecht erhalten und durch Erfüllung wieder aufgehoben werden. —

Ethische Rücksichten sprachen dafür, die Prozesse über den Ehemaklerlohn als den Familienfrieden störend nach Möglichkeit zu verhindern; deshalb ist die Versagung der Klagbarkeit — auch auf dem Unwege des Schuldanerkenntnisses — dem sittlichen Empfinden wie praktischer Einsicht entsprechend. Im übrigen die Ehevermittlung schlechthin als unsittlich zu erklären, ist als allgemeine Behauptung ebensoviel wahr wie falsch. Daher ist auch Kohlers allallgemeine Auffassung vom Charakter des Ehemaklervertrages wie seine besondere Ausführung einseitig, dass die Rückforderung um deswillen ausgeschlossen sei, weil sowohl dem Leistenden wie dem Mäkler durch Zahlung und Annahme des Mäklerlohnes ein Verstoss gegen die guten Sitten zur Last falle, ein Grundsatz, der in § 817 BGB. zum mustergültigen Ausdruck gekommen sei. Die Zahlung der Ehemaklergebühr ist vielmehr tatsächliche Verkehrsübung, und zwar deswegen,

[1]) . . . ad ius civile referimus obligationem . . . Ulp. D. (15, 1) 41. — Den Ausdruck urgiert Siber S. 59

weil — wie Dernburg[1]) richtig bemerkt — die Zahlung ein Gebot des Anstandes und der Ehrenhaftigkeit ist. Dadurch nun, dass diese Zahlung durch rechtliche Anerkennung gesichert ist, wird diese sittliche Pflicht zugleich zu einer Rechtspflicht, die gegenüber den grundsätzlichen als eine unvollkommene erscheint, und gegenüber dem Falle zu I, der verjährten Forderung, allerdings als eine solche von noch grösserer Unvollkommenheit.[2])

Nach den Worten des Gesetzes verfällt der Unklagbarkeit nur der Anspruch auf einen Lohn für Nachweis oder Vermittlung; nur diese besondere Mäklerprovision sollte getroffen werden. Demnach bleiben und sind klagbar die Ansprüche des Maklers auf Ersatz der Auslagen, falls deren Erstattung vereinbart war. Zu diesen Auslagen sind dann natürlich auch die vom Makler aufgewandten Insertionsgebühren wegen Heiratsanzeigen zu rechnen.[3])

### III. Forderungen aus Spiel und Wette. §§ 762 bis 764 BGB.

Die Rechtslage, die sich durch den Abschluss von Spiel- und Wettverträgen, und von Differenzgeschäften,[4]) ergibt, ist dieselbe wie beim Abschlusse eines Ehemaklervertrages. Das Gesetz versagt durch die auch hier beliebte Wendung „es wird eine Verbindlichkeit nicht begründet“ die Klage, sowie jeden Erfüllungszwang; aber das Geleistete kann in keinem Falle wegen Nichtexistenz dieser Verbindlichkeit zurückgefordert werden.[5]) — Hinsichtlich der Wirkungen stehen

[1]) Bürgerl. R. II 2 S. 489 A. 14.

[2]) Eck-Leonhard S. 232. — Endemann I § 99 unter 2a. — Dernburg II S. 489. — Crome, Syst. II § 140 S. 16. — Örtmann, R. d. Schuldverh. S. 304 und Allg. öst. GZtg. 1902 S. 8. — Stammler S. 29 sub. 2. — Windscheid-Kipp II S. 175. — Unger in Grünhuts Zschr. Bd. 31, S. 394 A. 16. —

[3]) Cosack II S. 552. — Fischer-Henle A. 2 zu § 656.

[4]) D. h. von solchen im freien Terminhandel; für den offiziellen Börsenterminhandel Modifikationen durch § 66 III des Börsengesetzes.

[5]) Im Entw. I § 664 stand: „Durch Spiel und Wette wird ein Schuldverhältnis zwischen den Vertragschliessenden nicht begründet.“ — Fischer

also die Spiel- und Differenzgeschäfte dem Ehemaklervertrage völlig gleich, so dass hier von allen Geschäften zusammenfassend gesprochen werden kann.[1])

Die stärkste, aber auch zugleich einzige Wirkung besteht in der Erfüllungsmöglichkeit derartiger Verbindlichkeiten aus Ehemakler- und Spielgeschäften; diese Erfüllungsmöglichkeit kann sich verschieden genug gestalten. — Alle Akte also, welche bezwecken, diese Verbindlichkeiten zu tilgen, sind richtige Erfüllungsakte mit der Rechtsfolge der soluti retentio unter Ausschluss des Charakters als Schenkung. Das gilt sowohl von direkter Erfüllung, wie von sog. Erfüllungssurrogaten; z. B. kann der Verlierer seine Spielschuld dadurch tilgen, dass er dieselbe gemäss §§ 376, 378 BGB. unter Verzicht auf das Recht der Rücknahme hinterlegt, oder dass er mit einer ihm gegen den Gewinner zustehenden Gegenforderung kompensiert.[2]) Möglich ist weiter Tilgung durch Hingabe an Erfüllungsstatt; doch darf hierbei nicht der die rechtliche Normierung dieser Geschäfte beherrschende Grundsatz verletzt werden, dass irgendein Erfüllungszwang gegen den Schuldner direkt oder indirekt im Anschlusse an das klagbare Geschäft begründet wird. Deshalb hat auch das Reichsgericht[3]) eine Vereinbarung, die bezweckt, eine Spielschuld durch Hingabe einer Sache an Zahlungsstatt zu tilgen, dann für nicht rechtsbeständig erklärt, wenn sie neben und trotz der an Erfüllungsstatt erfolgten Hingabe eines Wertobjektes eine persönliche Verpflichtung des Schuld-

---

a. a. O. S. 90 A. 2 weist zutreffend darauf hin, dass hier eine Verwechslung von „Forderung" und „Schuldverhältnis" vorliege, und dass der folgende [die Rückforderung ausschliessende] Satz schon einen teilweisen Widerruf enthalte.

[1]) Örtmann in Allg. öst. GZtg. 1902, S. 7 hält es für selbstverständlich, dass die Übereinstimmung der §§ 656 u. 762 von den Verfassern des Gesetzbuches beabsichtigt sein muss.

[2]) RG. Bd. I S. 129 und Jurist. Wochenschr. 1896 S. 160 n. 76. — Zu unterscheiden natürlich davon, dass der Gewinner seine Spielforderung zur Aufrechnung stellt. Davon bald im Text.

[3]) Entsch. Bd. 47, S. 48 ff., S. 52.

ners bestehen lässt oder begründet; denn dann hat — wie richtig ausgeführt wird — die ganze Vereinbarung zu einer wirklichen, der Zahlung gleichstehenden Erfüllung, zu einer endgültigen Lösung des Schuldverhältnisses nicht geführt. — Wann die Leistung erfolgt, muss gleichgültig sein; es genügt, dass sie von dem Leistenden lediglich in Beziehung gesetzt wird zu dem Geschäft, dessen Verbindlichkeit getilgt werden soll. Es ist also unerheblich und es bleibt somit bei dem Ausschlusse der Rückforderung, wenn der Schuldner schon vorher (z. B. vor der Entscheidung des Spieles oder beigebrachtem Nachweise zur Eingehung einer Ehe) geleistet hat.[1])

Der Ausschluss der Rückforderung des Geleisteten bedeutet zugleich, dass die Anwendung des § 812 BGB. entfällt; m. a. W. der Ehemakler oder Gewinner hat durch die Leistung eines anderen etwas nicht ohne rechtlichen Grund erlangt. Wenn wir diese etwas leere Formel des Gesetzbuches mit prägnantem Inhalt versehen, so würde zu sagen sein: die vom Rechte verlangte Motivierung für die eingetretene

[1]) So Fischer-Henle A. 4 zu § 762. Matthiass I S. 638. Cosack I § 156, II 2. b. Örtmann N. 1 a zu § 762. — Ohne Entscheidg. Mot. II 645. — A. M. Dernburg II, S. 142, weil sonst eine Förderung des Spielwesens bewirkt werde, welche den Zwecken des Gesetzes widerspreche. Nur das bei dem Spiel oder nach demselben Geleistete könne nicht zurückgefordert werden. Im Wortlaut des Gesetzes hat diese Ansicht keinen Anhalt; die Wendung „das auf Grund des Spieles etc. Geleistete" kann sich natürlich auch auf die Zukunft beziehen. Da Ausnahmen nicht vermutet werden, bleibt es bei dem Grundsatze, dass jede Leistung ohne Rücksicht auf die Zeit von der Rückforderung ausgeschlossen ist. Ähnl. auch Crome II S. 833 ff. — Das Reichsgericht [Bd. 38, S. 232 ff., 238] hatte mit Rücksicht auf den Wortlaut des § 578, I, 11 A.L.R. („Was aber jemand in erlaubten Spielen verloren und wirklich bezahlt hat, kann er nicht zurückfordern.") eine blosse Abrede, hingegebenes Geld als Zahlung einer eventuell für den anderen aus einem Spiele entstehenden Forderung gelten zu lassen, für nicht ausreichend erklärt. — Die zu tilgende Verbindlichkeit selbst braucht bei der Hingabe der Erfüllungswerte noch nicht rechtlich existent gewesen zu sein; man wird aber eine Hingabe mit genügend klarer Beziehung auf ein bestimmtes Geschäft auch jetzt verlangen müssen.

Wertbewegung ist vorhanden, oder es fehlt ihr nicht an der erforderlichen rechtlichen Unterlage in den relativen Beziehungen der beteiligten Personen, an der obligatorischen Unterlage.[1]) — Demnach muss schon vor der Leistung irgend ein obligatorisches Etwas, eine causa vorhanden gewesen sein, welche die Brücke und den Träger für diese Wertbewegung bilden konnte. Da nun diese obligatorische causa praktisch sich darstellt und zugleich sich erschöpft entweder in der Vornahme einer Schenkung oder in der Erlangung eines Gegenvorteils, der auch in der Befreiung von einer Verbindlichkeit bestehen kann, weiter unbestrittenermassen die Erfüllung hier Schenkungscharakter nicht hat, so folgt, dass schon vor der Leistung irgendwelche rechtlich anerkannte Beziehungen zwischen den Beteiligten bestanden haben, deren Ausfluss und Wirkung nur diese Erfüllungsmöglichkeit ist. Als solche Beziehungen unvollkommene Schuldverhältnisse mit klaglosen Verbindlichkeiten zu denken, hindert nicht unser systematisches Empfinden, sondern es fordert nach jahrhundertelanger Gewöhnung dazu auf.[2]) Jedenfalls ist ein derartiges konstruktives Vorgehen empfehlenswerter als das gegenteilige Verfahren: alle rechtliche Unterlage wegzudenken, so dass man schliesslich gezwungen ist, von einer solutio, der Lösung eines obligatorischen Bandes zu reden, ohne dass ein solches überhaupt geknüpft war.[3]) Dann ist man auch

[1]) Die erste Formulierung von Klingmüller, Begriff des Rechtsgrundes, §§ 3. 20; die zweite von Jung, Bereicherungsanspr. S. 68 u. 102. — Vgl. noch Klingmüller in Krit. Vierteljahrschr. 1904, S. 527 ff. u. Jung ebenda, S. 220 f.

[2]) Abgesehen vom römischen Rechte doch von Donellus' Zeiten an, der den Naturalobligationen wohl dauernd eine Stätte neben ihrer Schwesterklasse, den vollkommenen Obligationen, gesichert hat. — Vgl. oben: S. 112 ff.

[3]) Hellwig S. 405 A. 15 mit der Begründung: das Spiel könne wohl als Tatbestandselement in Betracht kommen, für sich allein aber habe es keine Wirkung. — Langheineken S. 187: man würde sich mit dem Grundsatze in Widerspruch setzen, dass ein Forderungsrecht stets einen Anspruch enthält. — Landsberg S. 388 A. 2: die soluti retentio sei für die Annahme einer Naturalobligation nicht genügend. Ähnlich Siber, Rechtszwang S. 58 u. Kompensation S. 90.

hier beim „Mord ohne Todesfall" oder „der Verlobung ohne Braut" angekommen.

Sämtliche übrigen sonst möglichen Wirkungen eines obligatorischen Verhältnisses sind dem Ehemaklervertrage wie den Spielgeschäften versagt; der Grund liegt in dem ausnahmelos durchgeführten Prinzip von dem Ausschlusse jedes Erfüllungszwanges, ein Prinzip, das seinerseits wieder die erforderliche rechtspolitische Begründung findet in der Erwägung, dass die Gerichte mit derartigen des gerichtlichen Schutzes nicht für würdig erachteten Angelegenheiten nicht behelligt werden sollen. Derartige Geschäfte überhaupt für nichtig zu erklären, wäre ein zu intensiver Eingriff in die tatsächliche Verkehrsübung wie in die der herrschenden Sitte entsprechenden Anschauungen gewesen, da es noch immer Ehre und Anstand gebieten, Spielschulden zu berichtigen.[1]) —Jenes erwähnte Prinzip bedingt nun, dass jede neue zum Zwecke der Erfüllung eingegangene Verbindlichkeit ohne weiteres demselben Schicksal verfällt wie die ursprüngliche unvollkommene Verbindlichkeit; die Affektion wird übertragen und jede zwangsmässige Geltendmachung versagt, doch freiwillige Erfüllung auch dieser neuen Verbindlichkeit für zulässig erklärt. Ebensowenig können Ehemakler und Gewinner auf dem Wege des mittelbaren Zwanges die Erfüllung der Verbindlichkeit durch Aufrechnung herbeiführen, indem sie mit ihren Forderungen kompensieren.[2])

Der Zwang entfällt aber wieder bei der vertragsmässigen Aufrechnung, da ja dann der Verlierer oder der Gegenkontrahent des Ehemaklers sein Einverständnis dazu erklärt hat, seine natürliche Verbindlichkeit auf diesem Wege tilgen zu wollen.[3]) Jedenfalls ist gerade bei den verschiedenen

---

[1]) Jhering Zweck i. R. II S. 284. Protok. II S. 797.

[2]) RG. Bd. 1 S. 130. 5, S. 124. — Crome II S. 833. — Planck II S. 503.

[3]) Vgl. RG. Bd. 1 S. 130; Bd. 35 S. 288; Bd. 38 S. 239; ferner in Jur. Wochenschr. 1902 Beil. S. 199 und 1903 Beil. S. 35. Es wird in allen Fällen die vertragsmässige Kompensation mit einer Spielforderung für zulässig erklärt.

Aufrechnungslagen ersichtlich, wie die Rechtsordnung hier eine natürliche Verbindlichkeit ihrer Wirkung und ihrem Erfolge nach einer klagbaren völlig gleichstellt, indem auch die natürliche Verbindlichkeit der klagbaren die Wage zu halten grundsätzlich geeignet ist.

Mit der Erfüllungsmöglichkeit in allen ihren verschiedenen Gestaltungen erschöpft sich aber die Wirkung dieser natürlichen Verbindlichkeiten, die aus Ehemakler- und Spielgeschäften entstehen. Die Sicherungsmöglichkeit für diese Verbindlichkeiten, die sich bei den römischen Naturalobligationen bald neben die Erfüllungsmöglichkeit stellte, musste versagt werden, weil akzessorische Obligationen, wie Konventionalstrafe, Pfandbestellung und Bürgschaftsleistung, diesen Geschäften doch wenigstens teilweise gerichtlichen Schutz gewährt haben würden, und der Schuldner auch wieder auf einem Umwege zur Erfüllung hätte genötigt werden können.[1]) Das zu vermeiden, war vornweg aufgestellter, einer Ausnahme nicht zugänglicher Grundsatz.[2])

---

So schon das preuss. OTrib. Entsch. Bd. 71 S. 25. Es ergeben sich also für die hier zu erörtenden Aufrechnungsmöglichkeiten folgende Bilder:

I.

| | | |
|---|---|---|
| Ehemakler | 100 obl. naturalis | Ehelustiger |
| Gewinner | Aufr. m. 100 | Verlierer |
| | obl. plena | |

In jedem Falle zulässig.

II.

| | | |
|---|---|---|
| Ehelustiger | 100 als obl. plena | Ehemakler |
| Verlierer | Aufr. m. 100 | Gewinner |
| | obl. naturalis. | |

Nur im Falle der vertragsmässigen Aufrechnung zulässig.

[1]) Vgl. RG. Bd. 23 S. 138; Bd. 37 S. 416; Bd. 38 S. 251; Bd. 47 S. 48. Bolze Bd. 20 No. 526. — Planck, Komment. No. 1a zu § 762. — Crome a. a. O. S. 833. — Fischer-Henle N. 3 zu 762.

[2]) Nach Dernburg Pand. II S. 286 und Windscheid Pand. II S. 804 wurde schon für das gemeine Recht gelehrt, dass aus einem verbotenen Spiele keine Naturalobligation entspringen könne. Ebenso Dernburg, Bürg. R. II 2 S. 139f. für das Bürgerliche Recht im Hinblick auf §§ 284, 285, 360[14] StrGB. u. unter Anwendung von § 134 BGB. — Dagegen mit m. E. ent-

## IV. Sittliche Pflichten und auf den Anstand zu nehmende Rücksichten. § 814 BGB.

An mehreren Stellen in der gemeinrechtlichen Entwicklung ist auf die eigentlich nie völlig überwundene Schwierigkeit hingewiesen worden: Pflichten, welche die sittliche Ordnung auferlegt, von den rechtlichen Pflichten zu trennen.[1]) Nach einigen nur auf die besondere obligatio ad remunerandum s. antidoralis[2]) sich beziehenden Versuchen langte man bei schädlichen Verallgemeinerungen und Grenzverwirrungen an, indem man den Ausgangspunkt der Betrachtung vom ethischen Gebiete aus nahm und den Obligationsbegriff ausserhalb des Rechts bestimmen wollte. Bei diesem allzuweit gewählten Standpunkte, von dem aus man sowohl das ethische wie das juristische Gebiet zu überschauen glaubte, trug den Schaden vornehmlich das letztere davon.

Erst im Verlaufe des 19. Jahrhunderts ist nach Überwindung naturrechtlicher Reflexionen eine genauere Abgrenzung beider Gebiete erfolgt. Erklärlich, dass gerade bei der Lehre von den Naturalobligationen diese Fragen der Grenzregulierung aktuell werden mussten: die juristische Möglichkeit, diese Obligationen freiwillig zu erfüllen, hat ihren Ursprung in der tatsächlichen Verkehrsübung, die wieder mehr äusserlich durch die Regeln der Sitte und Konvention, mehr innerlich durch die Vorschriften der Ethik beeinflusst wird. Bei dieser Sachlage kann die Gesetzgebung zwei Wege ein-

---

scheidender Begründung Siber S. 56f. Die Verbote der §§ 285, 360[14] StrGB. betreffen das Glücksspiel nicht als solches, sondern nur unter gewissen Nebenumständen; § 284 ebenda nur das fortgesetzte Spielen. Durch § 134 BGB. wird aber immer nur ein Rechtsgeschäft durch Verhängung der Nichtigkeit getroffen u. in den Fällen der §§ 285, 360[14] macht sich doch der Spieler selbst nicht strafbar. Ähnlich Mahler S. 33, der zum mindesten die beiden zuletzt erwähnten Bestimmungen nur als Verbote rechtspolizeilicher Natur — also ohne privatrechtliche Unwirksamkeit — aufgefasst wissen will.

[1]) Vgl. oben S. 109, 119, 123, 127.

[2]) Scheinbar allgemeiner Ausspruch der Glosse ad D. (5, 3) 25, 11: . . . Si autem quod instinctu naturae debetur, solvatur: donatio est sine dubio . . . .

schlagen: entweder die Betätigung konventioneller und ethischer Vorschriften rechtlich mit irgendwelcher Wirkung durch allgemeine Formel anzuerkennen, oder die einzelnen Betätigungen solcher Vorschriften — vielleicht mit verschiedener Rechtswirkung — juristisch zu spezialisieren. Nach der ersteren Richtung drängte deutlich die gemeinrechtliche Entwicklung bis zum 18. Jahrhundert, überhaupt möglichst allgemeinen Formulierungen geneigt; der letzteren Richtung ist bisher das BGB. in den unter I—III erörterten Einzelbestimmungen gefolgt. Noch der Entwurf I[1]) hielt diese Richtung ohne Abwege inne; er schwieg darüber, ob die Rückforderung dadurch ausgeschlossen wird, dass durch die Leistung einer Anstands- oder Sittlichkeitspflicht genügt ist. Die Motive[2]) stellen diesen Standpunkt ohne weitere Begründung und in gewundener Sprache fest: „Ist zur Erfüllung einer nicht vorhandenen Rechtspflicht geleistet, so kommt das Vorhandensein einer im allgemeinen als Verpflichtung überhaupt nicht anerkannten unvollkommenen Verpflichtung nicht in Betracht, soweit nicht für bestimmte Verhältnisse aus besonderen Gründen die condictio indebiti versagt ist.“ — Erst die II. Kommission stellte den § 739 ein, der dem jetzigen § 814 des Gesetzbuches entspricht. Die Protokolle[3]) geben interessanten Aufschluss über die beiden gegeneinander stehenden Anschauungen, welche die eben erwähnte legislatorische Alternative zum Ausdruck bringen. Die Minderheit hat ihren Standpunkt gut präzisiert: der Entwurf habe bei einzelnen Verhältnissen, wie bei der Verjährung, bei Spiel und Wette, bei der Ausstattungspflicht der Eltern dem Vorhandensein einer sittlichen Pflicht Rechnung getragen und so Naturalobligationen in gewissen Grenzen anerkannt; das sei genügend, und es bestehe die Gefahr, dass der Begriff der sittlichen und der Anstandspflicht eine ungemessene Ausdehnung erhalte. „Es überschreite die Aufgabe des BGB., welches nur rechtliche

---

1) Vgl. § 737.

2) II S. 832f.

3) II S. 695f.

Verpflichtungen regeln solle, auf das Gebiet der Ehtik hinüberzugreifen, und es sei ein Widerspruch in sich selbst, dass das Gesetzbuch einer Verpflichtung, die es als eine rechtliche nicht ansehe, doch wiederum in gewissem Umfange rechtliche Wirksamkeit verleihe." — Mehr in allgemeinen Wendungen machte die Mehrheit ihre Auffassung geltend: wenn von dem Leistenden selbst ein der Sittlichkeit entsprechender Zustand hergestellt worden sei, gehe es nicht an, diesen mit rechtlichen Mitteln wieder rückgängig zu machen, weil insoweit das Recht mit der Moral in Einklang gebracht werden müsse; die sittliche, rechtlich nicht erzwingbare Verpflichtung bleibe aber daneben bestehen, da es der Gewissenhaftigkeit und dem Anstandsgefühle des Verpflichteten überlassen bleibe, ob er eine Leistung machen wolle.

Nicht zu leugnen, dass in der jetzigen Fassung des § 814 die Allgemeinheit der Formel immerhin auffällig ist, und dass für die theoretische Erforschung wie für die praktische Anwendung des rechtlichen Inhalts Schwierigkeiten, somit Gefahren gegeben sind. Die Interpretation und Bewertung dieser gesetzlichen Bestimmung ist in verschiedener Art vorgenommen worden; mehr oder minder präzis hat man die Auslegung der — auch bei den sogenannten Pflichtschenkungen vorkommenden — Wendungen „sittliche Pflicht" und „auf den Anstand zu nehmende Rücksicht" versucht.[1]) — Eingehendere Untersuchungen sind von L. Jacobi[2]) und Stammler[3]) angestellt worden.

Ersterer findet es auffällig, dass Anstand und Sittlichkeit hier in einer Rechtsnorm nebeneinandergestellt werden, wäh-

[1]) Endemann I § 164 A. 25 und § 99 2c. — Oertmann, Komment. z. R. d. Schuldverh. S. 543 A. 4. — Cosack S. 607 A. 4. — Dernburg II 2 § 375 II 4 und II 1 § 3 III. — Kipp-Windscheid II § 289 Zus. No. 3. — Landsberg, § 116 II 2b. — Crome II S. 15ff. — Cosack, Dernburg und Crome wollen hier eine natürliche Verbindlichkeit nicht annehmen.

[2]) Die sittliche Pflicht im BGB. — Festgabe der Berl. Fak. f. Dernburg 1900 S. 151—172.

[3]) Wirtschaft und Recht §§ 22ff., S. 125ff. und 594ff. — Recht der Schuldverh. S. 30ff. — Lehre v. richt. Rechte S. 447ff.

rend doch sonst die Rechtsordnung grundsätzlich zu beiden Begriffen eine „total“ verschiedene Stellung einnehme: für die Aufrechterhaltung von Anstand und Sitte zu sorgen, sei vom modernen Rechtsstaate den betreffenden sozialen Kreisen selbst überlassen worden; die Sorge für die öffentliche Sittlichkeit übernehme der Rechtsstaat als Organisation der Gesellschaft, die hierzu geeignete Organe nicht besitze. Wegen dieser entgegengesetzten Stellungnahme der Rechtsordnung zu beiden Begriffen sei es für die Rechtswissenschaft — im Gegensatze zur Moralphilosophie — zwingender Grund, zwischen Sitte und Sittlichkeit zu unterscheiden. Das sei aber nun im BGB. nicht geschehen, sondern man habe „die soziale Pflicht, nicht gegen die Sitte zu verstossen“ mit der „sittlichen Pflicht“ verwechselt, so dass unvermerkt ein gebieterisches Soll (die sittliche Pflicht) an Stelle des Ist (der tatsächlich herrschenden Sitte) getreten sei. — Als Ergebnis stellt Jacobi hin, dass der Gesetzgeber sich im Ausdruck vergriffen und nichts anderes habe sagen wollen, als

> „Schenkung, bzw. Leistung, durch welche einer auf Anstand und Sitte zu nehmenden Rücksicht genügt wird.“

Vorweg ist zu sagen, was Stammler[1]) gelegentlich ausspricht: man hat bei dem Gebrauche des Ausdruckes „sittlich“ acht zu geben, dass man nicht in einen blossen Wortstreit hineinfalle; auf den es hier wahrlich nicht ankommt. Der Ausgangspunkt Jacobis von der angeblich völlig verschiedenen Stellungnahme der Rechtsordnung zur „Sittlichkeit“ und zum „Anstande“ ist — wie gleich ersichtlich — unbegründet; so ist auch der Endpunkt unhaltbar geworden. Dabei hätte Jacobi von vornherein die rechte Wegrichtung finden können, da er doch die Betrachtung über das Wesen der Naturalobligationen im allgemeinen richtig einstellt: ein Einfluss der gesellschaftlichen Anschauung auf die Rechtsordnung; eine beschränkte, nicht bis zur Klagbarkeit hinaufreichende Anerkennung jener Anschauungen durch das

[1]) Lehre vom richt. Rechte, S. 64.

Recht.[1]) Das legislatorische Problem aber, das hier vorliegt, ist eben die Abmessung jenes Einflusses und die positivrechtliche Ausgestaltung dieser Anerkennung. Die Minderheit in der II. Kommission mahnte zur Kasuistik und hielt eine rechtliche Hervorhebung der Einzelfälle für ausreichend. Das Motiv zu diesem Standpunkte lag in den Besorgnissen vor ungemessener Ausdehnung der allgemeinen Formel. Doch diese Besorgnisse vor möglichen, ja wahrscheinlichen Gefahren sind eher in Kauf zu nehmen als der sonst gegebene unbefriedigende Zustand des positiven Rechts, nach welchem nur einzelne sittliche und konventionelle Pflichten mehr willkürlich als die ganze Gruppe erschöpfend mit rechtlichen Wirkungen versehen werden. Die Mannigfaltigkeit dieses Gebietes eignet sich nicht zu kasuistischer Behandlung. Demnach ist die Formulierung des § 814 rechtspolitisch als „beifallswerte Neuerung" zu begrüssen;[2]) man ist auch nicht versehentlich im Ausdrucke fehlgegangen, vielmehr wissenschaftlich wohl begründet vorgegangen.

Die Rechtswissenschaft begeht keinen Fehler, sondern einen zu richtigem Ende führenden Weg, wenn sie die von der Moralphilosophie vollzogene Unterscheidung von Sitte und Sittlichkeit auch ihrerseits anerkennt. In der Sitte liegen ursprünglich von ihr als Einheit umschlossen Sittlichkeit, Recht und Sitten im engeren Sinne. Aus diesem Kern entwickeln sich dann mit beginnender Differenzierung der sozialen Institutionen und der Verfeinerung menschlichen Denkens und Fühlens die besonderen Bestimmungen des ethischen und des juristischen Normzwanges, während auch jetzt noch die Sitten und Bräuche bestehen bleiben und eine Reihe von sozial wichtigen Handlungen der Form nach regeln. So ist „sittlich" ursprünglich nur das, was der Sitte entspricht; allmählich sondert sich das „Sittliche" von dem bloss der Sitte Gemässen, und zwar im Sinne einer freieren Entwicklung nach der Richtung einer pflichtmässigen Hingabe an die Zwecke

---

[1]) A. a. O. S. 165.

[2]) Oertmann a. a. O. S. 543 A. 4. — Stammler, Schuldverh. S. 35.

der Gemeinschaft, einer Entwicklung zum Ideal der Humanität oder sozialen Ideal. Aus dem ἔθος ist nach Aristotelischer Unterscheidung das ἦθος erwachsen.[1]) — Nachdem die Sittlichkeit aber genügende Konsistenz gewonnen, steht sie in wesentlichem Gegensatze zu ihrem Ursprungsgebiete der Sitte: sie, die Sittlichkeit, ist unabhängig von allem äusseren Normzwange und nur bestrebt, die Forderungen der sittlichen Vernunft, das, was als sittlich erkannt und bewertet worden ist, zu verwirklichen.[2])

Jetzt ist ersichtlich, warum das Gesetzbuch sehr wohl daran getan, neben die auf den Anstand zu nehmende Rücksicht noch die sittliche Pflicht zu stellen. Beides sind die mit Hilfe des psychologischen Zwanges wirkenden Elemente, welche das Verhalten der Menschen zu einander durch Aufforderung zu äusserlich korrektem Verhalten oder zu einer dem sittlichen Pflichtgebot entsprechenden inneren Gesinnung bestimmen. Die Formulierung Jacobis wäre dem hier geschilderten Entwicklungsgange und den einzelnen Handlungen im geordneten Zusammenleben der Menschen, woraus doch der rechtlich zu normierende Stoff zu schöpfen, nicht gerecht geworden; denn nicht alles, was der Sitte und dem Anstande entspricht, ist sittliche Pflicht,[3]) und umgekehrt.

Im besonderen versteht nun das Gesetz unter einer auf den Anstand zu nehmenden Rücksicht die Befolgung von konventionellen, nur das äussere Verhalten, nicht die innere Gesinnung bestimmenden Regeln, so die Normen

---

[1]) Wundt, Ethik² S. 19ff. u. 108ff. — Jhering, Zweck im Recht II S. 104ff., 158. — Eisler, Wörterb. der philos. Begriffe s. v. „Sitte" u. „Sittlichkeit" S. 368f., 370f. — Stammler, Richt. R. S. 67 u. S. 196f.; Schuldverh. S. 47.

[2]) Kant, Krit. d. prakt. Vern. S. 39: „In der Unabhängigkeit . . . von aller Materie des Gesetzes (nämlich einem begehrten Objekte) u. zugleich doch Bestimmung der Willkür durch die blosse allgemeine gesetzgebende Form, deren eine Maxime fähig sein muss, besteht das allgemeine Prinzip der Sittlichkeit."

[3]) Z. B. die Befolgung der Regeln über Zweikampf, das Geben von Trinkgeldern.

der Etikette, der Höflichkeit, Sitten und Gebräuche im allgemeinen Verkehr und namentlich innerhalb des sozialen Kreises, dem der Leistende angehört. Hierher gehören Zuwendungen, Gratifikationen und Dedikationen, die bei bestimmten Anlässen allgemein oder in besonderen Gesellschaftskreisen gemacht zu werden pflegen.[1])

Bei der Feststellung, ob im einzelnen Falle die gemachte Leistung in der Erfüllung einer sittlichen Pflicht bestand, ist auf mehreres zu achten. Der Gegensatz der sittlichen Vorschriften zu den konventionellen Regeln besteht allgemein darin, dass die ersteren auf das Begründen und Festhalten einer lauteren inneren Gesinnung gerichtet sind. Mit diesem Gegensatze allein lässt sich aber hier nicht vorwärts kommen. Da es sich um „Leistungen“, also um ein sich irgendwie nach aussen dokumentierendes Verhalten eines Menschen handelt, so muss diese innere subjektive Gesinnung sich objektiv in diesem Verhalten darstellen; und ob nun dieses Verhalten des Leistenden die Erfüllung einer sittlichen Pflicht bedeutet, ist ebenfalls objektiv zu messen und zu bewerten nach den z. Z. allgemein geltenden Vorschriften der sittlichen Lehre. Hier ist der Punkt, wo sich die Zwecke und Aufgaben der Ethik und Jurisprudenz scheiden. Vom Standpunkte der Ethik ist zu sagen: das Handeln und Verhalten eines Menschen ist sittlich gut, sofern es subjektiv in der Gewissheit der Pflichterfüllung geschieht, objektiv in der Richtung der Wohlfahrt oder der vollkommenen Lebensgestaltung wirkt.[2]) Aufgabe der Jurisprudenz aber ist es

---

[1]) Z. B. bei den freudigen und traurigen Anlässen des menschlichen Lebens, bei Kindtaufen, Hochzeiten oder Sterbefällen; Weihnachts-, Neujahrs- und Geburtstagsgeschenke; Gratifikationen an Angestellte bei günstigem Geschäftsabschlusse. — Hatte der Prinzipal in letzterem Falle irrtümlich angenommen, zu solcher Gratifikation auf Grund des Anstellungsvertrages verpflichtet zu sein, so ist dieser Irrtum natürlich unerheblich. — Nur das äussere Verhalten, nicht irgendwelche subjektive Zustände des Leistenden, kommen hier in Betracht. — Dernburg II 2, S. 595. — Stammler, Schuldverh. 30f; Richt. R. S. 463ff.

[2]) So Paulsen, System der Ethik I$^{5}$, S. 233.

nicht, festzustellen, ob tatsächlich von Anfang bis zu Ende die Willensrichtung des Leistenden unter der Einwirkung des sittlichen Pflichtgebots blieb, oder ob etwa die nach ethischer Betrachtung erforderliche altruistische Gesinnung im gegebenen Falle durch egoistische Motive verdeckt wurde.[1]) Das ist unerheblich, und die Fassung des Gesetzes entspricht dem gut: wenn die Leistung einer sittlichen Pflicht entsprach. D. h. die Leistung, wie sie sich objektiv darstellt, wird in Beziehung gesetzt zu einer Vorschrift der Sittenlehre; wird das Vorhandensein dieser Beziehung festgestellt, so ist die juristische Untersuchung hiermit beendet, die Voraussetzungen des § 814 sind gegeben. Das Gesetz sagt ja nicht: wenn der Leistende (d. h. in Rücksicht auf sein gesamtes subjektives und objektives Verhalten) einer sittlichen Pflicht entsprach.

Dass die Entscheidung darüber, was sittliche Pflicht ist, nichts Subjektives sei, brauchte eigentlich nicht erst betont zu werden, wenn nicht auch hierüber Unklarheiten genug beständen.[2]) Die Entscheidung ist natürlich nach objektiven Kriterien zu treffen auf Grund der allgemeine Geltung beanspruchenden Vorschriften der sittlichen Ordnung, positiver gesprochen danach, was zurzeit als sittlicher Pflicht ent-

---

[1]) Stammler, Richt. R. S. 63 gibt als Beispiel: der Leistende führt aus, er habe damals nur gegeben, um vor den Leuten gut dazustehen, um diese oder jene Unannehmlichkeit fern zu halten — jedenfalls habe er der sittlichen Pflicht der reinen Nächstenliebe nicht entsprochen. — Kann deshalb eine Schenkung nach § 534, eine Leistung nach § 814 (arg. e contr.) zurückgefordert werden? Stammler verneint natürlich; es handele sich um Schenkungen, welche ein richtiges Verhalten darstellen, nicht aber solche, die einer guten Gesinnung entspringen.

[2]) Vgl. die bes. gegen Windscheid gerichteten ebenso tiefen wie klaren Ausführungen Stammlers, Schuldverh. S. 32—35. Vornweg zu stellen ist die unser gesamtes Erkennen und Wollen beherrschende Unterscheidung zwischen subjektivem Scheine und gegenständlicher Wahrheit, zwischen nur persönlichen Wünschen und objektiv berechtigtem Wollen. Diese Klassifizierung an sich „bloss subjektiv gültig — objektiv richtig" ist absolut; ihre Durchführung hinsichtlich des empirisch bedingten Stoffes relativ und wechselvoll, je nach dem Stande der menschlichen Erkenntnis und des sittlichen Empfindens.

sprechend auf dem Gebiete unvollkommener Verbindlichkeiten in Deutschland allgemein anerkannt ist, oder die Unterlassung welcher nicht einklagbarer Leistungen allgemein als unsittlich gilt.[1]) — Als Beispiele gehören hierher die Unterstützung naher, aber doch nicht alimentationsberechtigter Verwandter. A hat sein ganzes Vermögen zur Vorbereitung für einen Beruf aufgeopfert, kann aber nun wegen persönlicher Verhältnisse (Krankheit und dgl.) in diesem nicht tätig werden, weshalb ihm sein Bruder B die Mittel für die Ausbildung in einem anderen Berufe darreicht; der Oheim bestreitet die Kosten für das Hochzeitsfest seiner Nichte. Daneben kommen in Betracht die Erfüllung allgemeiner Pflichten der Nächstenliebe, wofür als passendes Beispiel auf das Gleichnis vom barmherzigen Samariter verwiesen werden kann;[2]) das zur Verbindung der Wunden verwandte Öl und der Wein, die Hingabe der zween Groschen an den Wirt sind Leistungen, die einer sittlichen Pflicht entsprachen. — Im allgemeinen ist zu sagen, dass Verhältnisse gegeben sein müssen, in denen die Gebote der Ethik, die „gesellschaftlichen Imperative"[3]) besonders dringlich zu einem Handeln auffordern, oder Verhältnisse, die auch sonst — vielleicht noch unter Aufstellung besonderer Voraussetzungen — rechtlicher Normierung unterworfen worden sind.[4]) Es sind die Grenzgebiete zwischen Recht und Ethik, welche wir hier berühren. Die Einteilung an sich in rechtliche Pflichten und sittliche Pflichten ist seit der Ablösung der Ethik und des Rechts von der Sitte konstant und absolut, ihre Durchführung aber hinsichtlich des einzuteilenden Stoffes flüssig und wechselvoll; bis zum Jahre 1900 war die Unterstützung bedürftiger Ge-

---

[1]) Lotmar, Unmoral. Vertrag S. 92, 95.

[2]) Lukas 10, 30ff.

[3]) Jhering, Zweck im Recht II S. 105.

[4]) Man denke an die rechtliche Regelung der Unterhaltspflicht gegenüber bedürftigen Verwandten: BGB. §§ 1601ff; oder an die rechtliche Berücksichtigung von Gefahren für das Leben eines Menschen: § 904 BGB.; § 54 Str.GB.

schwister in Preussen eine Rechtspflicht, seit 1900 ist sie nur noch eine sittliche.[1])

Die Fälle des § 814 unterscheiden sich noch insofern von allen bisher behandelten, als sie nicht — wie diese — auf einem obligatorischen Verpflichtungsakte, einem mit Rechtswirkung versehenen Ereignisse beruhen, sondern ihren Entstehungsgrund in bestimmten Zuständen, in gewissen durch die Sitte oder die Sittlichkeit anerkannten Beziehungen von Menschen haben. Das ist juristisch nicht auffällig; denn häufig begnügt sich die Rechtsordnung in notwendiger Selbstbeschränkung damit, nur eine Seite des Verhältnisses zwischen Menschen zu regeln, z. B. im Gebiete des Familienrechts. — Man kann also hier von unvollkommenen Zustandsobligationen reden.

Mehrfach ist behauptet worden, dass die Erfüllung einer wegen Formmangels nichtigen Verbindlichkeit als Erfüllung einer sittlichen Pflicht oder doch einer auf den Anstand zu nehmenden Rücksicht zu betrachten sei und demnach nicht zurückgefordert werden könne.[2]) Es ist die alte Lehre von dem pactum nudum, die hier wieder auftaucht, und man beachtet damals wie jetzt nicht die festen Grenzen, die hier das „technisch geformte Recht" (Stammler) nun einmal setzt und setzen muss. Nach der Technik des BGB. können sich hier gar keine Unklarheiten ergeben. Alle genannten Verträge sind zunächst wegen Formmangels nach § 125 nichtig; was etwa der Käufer des Grundstücks nach mündlicher Verhandlung und vor der Auflassung zahlt, ist eine Leistung ohne rechtlichen Grund nach § 812, daher zurückzufordern, denn die obligatorische causa ist ja nichtig. Wenn die Leistung nachträglich erfolgt, etwa auf Grund eines nur schriftlichen Schenkungsversprechens, so wird jetzt erst eine obligatorische causa, nämlich donatio, nach welcher die weiteren Beziehungen

---

[1]) ALR. § 15, II, 3.

[2]) Heilung der Formnichtigkeit durch Bewirkung der Leistung in den Fällen der §§ 313, 518, 766 BGB. — So Ubbelohde a. a. O. S. 219ff .u. Kipp bei Windscheid II S. 176. — Matthiass I § 72 II sub G.

der beiden Parteien zu beurteilen sind, hergestellt. Es liegt also nur vor eine Ausnahme von einer Formvorschrift im Sinne einer Abschwächung, und in diesem Ausnahmefall ist die Bewirkung der Leistung nur ein Tatbestandsmoment, nach dessen Verwirklichung ein vollwirksames obligatorisches Rechtsverhältnisses zwischen den Beteiligten nach den Bestimmungen des speziellen Obligationenrechts eingetreten ist. Das aber ist bei der Leistung auf Grund von natürlichen Verbindlichkeiten niemals der Fall.[1])

§ 814 gewährt nun diesen unvollkommenen Verbindlichkeiten als einzige rechtliche Wirkung die Erfüllbarkeit und die retentio soluti. Gleichwohl können sie verhältnismässig leicht zu einer vollwirksamen Obligation erhoben werden und damit „im täglichen Verkehr eine nicht kleine Bedeutung“[2]) gewinnen durch die Bestimmung des § 812 II: Als Leistung gilt auch die durch Vertrag erfolgte Anerkennung des Bestehens oder Nichtbestehens eines Schuldverhältnisses. Hiernach können diese unvollkommenen Verbindlichkeiten den „Rechtsgrund“ oder die „unterliegende causa“ abgeben für ein Schuldanerkenntnis des § 781, in völlig gleicher Weise, wie wenn eine Darlehensverpflichtung oder sonstige vollwirksame obligatorische causa in diese moderne Stipulation eingekleidet wird. Soll man derartige starke rechtliche Wirkungen ignorieren? Kann man auch jetzt noch ein nacktes indebitum, das doch eben nicht vorliegt, denken? Oder ist es für unser systematisches Denken und die praktische Rechtsanwendung erspriesslicher, hier ein wirkendes rechtliches Etwas anzunehmen? Die letztere Frage ist leicht zu bejahen,

---

[1]) Im Sinne des Textes bes.: Enneccerus I § 148 A. 2. — Endemann II § 99 A. 16c. — Fischer-Henle A. 3 zu § 814. — Siber S. 49. — Schon die Mehrheit in der II. Kommission hatte diesen Standpunkt vertreten und so Besorgnisse der Minderheit wegen Allgemeinheit der Formel in § 814 beschwichtigt. — Jetzt Reichsgericht vom 30. X. 1902: die Erfüllung eines wegen Formenmangels unwirksamen Vertrages ist weder eine sittliche Pflicht i. S. des Gesetzes noch durch die von diesem gemeinten Anstandsrücksichten geboten [D. J. Ztg. 1903, S. 31f.; Jur. Wochenschr. 1902 Beil. S. 281].

[2]) Stammler, Schuldverh. S. 30.

wenn man sich von einem gewissen Doktrinarismus und einer allzu engen Anschauung bei der Feststellung des Obligationsbegriffes frei hält. — Durch die erwähnte Möglichkeit, Grundlage für ein Schuldanerkenntnis zu sein, erheben sich die konventionellen und sittlichen Pflichten in ihrer rechtlichen Wirksamkeit bedeutend über die unter II und III erwähnten natürlichen Verbindlichkeiten aus den Ehemakler- und Spielgeschäften. Hier lag kein rechtspolitischer Grund vor, diesen indirekten Erfüllungszwang ausdrücklich zu verbieten. —

Derartige Verbindlichkeiten durch Bürgenstellung oder Pfandbestellung zu sichern, wäre weder der Natur der Bürgschaft noch des Pfandrechts zuwider. Aber der materielle Erfolg wäre nicht gross: da nach §§ 768, 1211 BGB. sowohl Bürge wie Verpfänder die dem Hauptschuldner zustehenden Einreden geltend machen kann, ist die Abwehr der gerichtlichen Geltendmachung der Sicherungsobligation ohne weiteres durch Hinweis auf ihre Unklagbarkeit möglich.

Dernburg[1]) will die Erfüllung solcher konventioneller und sittlicher Pflichten nicht zu den natürlichen Verbindlichkeiten rechnen, weil keine „wahre“ Erfüllung, sondern Schenkung vorliege wie im Falle des § 534. Das ist zunächst gegen die technische Ausdrucksweise des Gesetzbuches, da sonst die Liberalitäten auf Grund einer sittlichen Pflicht oder einer auf den Anstand zu nehmenden Rücksicht durchgängig und nicht zufällig „Schenkungen“ genannt werden.[2]) Nimmt man nach Dernburg Schenkung an, so kommt man weiter in einen praktisch nicht unerheblichen Widerstreit gegen die doch vorhandene Kongruenz von §§ 814 und 812 II, m. a. W.: wenn in dem oben erwähnten Beispiel der Unterstützung eines verarmten Bruders B. nicht bar gibt, sondern ein schriftliches Schuldanerkenntnis gemäss § 781 ausstellt, so würde B. einer

[1]) Bürgerl. R. II 1, S. 11 unten. Ähnlich Cosack § 80 nro. 5 als Schenkungen, wenn auch „eigentümlicher Art“.

[2]) Neben § 534 kommen in Betracht: §§ 1446 II, 1641, 1804, 2113 II (sie können vom Ehemann, Vater, Vormund, Vorerbe selbständig vorgenommen werden); 2330 (keine Anfechtung wegen Verletzung des Pflichtteils). —

eventuellen Klage aus diesem Schuldanerkenntnis den Mangel der gerichtlichen oder notariellen Form gemäss § 518 I S. 2 wirksam entgegenstellen können, eine Rechtsfolge, die eben bei der allgemeinen und ausnahmslosen Fassung der §§ 814, 812 II nicht vom Gesetze beabsichtigt ist.

Denn nicht jede Erfüllung einer sittlichen Pflicht ist als Schenkung aufzufassen, und die gesellschaftliche Anschauung ist weit entfernt davon, das zu tun. Man kann sagen, dass zur Bewirkung von solchen Anstands- und Pflichtschenkungen die Gebote der Sittenlehre nicht so intensiv auffordern, wie zu den Leistungen, die zur Erfüllung sittlicher und konventioneller Pflichten überhaupt erforderlich sind. Dieser Unterschied ist fein und bei einzelnen Fällen gewiss flüssig, aber an sich vorhanden.[1]) — Er lässt sich weiter gut beobachten an einem die Erfüllung sittlicher Pflichten behandelnden Spezialfall des § 814, nämlich bei der

### V. Gewährung einer Ausstattung gemäss § 1624 BGB.

Hier ist durch die Gesetzesworte selbst der Schenkungscharakter desjenigen ausgeschlossen, was einem Kinde mit Rücksicht auf seine Verheiratung oder auf die Erlangung

[1]) Vgl. die Beispiele bei Stammler, Richt. R., S. 460ff.: Schenkung einer Witwe an ihren Sohn, der in der Wirtschaft eine kaum entbehrliche Unterstützung geliehen hat; Schenkung eines Dienstherrn an eine Wirtschafterin über den Dienstlohn hinaus für besonders treue Dienste und Pflege. — Im übrigen Endemann I § 99 A. 18, § 164 A. 25 [hier wohl wieder zu weit!]. — Ubbelohde S. 221 f. — Enneccerus I § 148 nro. II 5. — Matthiass I § 72 II sub C. — Zutreffend bemerkt übrigens Oertmann, Komment. S. 253: man hätte vielleicht besser getan, diese privilegierten Schenkungen überhaupt nicht unter den Schenkungsbegriff zu bringen; man werde z. B. kaum sagen können, dass, wer aus Dankbarkeit seinem Arzt über das Honorar hinaus eine wertvolle Dedikation macht, nur einer „sittlichen Pflicht" genüge. — Das ist sehr richtig; die grossen Schwierigkeiten, die jetzt bei der Abgrenzung der §§ 534, 814 entstehen, wären dann vermieden worden. — Siber S. 51f. gibt eine Reihe von Unterschieden zwischen den §§ 534 und 814, kommt aber im Resultat darauf hinaus, die Berechtigung dieser vom positiven Recht vorgenommenen Unterscheidung zu verneinen.

einer selbständigen Lebensstellung zur Begründung oder zur Erhaltung der Wirtschaft oder der Lebensstellung von dem Vater oder der Mutter zugewendet wird, soweit die Ausstattung das den Umständen, insbesondere den Vermögensverhältnissen des Vaters oder der Mutter entsprechende Mass nicht übersteigt. Hinsichlich dieses Teils der Ausstattung entfällt somit die Anwendung sämtlicher Schenkungsvorschriften.[1]) — Der Schenkungscharakter aber wird deswegen ausgeschlossen, weil hier die Erfüllung einer sittlichen Pflicht vorliegt, die als Ausfluss der allgemeinen elterlichen Fürsorge für die Kinder auf dem Wege der Sitte in Deutschland erwachsen ist.[2]) — Jedenfalls wird also durch die Hingabe einer angemessenen Ausstattung seitens der Eltern einer sittlichen Pflicht entsprochen, deren Erfüllung weder nach der ausdrücklichen Erklärung des Gesetzbuches noch nach der Anschauungs- und Redeweise des Volkes als Schenkung aufgefasst wird. —

### VI. Die Verbindlichkeiten des Gemeinschuldners nach rechtskräftig bestätigtem Zwangsvergleich. — § 193 KO. i. V. m. § 814 BGB.

Eine ausdrückliche Gesetzesbestimmung darüber, welche Wirkung der rechtskräftig bestätigte Zwangsvergleich auf die von ihm betroffenen Forderungen ausübt, fehlt. Auch hier sind — wie bei der Verjährung — an sich zwei verschiedene Wirkungen denkbar: entweder eine stärkere, so dass die Forderungen mit allen akzessorischen Rechten endgültig erlöschen; oder eine schwächere, so dass eine noch erfüllbare unvollkommene, aber klaglose Verbindlichkeit des Gemeinschuldners — zugleich als Stütze für bestehende

---

[1]) §§ 516 ff. 1446. 1641. 1804 BGB.

[2]) Schröder, Deutsche Rgesch.[4] S. 307 ff., 322., 746. — Huber, Gesch. d. schweiz. Pr. R. S. 505. — Endemann II § 196 nro. 4. — Ubbelohde S. 221 sub. nro. 8. — Enneccerus a. a. O. — Matthiass a. a. O. sub E. Die Mot. IV S. 719 sprechen von einer „unvollkommenen Pflicht“. Die Begründung S. 717 ist recht allgemein und wenig treffend. Vgl. Allendorf S. 95 f.

Akzessionen — bestehen bleibt. Im französischen Recht hat man am einheitlichsten in Theorie und Praxis den letzteren Standpunkt vertreten.[1]) Und auch jetzt kann die Annahme von dem Fortbestehen einer natürlichen Verbindlichkeit als die allgemein herrschende Lehre bezeichnet werden.[2]) — Allerdings weisen die Motive[3]) ausdrücklich darauf hin, dass der Entwurf zu dieser ganzen Frage schweige; es bestehe auch kein Bedürfnis, in diesem Falle eine unvollkommene Obligation in dem Sinne anzunehmen, dass die condictio indebiti bezüglich dessen, was der Gemeinschuldner über die Bestimmungen des Akkords hinaus gezahlt habe, unzulässig wäre. War schon diese Bemerkung der Motive von Anfang an wegen Verneinung der Bedürfnisfrage, die ohne nähere Begründung als Gemeinplatz wirkt, unerheblich, so ist sie es bestimmt geworden durch die Abänderung in der II. Kommission und durch die Einfügung des § 739, nachmaligen § 814.[4]) Da man so neben die kasuistische Regelung der natürlichen Verbindlichkeiten noch die generelle Formel stellte, ist natürlich aus einem „Schweigen" des Gesetzes beim speziellen Falle kein Schluss mehr zu ziehen.

Vielmehr ist die vollständige Befriedigung des ehemaligen Gläubigers, die Leistung des Ausfalls seitens des Gemeinschuldners ein dem § 814 in jeder Hinsicht zu unterstellender Spezialfall. Immer wird man sagen können, dass dann die Leistung einer auf den Anstand zu nehmenden Rücksicht entspricht, zumal unter Kaufleuten dem kaufmännischen An-

---

[1]) Vgl. oben S. 195 sub No. 4. Die preuss. Praxis vgl. oben S. 184.

[2]) ROHG. Bd. 8 S. 279. Jur. Wochenschr. 1898 S. 545 nro. 15. — RG. Bd. 42 S. 118. — Seuffert, Konkursprozessr. S. 443. — Petersen-Kleinfeller, Komm. z. KO. N. 4 zu §§ 193, 194. — Oertmann, Komm. A. 4 S. 543. — Dernburg II 1 S. 11. — Meisner, Komm. R. der Schuldverh. S. 282 A. 4. — Crome II § 140 S. 16. — Jäger A. 5 zu § 193 KO. — Kohler, Leitfaden d. Konkursr. § 67 S. 288. — Endemann a. a. O. sub 2d. — Enneccerus a. a. O. sub II 6. — Matthiass a. a. O. sub J. — Abweichend nur Sarwey-Bossert, KO. S. 466 u. Planck A. 2b zu § 813.

[3]) II S. 833.

[4]) Vgl. oben S. 232.

stand.[1]) In den meisten Fällen wird auch die Erfüllung einer sittlichen Pflicht vorliegen, insofern es diese gebietet, jedem das Seine zu geben[2]) und dem Gläubiger das zu erstatten, was er doch hingegeben hat. So ist diese natürliche Verbindlichkeit des Gemeinschuldners ohne weiteres freiwillig erfüllbar, und es lässt sich diese Wirkung — wie in allen Fällen des § 814 — auch hier gemäss § 812 II dadurch leicht steigern, dass im Wege eines als klagbares Erfüllungsversprechen wirkenden Schuldanerkenntnisses der Zwang zur Erfüllung gesetzt wird.

Praktische Bedürfnisse — oder nach den Motiven zur KO. S. 423 „Zweckmässigkeitserwägungen“ — aber haben schliesslich zu einer positivrechtlichen Regelung geführt, die sich mit der theoretischen Annahme einer natürlichen Verbindlichkeit völlig deckt. Denn nach der ausdrücklichen Bestimmung des § 193 KO. bleiben die Rechte der Gläubiger gegen Bürgen, sowie die für die Forderung begründeten Pfandrechte und Vormerkungen bestehen.[3]) Damit erhält diese natürliche Verbindlichkeit Wirkungen, welche sie der verjährten Forderung an die Seite stellen, und sie über die sonstigen Fälle des § 814 erheben. Denn während in diesen Fällen Sicherungsmöglichkeiten durch Bürgschaft oder Pfand materiell erfolglos blieben, indem der Bürge oder Eigentümer der Pfandsache die Klaglosigkeit der Hauptverbindlichkeit auch seinerseits geltend machen kann,[4]) wird hier die akzessorische Obligation durch positivrechtlichen Schutz vor der Übertragung solcher Affektionen bewahrt. Auch hier ist wieder ersichtlich, wie den natürlichen Verbindlichkeiten weitreichende Wirkungen gewährt werden, wenn praktische Be-

---

[1]) Petersen-Kleinfeller a. a. O.

[2]) Was bekanntlich Ulpian D. (1, 1) 10 zu den „praecepta iuris“ rechnet.

[3]) Die Novelle v. 17. V. 1898 hat noch ausdrücklich den Fortbestand der Pfandrechte verordnet, während schon vom Standpunkte des bisherigen Rechts das Reichsgericht [Entsch. Bd. 22 S. 330f.; 23 S. 119ff.] angenommen hatte, dass der Zwangsvergleich Pfandrechte und Hypotheken der Konkursgläubiger unberührt lasse.

[4]) Nach §§ 768, 1137, 1211 BGB.

dürfnisse, die Interessen der Beteiligten, das verlangen, und ihnen Wirkungen genommen werden, wenn rechtspolitische Erwägungen allgemeiner Natur es erfordern. —

Stellen wir zu diesen sechs reichsrechtlichen Fällen noch

VII. als Fall des noch geltenden preussischen Landesrechts die nichtkonsentierten Darlehensschulden von Angehörigen des kgl. Hauses, so kann in dieser Beziehung auf die bereits bei der Darstellung des preussischen Rechts gemachten Ausführungen verwiesen werden.[1])

Anhangsweise sind schliesslich noch von dieser 6 oder 7 Fälle umfassenden Gruppe der natürlichen Verbindlichkeiten im geltenden Rechte Erscheinungen auszuschliessen, die wohl hier und da zu dieser Gruppe gestellt werden. —

Es ist nicht angängig, das turpiter promissum als natürliche Verbindlichkeit anzusehen.[2]) § 817 BGB. übernimmt nur die Lehre des klassischen römischen Rechts, wenn es die Rückforderung des Geleisteten bei einer turpitudo auch des Gebers ausschliesst. Nirgends ist in den Fragmenten der römischen Juristen eine Andeutung zu finden, diesen Ausschluss der condictio, der ganz exzeptionellen Charakter trägt, als Wirkung einer naturalis obligatio zu denken; dagegen gibt zutreffende Aufklärung Paulus:

> porro autem si et dantis et accipientis turpis causa sit, possessorem potiorem esse et ideo repetitionem cessare . . .[3])

Wir gelangen zur Absurdität, wenn wir von einer „natürlichen" Verbindlichkeit desjenigen, der einen Mörder dingt

---

[1]) Vgl. oben § 15 sub III S. 181f.

[2]) So Stammler, Schuldverh. S. 29f. und Bernhöft in Birkmeyers Enzykl., Bürg. R. S. 194. Dageg. Ubbelohde S. 221f. — Langheineken S. 187, aber mit ungenügender Begründung. — Enneccerus-Lehmann I § 355 A. 1. — Oertmann, Allg. öst. GZtg. 1902 S. 9.

[3]) Dig. (12, 5) 8. — Sonst noch: D. (13, 5) 3 und 4, 3, — Cod. (4, 7) 1 und 5.

oder einen Beamten bestiecht, das verabredete Sündengeld zu zahlen, reden sollten. —

Noch weniger Anhalt bietet sich für die Annahme einer natürlichen Verbindlichkeit bei der Verpflichtung, eine verwirkte Vertragsstrafe zu entrichten, wenigstens zu dem Teile, um den auf Antrag des verklagten Schuldners das Urteil den vereinbarten Betrag als den Umständen nach zu hoch bemessen herabsetzt.[1]) — Es liegt ja, solange der ausserordentliche Rechtsschutz des richterlichen Ermässigungsrechtes nicht wirksam geworden ist, ein vollkommener klagbarer Anspruch in der vollen festgesetzten Höhe vor. Die an den Ausschluss der condictio anklingende Bestimmung, dass nach der Entrichtung der Strafe die Herabsetzung ausgeschlossen ist, trägt nur der Annahme Rechnung, dass — wie Endemann richtig bemerkt — die Leistung für den Schuldner nicht unerschwinglich war.

Nach §§ 1001, 972, 2022 BGB. kann der Besitzer, der Finder und Erbschaftsbesitzer seinen Anspruch auf Ersatz von Verwendungen nur geltend machen, wenn der Eigentümer oder Erbe die Sache wiedererlangt oder die Verwendungen genehmigt. Bis zu dem Eintritt dieser Ereignisse eine unvollkommene Obligation anzunehmen,[2]) hindert die Ausdrucksweise des Gesetzes wie die Rechtslage in der Zwischenzeit selbst. Das Gesetz spricht in allen Stellen immer von dem Anspruch, setzt also die rechtliche Existenz eines solchen schon voraus; ferner ist die Rechtslage doch so, dass durch die vom beklagten Eigentümer oder Erben zu erhebende

---

[1]) § 343 BGB. — So Ubbelohde S. 222, jetzt wohl alleinstehend. — Gegen ihn: Enneccerus I § 148 A. 2. — Endemann I § 99 A. 16b [in 6. Aufl. I S. 418 noch für die Annahme einer natürlichen Verbindlichkeit]. — Langheineken S. 187 und 188. — Oertmann, Allg. öst. GZtg. 1902 S. 9f. — Mahler S. 69.

[2]) So Enneccerus a. a. O. sub II 4. — Kipp bei Windscheid II S. 176. — Dageg. bes. Endemann a. a. O. A. 16a. — Allendorf a. a. O. S. 22ff. — Langheineken S. 188 u. 75ff. — Letzterer ausführlich den Anspruch für einen „bedingt wirksamen“ erklärend.

aufschiebende Einrede nur die Zeit oder die Art der Geltendmachung des Anspruchs getroffen werden soll.

Nichts mit dem Wesen einer unvollkommenen Obligation haben die Ansprüche der Frau gemein, die ihr gegen den Mann aus dessen Verwaltungs- und Nutzniessungsrechte am eingebrachten Gute zustehen, die sie aber erst nach der Beendigung des Güterstandes gerichtlich geltend machen kann.[1]) Gezwungen müsste man sie als „temporäre obligationes naturales" erklären, während es sich doch einfach um betagte Ansprüche handelt.

Direkt dem Wesen der Naturalobligationen entgegengesetzt und ihrem wichtigsten Merkmal, ihrer Unklagbarkeit widersprechend ist es, als einen hierher gehörigen Fall die Rechtslage zu erklären, „in welcher Berechtigte zwar nicht der Klage, wohl aber der direkten Zwangsvollstreckung darben," wie im Falle des § 888 II CPO., d. h. im Falle der Verurteilung zur Herstellung des ehelichen Lebens und zur Leistung von Diensten aus einem Dienstvertrage.[2]) Es liegt nichts weiter vor als eine auf modernen Anschauungen beruhende Regelung einer Frage der Prozesspolitik: es wird die Anwendung der Zwangsvollstreckungsmittel versagt, die doch dem Gläubiger keinen dauernden Erfolg sichern könnten.

Schliesslich fördert es nicht die Erkenntnis dieser dem Obligationenrechte zugehörigen Rechtsgebilde, wenn man gewisse Beschränkungen in den Wirkungen von familienrechtlichen Verträgen ihrer Gruppe unterstellt. — Nur vereinzelt wird in der Literatur das Verlöbnis als Fall einer Naturalobligation erwähnt, insofern als aus ihm nach § 1297 BGB. auf Eingehung der Ehe nicht geklagt werden kann.[3])

---

[1]) Vgl. § 1394 BGB. Zu Naturalobligationen erklärt diese Ansprüche, ohne Nachfolge gefunden zu haben, Hellwig a. a. O. S. 125 u. 405. Dageg. Langheineken, S. 188; Siber, Rechtszwang S. 83; Mahler, S. 78.

[2]) Landsberg S. 61.

[3]) § 1227 Entw. I war so gefasst: Durch das Verlöbnis wird eine Verbindlichkeit der Verlobten zur Schliessung der Ehe nicht begründet. Über die Veränderung vgl. Prot. IV S. 1—3. Die Mot. IV S. 2 bemerken zutreffend,

Diese Erscheinung, die mehrfach auf dem Gebiete des Familienrechts anzutreffen ist, entspricht einem modernen Standpunkte der Gesetzgebung bei der Behandlung familienrechtlicher Verhältnisse: nur ein verhältnismässig geringer Teil der Beziehungen wird der rechtlichen Normierung unterworfen, das übrige bleibt der Selbstregelung der Beteiligten überlassen. Deswegen wird auch von der Verordnung des gerichtlichen Zwanges abgesehen, und dieser Zwang als juristisch mögliche Wirkung ausdrücklich für unzulässig erklärt.[1])

---

dass die Rechtsentwicklung unverkennbar das Bestreben zeige, die rechtlichen Wirkungen des Verlöbnisvertrages einzuschränken.

[1]) Noch bis in das 19. Jahrhundert gewähren Partikulargesetze einen klagbaren Anspruch auf Schliessung der Ehe. Vgl. die Zusammenstellung der Mot. Bd. IV S. 1. Dazu die Protok. a. a. O.: es verstosse aber gegen die Würde des Rechts, ein prozessualisches Verfahren und ein Urteil zuzulassen, welchem das Gesetz aus sittlichen Gründen die Vollstreckung versagen müsse.

## V. Teil.

# Ergebnisse für die allgemeine Rechtslehre.

### § 19. Die Versagung des Klagerechts.

Die notwendige Vorarbeit ist in den ersten vier Teilen getan. Von ihrem ersten Auftreten im römischen Recht bis zum geltenden Rechte haben wir gewisse Erscheinungen verfolgt, die sämtlich von dem gewöhnlichen Typus der obligatorischen Rechtsbildungen abweichend nur mehr negativ, durch den Mangel des Klagerechts, zusammengeschlossen zu sein scheinen. Jetzt, nachdem die Sammlung und Untersuchung des Rechtstoffes, der sich auch hier wechselvoll geändert hat, beendet ist, kann zur Redaktion der gefundenen Resultate und zu deren Verwertung für die allgemeine Rechtslehre übergegangen werden. „Die positiven Rechtsätze sind die gegebenen Punkte, durch welche die juristische Konstruktion ihre Konstruktionslinie hindurchlegen muss.“[1])

Bisher haben sich die Konstruktionsversuche nur in allgemeinen, mehr oder minder farblosen Wendungen bewegt. — Dernburg[2]) meint, es handle sich um einen Gegensatz zwischen der bürgerlichen Gesellschaft und dem Staate; er unterscheidet solche natürliche Verbindlichkeiten, die das Gesetz missbilligt, und solche, denen ein Makel nicht anhaftet.

---

1) Jhering, Geist des r. R. II 2, S. 371.

2) Pand. II § 459; Bürg. R. II § 3 S. 9f.

Endemann[1]) sieht positiv in den der Naturalobligation vorbehaltenen Wirkungen die „bestätigende Kraft der Verkehrssitte", Crome[2]) negativ in der abgeschwächten Wirkung den Einfluss „öffentlich-rechtlicher Gründe". Oertmann[3]) erklärt, die Rechtsordnung habe die Verpflichtung nur ihrer „Reaktionsfähigkeit" beraubt, ohne dass ausreichender Anlass bestanden habe, andere in Frage kommende Rechtswirkungen auszuschalten. — Das sind keine bis zum letzten Grunde vordringende Aufklärungen.

Mit dem Aussergewöhnlichen und darum Auffälligen soll begonnen werden: warum versagt die Rechtsordnung bestimmten in gewisser Hinsicht rechtlich anerkannten Beziehungen zwischen Gläubiger und Schuldner gerade diejenige Wirkung, welche sonst dem obligatorischen Rechte überhaupt erst wirtschaftlichen Wert verleiht, die Geltendmachung und Durchsetzung vor Gericht?

Es wird der Übersichtlichkeit dienen, noch einmal sämtliche Einzelfälle von Naturalobligationen in den behandelten Rechtssystemen herzusetzen:

**Römisches Recht.**

A. Obligationen, die von vornherein als klaglose entstehen:

1. obligatio servi;
2. obligatio pupilli sine tutoris auctoritate;
3. obligatio inter personas eiusdem familiae;
4. mutuum contra SC. Macedonianum.

B. Obligationen, denen die ursprüngliche Klagbarkeit durch nachfolgende Vorgänge entzogen worden ist:

1. cap. dem. minima;
2. prozessuale Vorgänge:
   a) obligatio post litem contestatam;

---

[1]) Lehrb. I S. 588.

[2]) Syst. II S. 15.

[3]) In Allg. öst. GZ. 1902 S. 14f.

b) Prozessverjährung;
c) absolutio veri debitoris.

### Gemeines Recht.

Unter Wegfall der unpraktisch gewordenen Fälle des römischen Rechts unter A. 1. 3. 4. und B. 1 kommen namentlich hinzu:

I. Forderung aus einem pactum nudum.
II. Verjährte Forderung.

### Preussisches Recht.

I. Wegen mangelnder Form unwirksame Frauenbürgschaft oder Expromission.
II. Spielschulden.
III. Nichtkonsentierte Darlehensschulden von Angehörigen des kgl. Hauses.
IV. Nichtkonsentierte Schulden von grossjährigen Hauskindern.
V. Verbindlichkeiten des Gemeinschuldners nach Akkordschluss.
VI. Verjährte Forderung.

### Französisches Recht.

I. Verpflichtung des unehelichen Vaters.
II. Bestellung einer dos durch die Eltern für die Kinder.
III. Spielschulden.
IV. Verbindlichkeiten des Gemeinschuldners nach Zwangsvergleich.
V. Gewisse von der bürgerlichen Gesellschaft anerkannte Anstandspflichten.
VI. Verjährte Forderung.

### Bürgerliches Recht.

I. Verjährte Forderung.
II. Ehemaklergebühr.
III. Forderungen aus Spiel und Wette.
IV. Sittliche und Anstandspflichten.

V. Gewährung einer Ausstattung.

VI. Verbindlichkeiten des Gemeinschuldners nach Zwangsvergleich.

Ein allgemeiner Überblick über diese Einzelfälle lehrt zunächst folgendes: das römische Recht versagt das Klagerecht in der Mehrzahl der Fälle[1]) in Rücksicht auf bestimmte rechtliche Eigenschaften, genauer Statusverhältnisse der Subjekte der Obligation; die modernen Rechte, insbesondere das französische und deutsche Recht, gründen die Klageverweigerung mehr auf den Inhalt der Obligation, auf den Charakter des Zweckes, der durch die Erfüllung der natürlichen Verbindlichkeit erreicht werden soll.[2])

Die gegensätzlichen Rechtsysteme vereinigen sich aber wieder darin, dass sie — und überhaupt alle — das Aufhören der ursprünglich vorhandenen Klagebefugnis aussprechen wegen bestimmter, die Obligation berührender, z. T. prozessualer Vorgänge.[3]) Das preussische Recht steht hinsichtlich des berührten Gegensatzes zwischen dem römischen Recht und den modernen Rechten etwa in der Mitte: noch drei Fälle[4]) berücksichtigen die Statusverhältnisse, nur 1 Fall[5]) den Gegenstand der Obligation, zwei[6]) nachfolgende Vorgänge.

Was zunächst den in den personenrechtlichen Verhältnissen der Beteiligten liegenden Grund anbetrifft, so musste die Entziehung der Klagebefugnis sowohl im römischen Rechte bei den Sklaven, wie im preussischen bei den Angehörigen des königlichen Hauses eintreten in

---

[1]) D. h. in 5 bei 6 Fällen, nämlich bei sämtlichen mit Ausnahme von B. 2. —

[2]) Vgl. nro. I, II, III, V beim französischen, nro. II, III, IV, V beim deutschen Recht.

[3]) Röm. R. nro. B. 2. a—c; gem. R. nro. II; preuss. R. nro. V u. VI; franz. R. nro. IV u. VI; bürg. R. nro. I u. VI.

[4]) Nämlich: nro. I, III u. IV.

[5]) nro. II.

[6]) nro. V u. VI.

Rücksicht auf Sätze des öffentlichen Rechts: die servi nec personam habentes sind auch keine personae legitimae standi in iudicio; der preussische König ist nach Hausgesetzen und Verfassungsrecht das Haupt der königlichen Familie und nimmt über deren Angehörige eine quasivormundschaftliche Stellung ein, als deren Ausfluss das Einwilligungsrecht zu bestimmten Geschäften erscheint.[1]) Die Unvollkommenheit der Obligationen zwischen Familienangehörigen und nach eingetretener capitis deminutio minima beruht auf Sätzen des römischen Familienrechts; diejenige bei den Obligationen des pupillus und contra SC. Macedonianum (im römischen Recht), bei den Obligationen aus unwirksamen Frauenbürgschaften und nichtkonsentierten Geschäften grossjähriger Hauskinder (im preussischen Recht) auf Sätzen des privatrechtlichen Personenrechts, auf der dort verordneten Beschränkung der Handlungsfähigkeit solcher Personen.

Die modernen Rechte richten bei der Klageverweigerung in der Mehrzahl der Fälle ihren Blick auf den Inhalt und Zweck des rechtlichen Verhältnisses; hier sind es allgemeine Sätze der Rechtsökonomie, welche dieses negative Verhalten des positiven Rechts bedingen und eine Verwendung der gewöhnlichen starken Mittel des Gerichtschutzes verbieten. Das einmal aus dem Grunde, weil der von den Beteiligten verfolgte Zweck wegen seines unwirtschaftlichen Charakters jenes allgemeinen Rechtschutzes nicht würdig erschien: so bei den Forderungen aus Spiel und Wette und dem Ehemaklerlohne;[2]) ferner weil das dem Verhältnis der Beteiligten zugrunde liegende Interesse, vom wirtschaftlichen Standpunkte nicht irgendwie tadelnswert, doch den intensiven Rechtschutz durch gerichtliche Geltendmachung nicht erheischte, um nicht für diese Verhältnisse, deren Wurzel und Stamm auf sittlichem Gebiete liegt, einen auch für die Beteiligten nur lästigen Zwang herbeizuführen: so bei der Ver-

[1]) Vgl. oben S. 182.

[2]) Nro. II preuss. R., nro. III franz. R., nro. II u. III bürgerl. R.

pflichtung des unehelichen Vaters nach französischem, Gewährung einer Ausstattung und Erfüllung sittlicher und Anstandspflichten nach französischem und deutschem Rechte.[1])

Sämtliche Rechtsysteme, antike und moderne, befinden sich in Übereinstimmung, wenn sie einer Forderung, die als vollwirksame nach den gewöhnlichen Sätzen über die Begründung obligatorischer Rechte entstanden ist, aber nachher der Einwirkung bestimmter rechtserheblicher Umstände ausgesetzt war, die Klagbarkeit entziehen: so das römische Recht auf Grund prozessualer Vorgänge, nämlich infolge der Litiscontestatio, der Prozessverjährung und der absolutio veri debitoris;[2]) das gemeine, preussische, französische und deutsche Recht auf Grund des Ablaufs der Verjährungsfriften und des Akkords im Konkurse.[3]) — Hier sind es rein praktische Erwägungen über Dauer und Umfang des grundsätzlich voll gewährten Rechtsschutzes, welche den Rechten ihre ursprüngliche Klagbarkeit wieder entziehen.

Das sind für alle Einzelfälle der Naturalobligationen die Gründe ihrer Unvollkommenheit. Aber aufzuklären bleibt noch die eigentümliche Einwirkung dieser Versagungsgründe, die nur mit schwachen Mitteln arbeitete, so dass doch noch ein obligatorisches Etwas, eine halbrechtliche Verpflichtung übrig blieb. — Alles vom Standpunkte des entstehenden Rechts, de lege ferenda gesehen, ergibt folgende Lage. Nach den Sätzen des Obligationenrechts hätte kein Hindernis vorgelegen, alle Fälle der Naturalobligationen als vollwirksame Obligationen entstehen zu lassen und sie als solche aufrecht zu erhalten. Von diesem Gesichtspunkte aus — der zunächst festzuhalten — kein Hindernis, die Obligationen von Sklaven, Unmündigen, Familiengenossen, Hauskindern, Frauen und Angehörigen der Herrscherfamilie für

---

[1]) nro. I, II u. V franz. R., nro. IV u. V bürgerl. R.

[2]) nro. B. 2 a—c.

[3]) nro. II gem. R., nro. V u. VI preuss. R., nro. IV u. VI franz. R., nro. I u. VI bürg. R.

vollwirksame Obligationen zu erklären, da an sich doch irgendein obligatorischer Tatbestand, eine „causa civilis" verwirklicht wird.[1]) Weiter kein Hindernis, die Verpflichtungen aus Spiel- und Ehemaklergeschäften, des unehelichen Vaters zum Unterhalte seines Kindes, der Eltern zur Gewährung einer Ausstattung, und eventuell noch bestimmte sittliche und konventionelle Pflichten zu vollwirksamen Obligationen zu erklären, und zwar besonders in Rücksicht auf den Grundsatz der Vertrags- und Typenfreiheit im modernen Obligationenrecht. Schliesslich kein Hindernis, jene die ursprüngliche Vollkommenheit der Obligation berührenden nachfolgenden Vorgänge vom Standpunkte des Obligationenrechts aus zu ignorieren. — Also jedenfalls war volle Wirkung dieses positiven Poles, des Obligationenrechts an sich möglich, so dass das rechtliche Verhältnis in der geraden Richtung auf diesen hätte zustande kommen können.

Aber nunmehr beginnt die Einwirkung des Gegenpoles, des negativen, derjenigen Erwägungen, welche den gewöhnlichen Rechtsschutz versagen. Diese Einwirkung hätte sich in der negativen Richtung direkt und intensiv geltend machen können, wie etwa die allgemeinen Verbotsgesetze der Rechtsordnung überhaupt, so dass das Rechtsverhältnis jetzt von der vollen Wirksamkeit zur vollen Nichtigkeit hätte abgezogen werden müssen.

Zwischen der Einwirkung dieser beiden Pole lag das Rechtsverhältnis. Die Wirkung des negativen Poles tunlichst zu beschränken, dafür sprachen wichtige Erwägungen der Rechtspolitik, die nach dem leitenden Grundsatze der Politik überhaupt zu verfahren hatte: mit den einfachsten Mitteln das Zweckmässige und Mögliche zu erreichen. Zu stark wirkende Mittel aber wären es gewesen, wenn man alle diese Verbindlichkeiten, welche jeden Tag gemäss der Ver-

---

[1]) „quia ad omnem obligationem, et ad naturalem, requiritur causa civilis." Giphanius, auf Grund von Pomponius D. (15, 1) 49. — Vgl. oben S. 157 u. 22.

kehrsübung, gemäss den herrschenden konventionellen und sittlichen Regeln als auch rechtlich geschuldete Verbindlichkeiten erfüllt wurden, rechtlich für nicht existent erklärt hätte; als Folge, der nicht ausgewichen werden konnte, wäre eingetreten, dass die Rückforderung alles dessen, was nach den Übungen des menschlichen Verkehrs geleistet worden war, von Rechts wegen zugelassen werden musste. Eine derartige Divergenz zwischen tatsächlichem und rechtlichem Zustand war unmöglich; man hätte also nicht das Mögliche, sondern das Unmögliche erreicht. Demnach blieb nichts übrig, als schwächer wirkende Mittel anzuwenden: diesen rechtlichen Verhältnissen nur den gewöhnlichen Rechtschutz im Wege der gerichtlichen Geltendmachung, m. a. W. den Erfüllungszwang zu entziehen, ihnen aber im übrigen die Wirkungen aus der Richtung des Obligationenrechts — je nach Lage der Sache alle oder mehrere — zu belassen.

So ist auch hier geschehen, was immer geschieht, wenn ein Verhältnis, das sonst ruhelos zwischen zwei entgegengesetzten Polen hin- und herpendeln würde, zur Ruhe gebracht werden soll, wenn Gegensätze in ihren Wirkungen vereinigt werden sollen: es kommt die endgültige Wirkung in der mittleren Linie zustande.[1])

Auch nach diesen die juristische Methode aufdeckenden Untersuchungen wird man sagen müssen, dass die n a t ü r l i c h e n V e r b i n d l i c h k e i t e n i h r e m W e s e n n a c h o b l i g a t i o n s m ä s s i g e R e c h t s g e b i l d e s i n d, da

---

[1]) Auch sonst ist diese Erscheinung zu beobachten, die dann häufig den rechtlichen Normen einen scheinbar widerspruchsvollen kompromissartigen Charakter gibt: z. B. die Ansprüche wegen ungerechtfertigter Bereicherung in ihrem Verhältnisse zu sonstigen Sätzen des Rechtsystems. Die Rechtsordnung gestattet in der einen Richtung die Begründung absoluter oder abstrakter Rechte im Wege des „dinglichen Vertrages" oder eines abstrakten obligatorischen Geschäfts; in der anderen Richtung gibt sie Rückforderungsansprüche gegen den Inhaber dieser absoluten oder abstrakten Berechtigung, wenn sie „ohne rechtlichen Grund" erlangt ist. (§ 812 BGB.) Besonders häufig sind derartige Erscheinungen im klassischen römischen Recht, erklärlich durch den fortdauernd wirksamen Gegensatz zwischen ius civile und ius honorarium.

deren Entstehung wie Untergang sich nach den Sätzen des Obligationenrechts vollzieht. —

Diese Erscheinungen so positiv zu fassen, befriedigt eher unser systematisches Gefühl wie unser Bedürfnis, die Dinge realistisch zu erfassen. Aus der Kollision der Sätze des Obligationenrechts und sonstiger Sätze des Rechtsystems wird doch zugunsten der ersteren soviel gerettet, dass die Knüpfung und Lösung des Bandes obligationsmässig vor sich geht und in Formen von Obligationen sich vollzieht, dass also der Stamm dieser Rechtsverhältnisse auf dem Gebiete des Obligationenrechts liegt.

Das war zur notwendigen Aufklärung und Erkenntnis festzustellen. Demgegenüber ist es keine Erklärung des Vorganges selber, sondern nur eine tautologische Erklärung, wenn behauptet wird, dass in dem Mangel der Klagbarkeit nicht eine materiellrechtliche Eigenschaft der gar nicht existierenden Klasse sog. Naturalobligationen gefunden werden könne, sondern nur eine prozessrechtliche Besonderheit.[1]) Das heisst: die Versagung der Klagbarkeit ist deshalb erfolgt, weil das durch besondere prozessrechtliche Vorschrift so bestimmt worden ist. Damit ist einmal nichts erklärt, ferner die Frage aus dem Privatrecht ins öffentliche Recht geschoben. Das ist aber unzulässig wegen der modernrechtlichen Maxime von der Allgemeinheit des Rechtschutzes, dass also ohne weiteres jedem materiellen Recht seine Geltendmachung im gerichtlichen Verfahren zukommt. Es handelt sich hier um Ansprüche des Privatrechts, nicht des Prozessrechts. Diese unzulässige Verschiebung erklärt sich jedoch aus einer eigentümlichen, dem römischen Aktionensystem angenäherten Auffassung von den Grenzen zwischen Zivilrecht und Prozess, welche der sog. „Rechtsschutzanspruchstheorie" Wachs zugrunde liegt.[2])

---

[1]) Bes. Langheineken u. Hellwig, ihnen folgend Landsberg an den angebenen Stellen.

[2]) Wach, Handb. des deutsch. Zivilprozess. Bd. I S. 19ff. u. Festst.-anspr. S. 15ff. — Dagg. O. Fischer in Zschr. f. deutsch. ZPr. Bd. 10 S. 427ff. u. Rechtschutz S. 73ff.

Geht man bei dieser Grenzregulierung zugunsten des Prozessrechts, aber unter Ausserachtlassung seiner formellen Zwecke so weit, es für ein System subjektiver Rechte, d. h. von Rechtsschutzansprüchen zu erklären, dann erscheinen allerdings die Naturalobligationen innerhalb dieses Systems als Ausnahmen vom Grundsatze, als „prozessrechtliche Besonderheit". — Diese Verlegung ins Prozessrecht erklärt aber deswegen nicht die negative Seite bei den Naturalobligationen, die Versagung der Klagbarkeit, weil sonst ihre positive Betätigung auf dem Gebiete des materiellen Rechts liegt. —

Nun ist es weiter eine Überschätzung der negativ wirkenden Sätze, welche die Obligationswirkungen der natürlichen Verbindlichkeiten beschränken, wenn gesagt wird: es seien Schuldverhältnisse, die keine ursprüngliche Rechtswirksamkeit hätten, sondern rechtsungültig seien, aber nur vermöge solcher, nur nicht dem Obligationenrecht selbst angehörender Rechtsbestimmungen, welche im Kampfe mit dem sozialen Leben und seiner Sitte, mit der gemeinen nichtjuristischen Auffassung der Verhältnisse ständen, und darum im allmählichen Absterben begriffen seien.[1]) — Rechtliche Ungültigkeit liegt — wie festgestellt — eben nicht vor; alle Naturalobligationen wären dann ohne Rücksicht auf ihre recht erheblichen Wirkungen und ohne weitere dogmatische Schwierigkeiten als nichtige Geschäfte zu behandeln. Dann könnte man aber weniger negativ doch noch von einer „teilweisen Nichtigkeit" sprechen, wie es Brinz[2]) tut? — Aber auf das „völlig Unpassende" dieses Ausdrucks hat

---

[1]) Scheurl in Jher. Jahrb. Bd. 7, S. 332 u. 339 in bezug auf die römisch-rechtlichen Naturobligationen. — Der Gegensatz zur unjuristischen Auffassung, mit der Sch. auch sonst arbeitet, erklärt nicht die aufzudeckende rechtliche Technik. — Gehaltlos S. 354: die naturalis obligatio sei ein Verhältnis, das dem nicht juristisch gebildeten und insofern natürlichen Verstande als Obligation erscheint; der juristisch gebildete Verstand kann dann im einzelnen Falle dem Urteil des natürlichen Verstandes beistimmen oder ihm seine Beistimmung gänzlich versagen, aber auch ihm eine gewisse relative Berechtigung zugestehen . . .

[2]) Pand. I § 376.

bereits Mitteis[1]) hingewiesen. Wenn man sagt, die Obligation, z. B. des Pupillen, des Gemeinschuldners nach abgeschlossenem Zwangsvergleich, die verjährte Forderung, ist teilweise nichtig, nämlich insoweit sie sich auf die gerichtliche Geltendmachung gegen den Schuldner selbst bezieht, so fasst man das obligatorische Rechtsverhältnis aus zwei quantitativ abgegrenzten Bestandteilen, dem natürlichen Sollen und dem rechtlichen Müssen, bestehend auf. Wie nachgewiesen, hat diese Zersplitterung des Rechtsverhältnisses und das unausbleibliche Abkommen auf das „naturale Element" in den Obligationen von der Zeit der Glossatoren an[2]) Verwirrung und Schaden genug angerichtet.

Mitteis selbst tritt dafür ein, die Naturalgültigkeit als ein Mittelding zwischen juristischer Gültigkeit und juristischer Nichtigkeit aufzufassen oder als eine eigentümliche Erscheinung verminderter Nichtigkeit, die im System der Ungültigkeit hervorgehoben werden muss.

Was diese Stellung im System anbetrifft, so werden jedoch die Naturalobligationen auch fürderhin im Gebiete des Obligationenrechts zu behandeln sein, und zwar neben ihrer Schwesterklasse, den vollwirksamen Obligationen, zu den sie ihrem Wesen und ihren Wirkungen nach gehören. Denn sie heissen nicht bloss Obligationen — es könnte dann noch immer mit Paulus von einem „verbo abuti" gesprochen werden —, sondern sie sind auch Obligationen. „Sunt hae obligationes ac non dicuntur tantum."[3])

## § 20. Der Mangel des Zwanges.

Zum Schlusse ist noch gegen eine andere Seite die rechtliche Existenz der Naturalobligationen zu verteidigen.

Durch die Versagung des Klagerechts, deren Gründe im vorigen Paragraphen erörtert sind, ist den natürlichen Verbindlichkeiten viel genommen, vielleicht so viel, dass es unzu-

---

[1]) In Jher. Jahrb. Bd. 28, S. 159ff.

[2]) Vgl. oben S. 105.

[3]) Donellus XII 1, 7 [oben S. 113].

lässig sein könnte, hier noch von Verbindlichkeiten im Rechtsinne zu reden. Da die Rechtsordnung die Klagebefugnis ausdrücklich verweigert, m. a. W. nicht nur keinen Befehl, sondern ein direktes Verbot an die Organe der Staatsgewalt erlässt, Rechtshilfe zu gewähren, so hat der Gläubiger — wenn man ihn noch so nennen darf — keine rechtliche Möglichkeit, die Leistung zu fordern, d. h. wirksam zu fordern, die Überführung des Vermögenswertes gegen den Willen des Schuldners oder unter Überwindung des widerstrebenden Willens aus dem Vermögen des Schuldners in das seinige zu bewirken. Also weder Rechtshilfe noch Selbsthilfe, welche durch das staatliche Zwangsmonopol ausgeschlossen ist. Die tatsächliche Möglichkeit, dass der Schuldner vielleicht noch freiwillig leistet, ist eine wirtschaftlich wertlose Exspektanz.

Da nun dem Gläubiger diese Zwangsbefugnis, die sich in vollkommenster Weise im Klagerecht offenbart, genommen ist, so fragt es sich, ob überhaupt noch auf das ganze hier in Betracht kommende Verhältnis die technischen Ausdrücke wie Gläubiger, Schuldner, Schuldverhältnis, Obligation angewandt werden können. Eine Verneinung dieser Frage müsste schliesslich eine Verneinung des Rechtsgebildes in dem bisher behandelten Sinne zur Folge haben; diese Naturalobligationen oder unvollkommenen Schuldverhältnisse verdienten nicht mehr, ihre substantivische Eigenschaft weiterzuführen, noch könnte ihnen fürderhin irgendeine Stelle im System des Obligationenrechts gewährt werden. Dieser Gedanke, welcher dem Klagerecht eine hohe Bewertung verleiht, ist mehrfach von römischen Juristen ausgesprochen worden, so von Ulpian: Creditores eos accipere debemus, qui aliquam actionem . . . habent, woraus folgt: quod si natura debeatur, non sunt loco creditorum.[1]) Er liegt auch dem Einleitungsparagraphen des BGB. zum Rechte der Schuldverhältnisse zugrunde: kraft des Schuldverhältnisses ist der Gläubiger berechtigt, von dem Schuldner eine Leistung zu

---

[1]) D. (44, 7) 42, 1 und (50, 16) 10.

fordern.[1]) — Diese Kraft hat aber das unvollkommene Schuldverhältnis eben nicht.

Ja, wenn wir in dieser Richtung weiter aufklärend vorgehen, können wir auf Hindernisse und Widerstände stossen, die eventuell nötigen, die mühsam gewahrte Stellung der Naturalobligationen im rechtlichen Gebiet überhaupt aufzugeben. Diese Widerstände liegen in einer Auffassung vom Wesen des subjektiven Rechts, die man als die herrschende des vorigen Jahrhunderts bezeichnen kann: zum Begriffe des Rechts gehöre es, dass seine Durchführung durch Staatszwang gesichert sei. Savignys wie Jherings in dieser Richtung gleich wirkende Autorität sicherte dieser Auffassung andauernde Geltung. Savigny[2]) erklärt das subjektive Recht als „die der einzelnen Person zustehende Macht“, und konform die Obligation als „Herrschaft über eine einzelne Handlung einer fremden Person“, indem er diese „als aus der Freiheit des Handelnden ausgeschieden“, also als dem Zwange des Gläubigers unterliegend denkt. Jhering,[3]) noch spezieller auf den staatlichen Zwang hinweisend, definiert: Recht ist rechtlich, d. h. durch Klage geschütztes Interesse. Zutreffend wird hierzu ausgeführt, dass diese Jheringsche Definition in Verbindung mit dem von ihm gewählten Ausdruck „Aussicht auf Genuss“ (besser: auf Beherrschung des Vermögensobjektes) eine Doppelaussicht für den Berechtigten ergebe: erstens eine Aussicht auf das ungestörte Bestehen eines Zustandes oder auf den richtigen Eingang einer Leistung; zweitens eine eventuelle Aussicht auf Klage oder auch, wie namentlich im Hinblick auf das ältere Recht hinzugefügt werden muss, auf eine gesetzlich zugelassene Selbsthilfe.[4])

Die Erscheinung der Naturalobligationen zu diesen Begriffsbestimmungen gehalten, ergibt, dass bei ihnen dem

---

[1]) § 241.

[2]) Syst. I S. 7 und 339; OblR. I §§ 2—4.

[3]) Geist d. r. R. III §§ 60 und 61; Zweck i. R. I S. 320f. und 443f.

[4]) Leonhard in Grünhuts Zeitschrift Bd. 10 S. 1ff., 24.

Gläubiger keinerlei „Herrschaft" über Handlungen des Schuldners zusteht, und letzterer keinem Zwange in der Vornahme von solchen unterliegt, weiter dass der Berechtigte keinerlei Aussicht auf den Eingang der Leistung noch auf Klage hat; denn alles steht in dem freien, d. h. rechtlich nicht gebundenen Willen, ob der Schuldner leisten will oder nicht. Sollte aber doch der Schuldner einem Zwange unterstehen, einer wirkenden Macht, die ihn vielleicht zur Leistung bewegt, so kann dieser Zwang nicht vom objektiven Rechte ausgehen, und diese Macht nicht die Staatsgewalt sein. Dann ist es nur möglich, an diejenige Macht zu denken, welche sonst noch das Verhalten der Menschen beeinflusst: an die einwirkende Macht der Sitte und Sittlichkeit. Wir können, nein wir müssen dann wieder — wie einst die ältere gemeinrechtliche Doktrin — von moralischen Pflichten, oder — wie die naturrechtliche Theorie — von natürlichen Zwangsverbindlichkeiten reden, womit das juristische Gebiet — nunmehr doch wohl endgültig — verlassen wäre. Das ist jedenfalls das Ende, zu dem wir gelangen müssen, wenn der Begriff des subjektiven Rechts, so wie ihn die herrschende Meinung des 19. Jahrhunderts aufgestellt hat, den Erfordernissen einer richtigen Definition in jedem Punkte genügt: dass vor allem der Begriff keine Ausnahme zulässt, nur absolut Gültiges (*τὸ καθ' ὅλου*) gibt, d. h. ein „logisch vollkommener Begriff" ist.[1])

Mir scheint, dass man bei jener Begriffsbestimmung den Fehler beging, den Augenpunkt bei der Betrachtung falsch zu nehmen. Man stellte in einer unzulässigen Überschätzung den staatlich geordneten Gerichtszwang zu weit in den Vordergrund, so dass man ihn auch allzusehr an erster Stelle sah. Dadurch aber übersah man wieder unwillkürlich die sekundäre Natur derjenigen Vorschriften, welche die Heranziehung der staatlichen Gerichtsbarkeit zum Schutze der Privatrechtsordnung regeln, sowie die Möglichkeit, das

---

[1]) Kant, Logik § 99. — Brinz, Krit. Bl. III S. 6f.

Privatrecht für sich bestehend und ganz unabhängig von der staatlichen Gerichtsordnung zu denken.[1])

Eine weitere Folge war, dass man bei jener Begriffsbestimmung das Augenmerk mehr nur auf „das, was bloss gemeiniglich geschieht (*τὰ κοινά*)“ gerichtet hielt, so dass sie nichts Ausnahmsloses gibt. Anzuerkennen ist übrigens, dass durch diese Definition die Abgrenzung der Rechtsordnung von der Sittenordnung erleichtert wird, indem dann nur die Gebote der ersteren mit dem Rüstzeug zulässigen äusseren Zwanges versehen sind, also dem rechtlichen Gebiete nur diejenigen Gebote, Ansprüche, Pflichten angehören, gegen deren Verletzung ein äusserlich geordneter Zwang, ein Gericht und die Macht zur Durchführung des Richterspruchs, kurz ein Gerichtszwang besteht.[2]) Aber diese Abgrenzung von Rechts- und Sittengesetz geht nur deshalb so leicht vor sich, weil man überhaupt nicht bis in die Grenzgebiete des Rechts vorgedrungen ist.

Gar nicht zu übersehen ist bei einer allgemeinen Betrachtung älterer und neuerer Rechtsordnungen die Tendenz der Erzwingbarkeit ihrer Vorschriften. Diese Tendenz stimmt durchaus zu dem Ursprunge des Rechts und dem Grunde seiner Entstehung: die Ablösung des Rechts von dem Gebiete der Sitte erklärt sich so, dass die für die Existenz des einzelnen und der Gesamtheit unbedingt schutzwürdigen Interessen, die „unveräusserlichsten Zwecke des einzelnen und der Gesamtheit“[3]) zu zwingenderen Lebensnormen ausgestaltet worden sind. Aber diese Tendenz ist nicht immer und nicht völlig verwirklicht worden. Regelsberger[2]) weist von allen Neueren mit besonderer Klarheit darauf hin, dass der Gerichtszwang nicht bloss einzelnen Rechtsvorschriften fehlt, z. B. über die Verpflichtung des Monarchen zur Beobachtung der Staatsverfassung, sondern auch ganzen Rechtsteilen, z. B. dem Völkerrecht. Nicht immer bedürfen

[1]) O. Fischer, Recht und Rechtschutz S. 6.

[2]) Regelsberger, Pand. I § 9 S. 63.

[3]) Wundt, Ethik[2] S. 109.

die einzelnen Rechtsvorschriften der Setzung eines äusseren Zwanges, sei es, dass es unmöglich oder dass es unzweckmässig ist, ihn durchzuführen.[1]) Diesen Tatsachen gegenüber, welche anzuerkennen sind, ist die Auffassung, 'dass die Erzwingbarkeit ein wesentliches Begriffsmerkmal des objektiven und somit auch des subjektiven Rechts sei, nicht mehr zu halten; eine regelmässige Begleiterscheinung ist für das absolut Gültige, für das Wesen des Rechts gehalten worden. Wenn die Rechtsbegriffe in ihrer praktischen Funktion das unentbehrliche Mittel sind, die tatsächlichen Vorgänge des wirklichen Lebens unter die darauf bezüglichen Rechtsätze zu subsummieren,[2]) so bleiben hier eine Reihe von tatsächlichen Erscheinungen der „rechtlichen Welt" ausserhalb des Rechts.

Zu dieser logischen Unwesentlichkeit des äusserlich geordneten Zwanges stimmt die Relativität seines Erfolges in der praktischen Anwendung. Auch der vollkommenste Apparat von Zwangsmitteln garantiert keinen sicheren oder vollständigen Erfolg, sondern — was besonders gegen die Savignysche Auffassung von der dem Berechtigten verliehenen Herrschaftsmacht zu bemerken ist — nicht selten geschieht es, dass das Recht nicht Macht ist. Das Gericht kann im gegebenen Falle mit oder ohne Schuld die Voraussetzungen des Rechtsschutzes verkennen, oder die physische Durchführung des Zwanges scheitert an dem Nichtvorhandensein von Vermögen oder der Person des Schuldners. „Ob das Recht seinen Zweck erreicht, also die Macht sich beigesellt, das ist quaestio facti: die Existenz des Rechts ist hiervon unabhängig."[3])

Aus beiden Gesichtspunkten, nach denen der äusserlich geordnete Zwang bei Rechten zu betrachten ist, ergibt sich

[1]) Bekker, Pand. I § 18 A. e meint in Bezug auf die Tendenz der Rechtsvorschriften nach der Erzwingbarkeit und auf den jetzigen Zustand des Völkerrechts: es sei nicht unwahrscheinlich, dass die zivilisierten Staaten über kurz oder lang zur Herstellung der für den Rechtszwang erforderlichen Werkzeuge sich vereinigen werden.

[2]) Leonhard a. a. O. S. 6.

[3]) Brinz, S. 7 und 8.

jedenfalls, dass der Gegensatz zwischen erzwingbaren und nicht erzwingbaren Rechten kein absoluter, sondern nur ein relativer ist, dass es also nicht angeht, nur den ersteren die Qualifizierung als Rechte zuzuerkennen und die letzteren auszuschliessen.[1])

Die Anwendung des Vorstehenden auf den Begriff der Obligationen und Naturalobligationen ergibt sich von selbst. Dem Begriffe der Obligation ist es nicht wesentlich, dass dem Gläubiger eine Zwangsbefugnis zur Seite steht; die Klagbarkeit liegt also an sich ausserhalb des Begriffes der Obligation. Wenn hiergegen eingewandt wird, dass eine „gesunde" Rechtsanschauung die Klagbarkeit für das „wesentliche" Kennzeichen eines „wahren" Rechts halte, und ein Recht ohne Klage nie ein wahres Recht, sondern immer nur ein rechtsähnliches Ding, eine Art von Recht sein könne,[2]) so ist einmal dem Hineintragen gefühlsmässiger Qualifizierungen in die Erörterung rein intellektueller Fragen zu widerraten, ferner zu bemerken, dass doch die moderne Systematik strengere Anforderungen stellt als die antike. Für römische Juristen mochte es angehen, von Quasi-Rechtsverhältnissen und Quasi-Obligationen zu sprechen, weil sie die uns Modernen verloren gegangene Begabung besassen, auch ohne die Hilfsmittel der Definition und Deduktion die Begriffe mehr intuitiv anzuwenden. Heute muss für das Privatrecht sowohl wie für die allgemeine Rechtslehre die Frage ohne Umschweife beantwortet werden: welchem Teile des Systems sind derartige „rechtsähnliche Dinge" zu unterstellen, und welche Rechtsätze finden daher auf sie Anwendung? —

Man darf das obligatorische Rechtsverhältnis nicht einseitig, nur von der Gläubigerseite her betrachten, und das

---

[1]) Gegen die Erzwingbarkeit als rechtliches Merkmal haben sich ausser den bereits Genannten von neueren ausgesprochen, besonders: Thon, Rechtsnorm und subj. R., S. 6 ff. — Bierling, Jurist. Grundbegr. II S. 202 ff. — Bekker, Pand. I § 18. — Wächter, Pand. II § 180 S. 323. — Gierke, DPrR. I § 15 S. 114. — Windscheid, Pand. I § 37 u. II § 288a Anf. — Stammler, Wirtsch. u. R., S. 131 f., 262 f.

[2]) So Scheurl a. a. O. S. 321 f.

ganze Verhältnis nicht in der Berechtigung des Gläubigers aufgehen lassen; vielmehr muss bei dem Begriffe des subjektiven Rechts überhaupt von dem Rechtsverhältnis als einer rechtlich geordneten Beziehung von Menschen zu einander ausgegangen werden.[1]) Aus dieser Beziehung resultieren bei der Obligation der Zustand des Gläubigers und derjenige des Schuldners, das subjektive Recht des Gläubigers und die Verpflichtung des Schuldners. Das ist zugleich erforderlich und auch genügend; die nähere Ausgestaltung dieser rechtlichen Zustände, die grössere oder geringere Begünstigung des einen oder des anderen ist die — von mancherlei Umständen abhängige — Ausführung des rechtlichen Grundgedankens.

Dass bei den Naturalobligationen dem Gläubiger ein wichtiger rechtlicher Vorteil, der sonst grundsätzlich allen Gläubigern zukommt, die gerichtliche Geltendmachung seines Rechts nicht gewährt wurde, hindert also nicht, das bei den Naturalobligationen bestehende Verhältnis als ein Rechtsverhältnis anzuerkennen, da sich dieses doch keineswegs in dem klagbaren Rechte eines Beteiligten erschöpft. Wenn sonst bei den gewöhnlichen Obligationen das einheitlich ergehende Rechtsgebot lautet: „der Gläubiger kann fordern, der Schuldner soll zahlen", so ist bei den Naturalobligationen der sich an den Gläubiger richtende Befehl nur abgeschwächt: er kann nicht direkt fordern, aber er kann — wie jeder andere Gläubiger sonst — das Gezahlte behalten. Der an den Schuldner sich richtende Befehl ist bei beiden Arten von Obligationen derselbe; in jedem Falle erfüllt der Schuldner, wenn er freiwillig ein fälliges Darlehen, oder wenn er eine verjährte Forderung, Spielschuld usw. zahlt, ein Gebot der Rechtsordnung.

Hier bei der an allen Stellen der Abhandlung immer wieder hervorgehobenen Erfüllbarkeit der natürlichen Verbindlichkeiten, ein Merkmal das in allen behandelten Rechtssystemen zu finden war, sind wir auch an dem für die

---

[1]) Wie dies Stammler a. a. O. tut.

allgemeine Rechtslehre erheblichsten Punkte, und somit bei dem Endpunkte überhaupt angekommen. Die Verleihung der Zwangsbefugnis an den Gläubiger setzt logisch schon die Erfüllbarkeit der Obligation voraus, diese ist notwendige Vorstufe.

In dieser Erfüllbarkeit liegt dasjenige Merkmal, welches den Naturalobligationen ihre Stellung im Obligationenrecht neben den gewöhnlichen Schuldverhältnissen wahrt, die Erfüllung selbst als wirkliche causa solvendi, und nicht als causa donandi erscheinen lässt, ja sogar ein Merkmal, welches schliesslich auch die Wesentlichkeit des Zwanges beim subjektiven Rechte retten könnte.

Man kann nämlich sagen, dass der Gläubiger zwar nicht angriffsweise, wohl aber in der Verteidigung von seiner Zwangsbefugnis Gebrauch machen kann, dass ihm zwar das Klagerecht versagt, aber die Einrede gewährt ist.[1]) Der Ausschluss der Rückforderung des Geleisteten bewährt sich hier doch als ein das Verhalten des Schuldners zwingender Rechtssatz, der die Ausübung des Zwanges dem Gläubiger gewährt; auf die gegen die Rückforderungsklage unter Aufdeckung der natürlichen Verbindlichkeit geltend gemachte Einwendung des beklagten Gläubigers erfolgt die Abweisung der Klage, d. h. das Geleistete bleibt im Vermögen des Gläubigers. Dann ist die rechtliche Lage dieselbe, wie bei Erzwingung der Leistung durch Klage, und zwar eine Zwangslage für den Verpflichteten: beide Fälle reduzieren sich auf die gleiche Wirkung, dass dem Berechtigten gegen den Willen des Verpflichteten ein Vermögenswert zugesprochen wird.[2])

---

[1]) Dieser Gedanke ist von Schneider in Zschr. f. franz. Civilr. Bd. 19 S. 141 f., als einzigem unter allen modernen Schriftstellern, prägnant hervorgehoben.

[2]) Vgl. die Definition Regelsbergers I § 14 S. 76: „Ein subjektives Recht liegt vor, wenn die Rechtsordnung die Verwirklichung eines anerkannten Zweckes, d. h. die Befriedigung eines anerkannten Interesses dem Beteiligten überlässt und ihm zu diesem Behuf eine rechtliche Macht gewährt." — Die hier gewährte rechtliche Macht ist die retentio soluti.

Wenn gesagt wurde, dass die Verleihung einer Zwangsbefugnis an den Gläubiger als logische Voraussetzung die Erfüllbarkeit der Obligation hat, so könnte man fragen: ist, wie die logische Entwicklung geht, auch die historische gegangen, und bestand vielleicht die erste karge Ausgestaltung des obligatorischen Verhältnisses zu einem rechtlichen in der blossen Zahlbarkeit der Schuld? Eigentümliche Erscheinungen des älteren Rechts, die erst in neuerer und neuester Zeit steigende Beachtung gefunden haben, scheinen diese Frage zu bejahen. Für das römische Recht, und zwar der vorklassischen Periode, hat zuerst Brinz[1]) von der Zahlbarkeit der Obligation die Erzwingbarkeit unterschieden, indem er von der Schuld die Haftung sondert: beim Ausbleiben der freiwilligen Leistung des Schuldners dient dem Gläubiger als Satisfaktionsobjekt entweder die Person des Schuldners (obligatio personae) oder eine verpfändete Sache (obligatio rei), jedoch nicht als Erfüllung der Schuld, die ohne Handlung des Schuldners unmöglich ist, sondern als Genugtuung oder Ersatz für Nichterfüllung.

Trotz mancher Divergenzen im einzelnen berühren sich doch dem Grunde nach in merkwürdiger Weise mit diesen von Brinz über das ältere römische Recht angestellten Untersuchungen diejenigen, die von Amira[2]) und Puntschart[3]) über das ältere deutsche Recht vorgenommen worden sind. Auch das deutsche Recht hat von jeher zwischen Schuld und Haftung streng unterschieden. „Schuld" ist lediglich das Leistensollen des Schuldners und das Bekommensollen des Gläubigers, ohne dass hierbei schon eine persönliche Haftung des Schuldners bestand; diese musste erst hinzutreten, und zwar durch besondere Begründung im Wege des Vertrages, sie hatte den Zweck, den Gläubiger beim Aus-

---

[1]) Grünh. Zschr. Bd. I S. 11ff.; Arch. f. ziv. Prax. Bd. 70 S. 371ff.; Pand. Bd. II 2 §§ 206 — 211.

[2]) Nordgerm. Obl. R. Bd. I §§ 4, 6, 7.

[3]) Schuldvertrag und Treugelöbnis, bes. S. 99ff. — Vgl. Klingmüller, Schuldverspr. und Schuldanerk., S. 22f.

bleiben der freiwilligen Leistung gegen die Nachteile der Nichterfüllung zu sichern.

Jedenfalls gestatten diese hier nur kurz zu skizzierenden Untersuchungen den Einblick und die Annahme, dass die ursprünglich vom Rechte geprägte Obligation nichts weiter ist als eine Schuld ohne Haftung, d. h. ohne Machtmittel des Gläubigers, die geschuldete Leistung selbst zu erzwingen. Es entspricht somit die historische Betrachtung der logischen. — Diese Auffassung liegt uns Modernen nur deswegen fern, weil wir gewohnt sind, in dem Begriffe der Schuld implicite den Begriff der Haftung des Schuldners mitzudenken.[1]) Diese Gewohnheit ist nur daraus zu erklären und auch nur so zu rechtfertigen, dass die Haftung des Schuldners oder die Zwangsmacht des Gläubigers eine regelmässige Begleiterscheinung der modernen Obligation ist, keine absolute und begrifflich notwendige, wie einmal der Zustand des älteren Rechts, ferner aber sonderbarerweise auch derjenige des modernen Rechts zeigt. Isay und Bekker[2]) machen a. a. O. in übereinstimmender Weise darauf aufmerksam, dass die Unterscheidung von Schuldverhältnis und Haftungsverhältnis auch noch für das bürgerliche Recht Geltung habe, indem es auch jetzt noch Schuldverhältnisse ohne Haftung gebe; als Beispiele werden angeführt: Schulden aus Spiel und Wette, aus dem Versprechen einer Belohnung für Ehevermittlung, aus Börsentermingeschäft, schliesslich alle Schuldverhältnisse nach der Verjährung des Anspruchs.

Die Entwicklungslinien sind zusammengekommen: auch

[1]) Dasselbe tut das BGB. in § 241. Vgl. den interessanten Vortrag von Isay über Schuldverhältnis und Haftungsverhältnis im heutigen Recht, veröffentlicht in Jher. Jahrb. Bd. 48, S. 187 ff., mit besonderer Anerkennung von Bekker l. c. Bd. 49, S. 51 ff.

[2]) Dessen prägnante Formulierung a. a. O. S. 53: „Schuldverhältnis: Beziehung des A zum B, nach welcher B an den A leisten soll; im Begriffe dieses Sollens liegt seine Erzwingbarkeit nicht, ist aber aus dem BGB. nach der (nicht ausnahmelosen) Regel des BGB. die Begleiterin von diesem."

nach dem historischen Entstehungsgange betrachtet, sind die Naturalobligationen richtige Obligationen. Auch heute noch geht bei einzelnen Verhältnissen die Normensetzung des Rechts so vor, wie in alter Zeit; es wird die Entstehung von Schuldverhältnissen zugelassen und anerkannt, welche „nur reine und ursprüngliche“ Schuldverhältnisse sind, denen der sonst regelmässige Zusatz einer die Haftung des Schuldners begründende Zwangsmacht des Gläubigers mangelt. Bei der Ausbildung und Differenzierung der staatlichen Zwangsmittel in der modernen Zeit im Gegensatz zum Zustande der älteren Zeiten ist das immerhin auffällig, aber es ist erklärlich. Diese Verhältnisse, welche so ausnahmsweise und nach altem legislatorischen Rezept behandelt werden, sind — wie häufig im Verlaufe der Abhandlung hervorgehoben — Grenzgebiete zwischen Sitte und Sittlichkeit einerseits und dem Rechte andererseits; in diese Gebiete mit intensiven äusseren Zwangsnormen einzugreifen, perhorresziert die moderne Auffassung. Wie also in der älteren Zeit bei der mangelhaften Ausbildung der staatlichen Zwangsmittel eine reelle Unmöglichkeit vorlag, den Obligationen überhaupt zwangsmässige Wirkung gegen den Schuldner zu verleihen, so ist es in moderner Zeit eine ideelle Unmöglichkeit, welche jene Wirkung hindert. Es tritt also jetzt noch an den Grenzen des Rechts dieselbe Erscheinung ausnahmsweise auf, welche für die ältere Zeit allgemein auf rechtlichem Gebiete zu beobachten ist, und es kehren diese naturales obligationes noch heutzutage zu dem ursprünglichen Naturzustande der Obligation zurück.

Alle Wege haben zu demselben Ergebnisse geführt: nach rechtshistorischer, rechtsdogmatischer und rechtsphilosophischer Betrachtung sind diese natürlichen Verbindlichkeiten wirkliche Schuldverhältnisse, und sie unterscheiden sich nur insofern von der normalen Obligationsfigur des modernen Rechts, als das Leistensollen des Schuldners zu keinem Haftungsverhältnis, zu keiner erzwingbaren Verpflichtung gesteigert worden ist.

Nach dem jetzigen Stande der Dogmatik und des positiven Rechts schlage ich folgende Begriffsbestimmung vor:

Naturalobligationen, unvollkommene Schuldverhältnisse oder natürliche Verbindlichkeiten sind Schuldverhältnisse, bei denen das Leistensollen des Schuldners nicht erzwingbar ist.

Herrosé & Ziemsen, G. m. b. H., Wittenberg.

FSC
www.fsc.org
MIX
Papier | Fördert gute Waldnutzung
FSC® C083411

Kolibri 360 GmbH
Ferdinand-Jühlke-Straße 7
99095 Erfurt, Deutschland
produktsicherheit@kolibri360.de